DE POPPENDOKTER

BREGJE REBERGEN

De poppendokter

XANDER

Uitgegeven door Xander Uitgevers
www.xanderuitgevers.nl

Omslagontwerp: DPS / Davy van der Elsken
Auteursfoto: Yvette Kulkens
Zetwerk: Mat-Zet bv, Huizen

Deze uitgave kwam tot stand door bemiddeling van
Maarten Boers Literary Agency

Eerste druk 2025

ISBN 978 94 0162 390 2 | NUR 332

A doll is a child's first love and her first betrayal.
Ruth Ozeki, *A Tale for the Time Being*

Proloog

Langzaam glijden zijn duimen over de wangetjes, omlaag naar de kin, en daarna, in een vloeiende beweging terug omhoog naar de slapen. Het peertje boven zijn werkbank geeft net genoeg licht in de verder donkere ruimte om te kunnen zien wat hij doet. Normaal gesproken werkt hij uitsluitend overdag, maar deze opdracht kan het daglicht niet verdragen. Het koude gezichtje maakt zijn vingers stram. Zijn rug verkrampt door de voorovergebogen houding waarin hij alweer veel te lang staat. Hij strekt zich omhoog en draait zijn nek. Tussen zijn schouders knakt en kraakt het.

Hij pakt het hoofdje van de pop in zijn handen en zet zijn leesbril op het puntje van zijn neus. De verf is mooi opgedroogd. Zijn vingers trillen als hij de groene glazen ogen voorzichtig in de kassen drukt. Te veel druk en het kopje kan barsten, en er is geen tijd om opnieuw te beginnen. Dit is de laatste keer dat hij dit doet. Hij kan het niet meer. Hoe ze hem ook onder druk zullen zetten. Jaren van zijn leven heeft hij gegeven om er voor de baby's het beste van te maken. Aan hem heeft het niet gelegen, hij heeft zijn best gedaan. Hij heeft zijn vrouw op haar sterfbed beloofd dat hij zijn geheimen meeneemt in zijn graf.

Hij borstelt het donkere golvende haar van de pruik. Echt mensenhaar, niet de kunststof rommel die ze tegenwoordig gebruiken. Een kenner voelt en ziet dat verschil meteen. Het afknippen van de haren is voor de meisjes altijd een moeilijk moment. Meestal huilen ze hartverscheurend wanneer hij zijn schaar in hun lokken zet. Ze zijn over het algemeen nog zo jong, ze hebben geen idee wat er gebeurt en wat ze te wachten staat.

Met een mesje krast hij zijn sierlijke initialen in het porselein. Daar zie je straks niets meer van als het haar eroverheen valt. Hij legt de kop voorzichtig op zijn werkbank. Nu het lijf nog.

Aan haken boven zijn werkbank hangen blote poppenlijven in alle maten en vormen. Wat zal hij doen? Geleed, of niet? Met zijn handen gaat hij langs de voetjes, die ook allemaal verschillend zijn. De pop moet precies hetzelfde worden als die andere, dat is essentieel. Hij aarzelt en schuift dan vastberaden een poppenlijfje van een haak. Deze moet het worden. Het lijf is van composiet en van dezelfde hoogwaardige kwaliteit als die andere.

Hij knipt een stuk elastiek van de grote rol op zijn werkbank en bevestigt de kop aan het lijf. Nu komt het aan op de details. Hij draait zich om en loopt langs de grote, donkerbruine archiefkast die de hele muur van zijn atelier beslaat. Met zijn vingers strijkt hij langs de lades. Op vergeelde kaartjes die in een vakje boven de handgrepen zijn geschoven is te lezen wat er in de lades te vinden is. Het is te donker om de kaartjes te kunnen lezen, maar hij weet precies wat hij zoekt en waar hij het kan vinden. Alsof hij altijd wist dat dit moment zou komen.

Zijn hand blijft stil bij een lade met daarop het etiket: JURKEN 30 CM, LANGE MOUW, 1900-1930. Tussen de verschillende kledingstukken vindt hij wat hij zoekt. De handgemaakte witte jurk met een klein blauw bloemetjesmotief. De kraag en de manchetten zijn afgezet met een randje kant. Het lijkt precies op wat de moeder aanhad toen hij haar voor het eerst zag en het is uit hetzelfde stuk stof gemaakt als de andere jurk.

Hij schuift het jurkje over de benen naar boven en duwt voorzichtig de armen door de mouwgaten. Een duimpje blijft haken achter het kant op de manchet. Hij trekt het los en glimlacht. Het doet hem altijd denken aan hoe hij zijn eigen meisje aankleedde. Zijn dochter zou niets gebeuren, daar zou hij voor zorgen.

Zorgvuldig kleedt hij de pop verder aan. De witte kniekousen heb-

ben kant aan de randjes. Een vertederde glimlach ontvalt hem wanneer hij de veters van de witleren schoentjes strikt. De pop is klaar. Hij bekijkt zijn werk met trots. Ze lijkt sprekend op de moeder. Met de rug van zijn hand wrijft hij een grijze haarlok van zijn voorhoofd. Het zorgvuldig uitgeknipte stuk papier ligt al klaar op zijn werkbank. De kwaliteit is uitmuntend, nog geschept met de hand en daardoor ruller dan wat je in de winkel kan kopen. Met zijn vulpen en zijn sierlijke handschrift schrijft hij zo mooi als zijn vingers het toelaten. Hij blaast op de inkt en zodra die droog is, vouwt hij het papier twee keer dubbel. Net zoals hij dat bij alle andere gevallen heeft gedaan.

Via de kruin duwt hij het briefje de kop in. De randjes van de kop smeert hij in met een dun laagje lijm, waarna hij het tere kopje zorgvuldig afdekt met de kopdeksel en de pruik. Hij borstelt het haar van de pruik voor de laatste keer voor hij afscheid van haar neemt. Dan tilt hij de deksel van de doos en legt de pop er voorzichtig in. Dit is de laatste pop die hij zelf maakt en ze lijkt sprekend op de allereerste.

Hij zal zwijgen als het graf, zoals beloofd. Maar zijn poppen spreken een eigen taal.

1
Rashid

Met een harde ruk aan zijn stuur scheurt Rashid de parkeerplaats van het gezondheidscentrum af. *Fuck*! Die *kech* heeft hem gezien! Hij moet hier zo snel mogelijk weg. Godverdomme! Hij had gewoon meteen moeten schieten. *Bam*, dan was het klaar geweest. Maar natuurlijk liepen er op klaarlichte dag in Blaricum veel te veel mensen op straat.

Hij draait linksaf de Bergweg op en raast over de kruising langs Bellevue. Als hij halverwege de Naarderweg voor de derde keer moet stoppen voor een wegversmalling slaat hij op z'n stuur en kijkt voor de zoveelste keer in zijn spiegels. Vooralsnog zit er niemand achter hem. Hij had andersom via de A27 moeten rijden. Nu zit hij hier vast midden in dit dorp, waar het toch al een doolhof is.

Wanneer hij eindelijk op de N526 langs de Blaricummerheide rijdt, geeft hij gas en haalt hij meerdere auto's tegelijk in. Zijn banden maken diepe sporen in de berm wanneer hij uitwijkt voor tegemoetkomend verkeer en hij moet zijn stuur goed vasthouden om niet de controle te verliezen. Nog even en hij zit veilig op de A1. Hoe kon hij dit nou zó verkloten? Het enige wat hij hoefde te doen was haar volgen. Gewoon kijken waar ze naartoe gaat, patronen in gedrag ontdekken, verder niks.

De officier wist meteen dat hij voor haar kwam, dat zag hij in haar ogen. Ze keek dwars door hem heen. Hij schrok en door de adrenaline maakte hij daarna dat keelgebaar. Ze had meteen haar telefoon gepakt. Kutwijf. Als ze zijn kenteken heeft doorgegeven is hij de lul. Rashid balt zijn vuisten en denkt aan wat zijn oom er zijn hele leven bij hem heeft ingeramd. Nóóit slapende honden wakker maken. Hij had gewoon rustig zijn telefoon moeten pakken en net doen of hij daar op iemand zat te wachten. Nu heeft hij iets uit te leggen aan zijn baas. Wat een beginnersfout.

Als hij de autoradio zachter zet, trilt zijn hand. Moet hij het toegeven aan zijn neef? Gewoon eerlijk opbiechten dat hij een fout heeft gemaakt? Of z'n bek houden en hopen dat niemand erachter komt?

Hoe zou zijn neef er ook achter moeten komen? Niemand was erbij, niemand heeft hem gezien. Hij kan gewoon doen of zijn observatieklus erop zit en dan hoeft niemand het te weten. Zijn neef is druk zat met die klus op het landgoed in Laren. Rashid haalt diep adem. Zo gaat hij het aanpakken. Rustig blijven en zijn hoofd koel houden, dan hoeft het niet mis te gaan.

Wanneer hij twintig minuten later de A10 op rijdt, gaat zijn telefoon. Zijn adem stokt. Shit. Niet opnemen is geen optie.

'Hallo?'

'Waar zit je?'

Rashid aarzelt, maar besluit niet te liegen over zijn locatie voor het geval ze een tracker hebben geplaatst. 'Op de A10, bijna bij de Zeeburgertunnel.'

'Laat de auto zo snel mogelijk achter en maak dat je wegkomt.'

'Hè? Hoezo?'

'Ik spreek toch godverdomme geen Chinees?'

'Nee. Oké, sorry man, komt goed.'

'Dat zullen we nog wel zien. Je hebt iemand héél boos gemaakt.'

Shit. Zijn neef is één ding, maar met de mensen hoger in de organisatie wil hij écht geen problemen hebben. Weten ze al wat er net gebeurd is? Hij wordt misselijk als hij eraan denkt wat die gasten met jongens als hij doen die opdrachten verkloten. Weer kijkt hij in zijn spiegels. 'Het spijt me, man. Ik schrok en toen... Hallo? Ben je er nog?'

De lijn is dood. Hij slaat met twee handen hard op zijn stuur waardoor hij bijna tegen een vrachtwagen zit. Hij moet deze situatie zo snel mogelijk rechttrekken.

Zijn telefoon trilt door een binnenkomend bericht.

Dump de auto en je telefoon, daarna meld je je op het vaste adres. Denk je dat je dit wel snapt? Klootzak! Beter ben je snel hier en maak je geen fouten meer.

Oké. Hij blaast uit met bolle wangen en neemt de afslag IJburg. In zijn hoofd herhaalt hij de stappen die er bij hem in gedrild zijn. De jerrycan met benzine ligt achterin, hij weet wat hij moet doen. Rashid opent zijn raam en smijt zijn telefoon stuk op het asfalt. Dat is vast gelukt. Nu moet hij alleen nog op zoek naar een plek waar hij ongezien weg kan komen en de auto in de hens kan zetten.

Hij zal aan zijn neven laten zien dat hij zelf zijn fouten kan oplossen. Hij is niet achterlijk, al denken ze dat altijd. Zijn hele leven hoort hij al dat hij een sukkel is die niets snapt. Het jonge jochie dat nog steeds onder de pukkels zit, ook al is hij bijna twintig. Ze zullen eens wat meemaken met hem. Hij zal die hoer eigenhandig voor ze uitschakelen, zodat iedereen in de organisatie hem voortaan serieus gaat nemen. Vooral Mo, zijn oom, die door haar binnen zit en waarschijnlijk heel lang niet vrijkomt.

2

Rixt

Zo snel als ze kan rijdt Rixt over de Torenlaan naar de middelbare school van haar oudste. Ze kan nog niet geloven dat het hele circus van beveiliging opnieuw gaat beginnen. Wanneer ze door een onbekend nummer wordt gebeld, neemt ze op met de telefoonbediening op haar stuur. De man stelt zich niet voor en begint direct te praten.

'Rixt? Ik heb het adres van een safehouse voor je waar jullie voorlopig naartoe kunnen. Het is niet de eerste keus, maar het is in elk geval iets. Heb je een pen?'

'Zeg het maar, ik onthoud het wel.' Met hoge snelheid rijdt ze door het oude dorp van Laren. Verschillende voetgangers gebaren wild en kijken haar boos na. De man herhaalt het adres twee keer en ze probeert zich een beeld te vormen van waar ze met haar gezin naartoe moet.

'Wij kunnen ook de kinderen van school ophalen zodat jij dat niet hoeft te doen.'

De middelbare school van Pieter, haar oudste, ligt in Laren naast de A1 en ze is er bijna. 'Dat is niet nodig. Het is al ingrijpend genoeg voor ze.'

'Doe voorzichtig. Bel ons zodra je onderweg bent naar het huis.'

Ze hangt op en voert het adres van het safehouse in in haar navigatie. Ze belt Victor, die meteen opneemt.

'Alles oké?'

'Heb je de meiden al?'

'Juul stapt net in,' zegt Victor gehaast. 'We rijden nu naar Bussum voor Saar. Weet je al waar we heen moeten?'

'Naar een vakantiepark ergens halverwege Abcoude en Vinkeveen. Ik app je het adres zodra ik bij Pieter ben.'

'Mam?' Julia, haar jongste dochter, klinkt bezorgd.

'Ja, schat?' Ze doet haar best haar eigen stem zo opgewekt mogelijk te laten klinken.

'Gaat iemand je vermoorden?'

'Nee hoor, maak je maar geen zorgen.' Haar maag knijpt zich samen. 'Waar we naartoe gaan zijn we veilig. Zeg dat ook maar tegen Saar straks. Papa is bij jullie en alles komt goed.'

Ze rijdt door rood bij het verkeerslicht op de Brink, negeert het toeteren van medeweggebruikers en maakt nog meer snelheid zodra ze langs het hertenkamp rijdt. Haar zwarte Range Rover stuurt soepel door de bochten. Julia vertelt nog iets over school, maar het gaat langs haar heen. Rixt probeert het gezicht van de man die haar net bedreigde voor zich te halen. Zou ze hem herkennen op foto's? Waarschijnlijk niet. Ze had absoluut een wapen gezien in de hand die op het stuur rustte. Met de andere hand had hij een beweging gemaakt of hij zijn keel doorsneed. Was het wel echt een wapen? Draait ze door? Nee. Ze weet het zeker.

'Ik moet nu ophangen, Juul, ik ben bij Pieter. We zien elkaar straks.'

Voor het hek van de middelbare school staat een groepje tieners te roken naast de overvolle parkeerplaats voor brommobielen en Birò's. Ze herkent haar zoon onmiddellijk. Hij heeft zijn arm om de schouders van een meisje geslagen en lijkt haar te troosten. Ze weet niets van een vriendinnetje, maar gezien het feit dat ze tegenwoordig alleen het hockeyschema en het tijdstip van de avondmaaltijden met elkaar afstemmen, is dat niet zo vreemd.

Ze toetert kort en Pieter kijkt meteen haar kant op. Hij laat het meisje los en loopt op haar auto af. Voor ze de deur van het slot haalt, kijkt ze in haar spiegels en scant de omgeving. Ze is niet gevolgd en de parkeerplaats voor de begraafplaats naast de school is nagenoeg leeg.

Pieter gooit het portier open en stapt in. 'Wat een gezeik dit.' Hij smijt zijn tas tussen de twee voorstoelen door de achterbank op en schampt daarbij haar gezicht met een hengsel van de rugtas.

'Hallo! Ik zit hier ook hoor,' snauwt ze.

'Ik raak je niet eens,' schreeuwt hij terug. Hij slaat zijn armen over elkaar en draait zich met zijn rug naar haar toe. Het meisje waar hij net bij stond, steekt haar hand naar hem op als ze langsrijden en hij knikt naar haar. De flauwe glimlach, die een kort moment om zijn lippen verschijnt als hij naar haar kijkt, verdwijnt meteen weer als ze verder rijden.

Rixt heeft spijt van haar uitval en ademt diep in en rustig uit. Ze heeft begrip voor zijn boosheid. Van het ene op het andere moment trekt ze hem uit zijn eigen leven weg, en niet voor de eerste keer.

'Hopelijk is het maar voor kort,' zegt ze nu met een vriendelijke toon.

Pieter zegt niets en kijkt nors uit het zijraam. Zal ze hem iets meer informatie geven zodat hij het belang van de situatie beter begrijpt? Hoeveel kan een zestienjarige hebben?

Ze geeft een korte samenvatting van wat er die ochtend is gebeurd en Pieter hoort het verhaal zonder haar te onderbreken aan.

Ze pauzeert even om de situatie bij hem te laten bezinken en gaat dan verder. 'We moeten dus eerst weten wie er achter de bedreiging zit om in te kunnen schatten hoe gevaarlijk het is. Snap je?' Ze legt haar hand op zijn bovenbeen. 'Zodra ze dat weten, kunnen we naar huis.' Dat laatste is niet waar, maar ze wil hem een beetje hoop geven.

Hij laat zowaar haar hand liggen. 'Loop ik ook gevaar?'

Rixt bijt op haar lip en kiest voor een eerlijk antwoord. 'Dat weet ik niet.' Als ze stopt voor een verkeerslicht kijkt ze weer in haar spiegels. Niemand te zien. Ze draait de A1 op, geeft gas en volgt de navigatie richting Amsterdam.

'We nemen geen enkel risico. Waar we naartoe gaan zijn we veilig, zodra het kan gaan we naar huis en kan je weer naar school.'

Pieter pakt zijn telefoon uit zijn jaszak en zegt niets meer.

'Je kan het hier echt niet met je vrienden over hebben, begrijp je dat?' Ze kijkt opzij. 'Ook niet met je... vriendinnetje.'

Ze verwacht een uitbarsting op haar laatste opmerking, maar Pieter knikt nauwelijks merkbaar, zijn gezicht op onweer. Ze besluit hem met rust te laten, dit gesprek ging al beter dan ze had durven hopen. Hij heeft tijd nodig om zich aan te passen aan de situatie.

Als ze een klein half uurtje later aankomen bij het vakantiepark checkt ze voor de zekerheid nog een keer het adres. Zou het echt hier zijn? Caravans in alle kleuren van de regenboog staan verspreid over het terrein dat met lampjes en vlaggetjes is versierd. Ze heeft nog nooit zoiets vrolijks gezien. Zelfs Pieter kijkt verbaasd naar de rood met gele circustent die is ingericht als restaurant. De bloemperken bloeien uitbundig en het geheel ademt zo'n relaxte sfeer dat ze in een parallel universum terecht lijken te zijn gekomen. Stapvoets rijdt ze over de kronkelende paden tot ze bij een vakantiewoning aankomt met een geheel omheinde tuin. De auto van Victor staat al op de parkeerplaats.

Ze stappen uit en worden in de hal verwelkomd door een breedgeschouderde beveiliger met kort stekeltjeshaar en opvallend blauwe ogen die zich voorstelt als Pascal. Ze geeft hem een hand en samen lopen ze de woonkamer in terwijl hij haar een samenvatting van alle veiligheidsmaatregelen geeft en de indeling van de kamers laat zien. Het duizelt haar.

Pieter loopt zonder iets te zeggen langs hen naar binnen. De schuifpui naar de tuin van het vakantiehuisje knalt in de sponning wanneer hij die met een harde zet dichtgooit.

'Hé! Gedraag je!' Haar stem slaat over en de knal dreunt na in haar hoofd. Pieter zet zijn koptelefoon op zijn oren en gaat met zijn rug naar haar toe in de plastic tuinstoel zitten. 'We zijn hier nog niet over uitgepraat,' roept ze hem voor de vorm na.

Ze kijkt vanuit haar ooghoek naar Pascal, maar die kijkt onverstoorbaar voor zich uit.

‘Nou, dat gaat lekker, mam.’ Saar, haar oudste dochter, kijkt haar met opgetrokken wenkbrauwen en een koele blik aan. ‘Waar is mijn kamer?’

Rixt voelt haar tranen branden en verstopt haar gezicht door Saar een kus op haar hoofd te geven. Wat doet ze haar kinderen aan? En Victor? Net nu ze zo’n positieve sessie bij de relatietherapeut hadden vanmorgen. Hoelang kan ze dit voor zichzelf nog verantwoorden? Haar teamleider bij het Openbaar Ministerie was heel duidelijk geweest. ‘Bij bedreiging met een vuurwapen nemen we geen enkel risico.’ Ze slikt. Niet huilen. Niet nu. Ze moet in ieder geval naar de kinderen uitstralen dat ze alles onder controle heeft. Buiten gaat Pascal naast Pieter zitten en legt een hand op zijn schouder. Pieter schudt hem af, maar Pascal laat zijn hand liggen.

‘Ik denk dat jij met Julia in het stapelbed kan. Dan krijgt Pieter in zijn eentje de kamer met het tweepersoonsbed.’

‘O, tuurlijk.’ Saar spuugt de woorden uit. ‘Hij maakt een scène en krijgt vervolgens wel het grootste bed. Zal ik dan ook maar gaan gillen? Krijg ik dan ook mijn zin?’ Ze stampvoet van woede. ‘Ik háát stapelbedden en ik wil niet bij Juul want die praat in haar slaap. Wat een kutzooi dit.’ Saar pakt haar rugtas van de grond en loopt naar haar slaapkamer. ‘Als je maar weet dat ik dit weekend een feestje bij Kim heb, en dat ik daar gewoon naartoe ga.’

‘Ik mag boven liggen!’ roept Julia haar zus na die de trap op stampt. ‘Toch, mam? Dat mocht de vorige keer ook.’

Rixt haalt diep adem en kijkt naar haar jongste die, liggend op de bank, met twee verschillende afstandsbedieningen probeert de televisie aan te zetten. De vorige keer. Hoeveel heeft haar jongste dochter daar eigenlijk van meegekregen? ‘Zeg jij het nou mam, anders heeft Saar het bed straks al ingepikt.’

Ze gaat naast Julia zitten en legt een hand op haar bovenbeen. ‘Luister Juul, ik heb even iets anders aan mijn hoofd dan wie in welke slaapkamer en in welk bed ligt. Bovendien is het waarschijnlijk maar voor een paar nachtjes.'

'Hoef ik morgen niet naar school?'

Een agent in burger loopt de kleine woonkamer in en inspecteert de schuifpui.

'Er is wel Netflix en Videoland,' zegt Juul.

Boven klinkt een kabaal van schuiven met meubels waarna ze Victor hoort roepen dat hij aan de telefoon zit en of het wat zachter kan. Ze doet haar ogen dicht en blijft zo stil mogelijk zitten. Ze kan niet nadenken, haar hoofd is te vol.

Pascal stapt naar binnen en loopt naar de collega in burger. 'En?'

'Binnen is alles gecheckt. Het zou goed moeten zijn. Er zit een relatief zwakke plek bij het balkon boven. Verder lijkt het wel geschikt.'

'Weet je al hoeveel collega's er hier blijven?'

'In principe één voor en één achter, zolang we voldoende bezetting hebben. Het is allemaal krap.'

De muziek van de openingsscène van Harry Potter schalt door de kamer. Rixt reikt naar de afstandsbediening, maar Juul is haar voor en lacht uitdagend.

'Kom op Juul, kan het volume iets minder?'

'Maakt voor ons niet uit hoor,' zegt de man in burger. 'Wij zijn hier klaar.'

'Van mama mag het nooit hard.' Juul stopt haar duim in haar mond en nestelt zich tegen haar aan.

Rixt duwt haar dochter zo vriendelijk mogelijk van zich af en staat op. 'Zullen we even in de bijkeuken gaan staan?' Rixt knikt naar Juul en loopt voor de mannen uit.

Pascal trekt de deur van de bijkeuken achter zich dicht. 'Het is niet ideaal, Rixt. Maar we hebben even niets anders beschikbaar. Zodra de beveiliging van jullie eigen huis op orde is, kunnen jullie daar weer naartoe.'

Rixt schudt haar hoofd. 'Ik begrijp het niet. We hebben het hele alarmsysteem drie jaar geleden opnieuw laten aanleggen, dat zou toch goed genoeg moeten zijn?'

'We willen gewoon geen enkel risico lopen en eerst de beelden van alle camera's bekijken om te zien of daar iets verdachts op te zien is,' zegt de man in burger. 'De honden zijn in elk geval oké, die brengen we naar je ouders. Je au pair slaapt bij een vriendin.'

Rixt kijkt door het keukenraam naar buiten. Boven de wild bloeiende bosschages steekt de punt van de circustent uit. Over het schelpenpad langs hun huis loopt een man met een surfplank onder zijn arm. Een hummeltje op een driewieler volgt in zijn kielzog. Waar zijn ze beland? Tussen de jonge gezinnen op een hippiecamping? Lopen de campinggasten nu allemaal gevaar door haar aanwezigheid?

Pascal volgt haar blik en lijkt haar gedachten te lezen. 'Hier verwacht niemand jullie. Jullie zitten hier veilig.'

'En school?' Ze draait haar hoofd in zijn richting en kijkt hem aan.

Hij schudt verontschuldigend zijn hoofd. 'Deze week in elk geval niet, en dan zodra het kan, mogelijk onder begeleiding. Als we capaciteit hebben om met ze mee te gaan.' Hij knikt naar Pieter door het glas van de bijkeukendeur. 'Lastig voor ze. Zullen wij ze briefen of wil je dat zelf doen?'

'Laat mij dat maar doen.'

'Ze krijgen altijd meer mee dan je denkt.'

'Hm.' Ze heeft totaal geen zin in het onvermijdelijke drama met haar pubers waar deze mensen bij zijn. Het wordt al moeilijk genoeg om aan de kinderen uit te leggen wat er aan de hand is zonder ze de stuipen op het lijf te jagen. Misschien moet ze Pieter en Saar apart nemen. Die zijn inmiddels oud genoeg om het beter te begrijpen, al kan ze zelf nauwelijks bevatten wat er gebeurt. En voor Juul moeten ze er maar een weekje vakantie van maken.

'Goed.' Pascal slaat zijn handen ineen. 'Je koelkast zit vol. Laat het weten als je iets nodig hebt. Wij gaan ons best doen zo snel mogelijk uit te zoeken wie hierachter zit.'

Deze zin triggert haar en opeens is ze er weer volledig bij met haar gedachten. 'Ik wil van alles op de hoogte gehouden worden. Ook als het eng is, ook als ik er niet van slaap.' Ze kijkt Pascal dringend aan. 'Afgesproken?'

Zijn blik staat serieus. 'Je hoort van me zodra ik iets weet.'

De bijkeukendeur gaat open en Julia steekt haar hoofd door de opening. 'Waarom zitten jullie hier verstopt? Mag ik het niet horen? Ik weet toch al dat je weer bedreigd wordt. Is er ook chips?'

Pascal kijkt haar veelbetekenend aan.

Rixt loopt langs hem heen en zet haar vrolijke stem op. 'Geen idee schat, maar laten we eens kijken wat er allemaal in huis is.' Julia loopt vrolijk achter haar aan de keuken in.

'Ik sta buiten als je me nodig hebt.'

Rixt draait zich om. Pascal heeft een norse uitdrukking en heeft nog niet één keer een glimlach laten zien. Ze weet dat als het nodig is hij haar met zijn grote lijf en desnoods met zijn leven zal beschermen.

'Dank je wel, Pascal. Voor alles.'

'Ik doe mijn werk,' zegt hij. 'En je gaat nog wel een hekel aan me krijgen als je iets wil en het niet mag.' Hij kijkt haar zonder te knipperen aan. Ze weet dat hij gelijk heeft, knikt gelaten en wendt zich weer tot Julia, die met een blij gezicht een zak chips uit een la trekt.

'Jij boft, Chipito's.'

Pascal trekt de voordeur achter zich dicht en draait hem duidelijk hoorbaar van buiten op slot.

3
Magali

Het duurt even voor haar ogen aan het donker gewend zijn. In deze schemer maakt haar antieke poppenatelier, gevestigd in het voormalige koetshuis van haar landgoed, een onheilspellende en naargeestige indruk. Aan het plafond hangen tientallen blote poppenlijven zonder hoofd aan grote haken. Bij sommige poppenlijven ontbreken ledematen, bij andere bungelen de benen aan slap elastiek onder de romp. De angst die veel mensen bekruipt bij het binnentreden van haar poppenatelier begrijpt ze volkomen, al heeft ze er zelf nooit last van gehad. Poppen in het algemeen, maar zeker antieke poppen, spreken tot de verbeelding.

Magali houdt haar adem in om beter te kunnen luisteren. Was het geluid daar weer? Zo stil mogelijk loopt ze naar de werkbank om een grote vijl te pakken die ze gebruikt om houten poppenlijven mee bij te vijlen. Langs de muren van haar atelier staan grote vitrinekasten met antieke poppen, beren, poppenwagens, poppenstoeltjes en -ledikantjes. Op metalen pinnen staan verschillende poppenhandjes van klei en porselein. In de grote vitrinekast liggen doosjes met wimpers in alle vormen en lengtes en in verschillende kleuren bruin en zwart. Honderden glazen ogen, tongen, en minuscule tandjes liggen gesorteerd in bakjes met handgeschreven etiketten. Er is een aparte kast voor haar verzameling antieke poppenkleding. Van sokjes tot jurken en onderbroeken, er is niets dat ze niet heeft en alles is op jaartal en periode terug te vinden.

Ze is een van de best geoutilleerde poppendokters van Europa, en een van de laatste poppendokters in Nederland. Wereldwijd geldt ze als expert op het gebied van het taxeren van antieke poppen en het repareren van verzamelstukken. De reparaties leveren bijna niets op, maar met de lezingen en haar taxatiewerk voor internationale veilinghuizen en musea kan ze goed haar geld verdienen. Ze zou niet weten wat ze zonder haar antieke poppen zou moeten. Ze vormen haar gezelschap en haar troost.

Haar hand strijkt liefdevol over de oude werkbank. Als eerbetoon aan haar vader heeft Magali die niet vervangen bij de verbouwing. Wanneer een schaduw van buitenaf over haar werkbank glijdt, stokt haar adem weer. Haar vuist klemt zich om het handvat van de vijl. In de hoge ramen ziet ze niets anders dan haar eigen reflectie. Wordt ze nu zelf ook in de gaten gehouden? Haar hartslag zit torenhoog, net als haar ademhaling. Magali loopt naar het donkere raam en legt haar handen om haar ogen zodat ze naar buiten kan kijken. Niets.

Sinds ze met de politie over haar broer heeft gesproken schrikt ze overal van. Ze moet zichzelf niet gek laten maken. De agenten hebben haar niet voor niets uitdrukkelijk op het hart gedrukt zich zo normaal mogelijk te gedragen.

Eerst moet ze Dorus zoeken. Ze haalt de voordeur van het slot, laat voor de zekerheid de vijl in de zak van haar badjas glijden en stapt naar buiten. Het is nog fris als ze met haar blote voeten in haar pantoffels over het landgoed loopt. Waar is die kat toch? Ze rilt, trekt de badjas nog iets dichter om zich heen en rammelt met het blikje met kattenbrokjes. Ondanks het vroege uur, en het luide gezang van de eerste vogels, hoort ze duidelijk het gezoem van het langsrazende verkeer op de A1. Daar hadden haar overgrootouders geen last van toen zij dit landgoed al als buitenplaats aanhielden.

Als Magali aan de achterkant van het koetshuis komt, rammelt ze nog een keer. Geen poes te zien. Misschien staat Dorus uit gewoonte bij het grote huis voor de deur. Arm beest, daar kan hij miauwen tot hij een ons weegt, haar broer zal hem er echt niet in laten. Maurice heeft tegenwoordig alleen nog maar oog voor zichzelf en zijn louche praktijken. De laatste keer dat ze probeerde hem enig verstand in te praten, zal ze niet snel vergeten. Instinctief grijpt ze naar de zijkant van haar gezicht en streelt over haar huid. Het gevoel rondom haar linkeroog is nog steeds niet helemaal terug. Klootzak. Met ferme tred loopt ze door en schudt nijdig met het blikje.

Het valt haar steeds zwaarder om met haar broer om te gaan, zeker als hij te veel coke gebruikt. Ze zijn samen beslissingsbevoegd over alle lopende zaken van het landgoed en dat levert de meest heftige discussies op. Vroeger kon ze haar mond nog wel houden, maar tegenwoordig niet meer. Zelfs niet voor de gemoedsrust van haar vader. Daarvoor is er de laatste tijd te veel gebeurd. Het landgoed is haar alles waard en dat laat ze niet door Maurice naar de knoppen helpen.

Magali werpt een vlugge blik op het poortwachtershuis waar alles nog donker is. Haar vader is altijd vroeg wakker, maar blijft meestal liggen tot de thuiszorg hem komt verzorgen en aankleden. Gelijk heeft hij, op zijn oude dag. Als zij tweeënnegentig is hoopt ze ook rustig aan te kunnen doen 's ochtends.

Ze heeft nog niet de moed gevat haar vader in te lichten over waar Maurice mogelijk mee bezig is. Hij is zo trots op wat zijn zoon in tien jaar tijd met het landgoed heeft bereikt. Tegen iedereen die het horen wil schept haar vader op over het zakelijke succes van zijn zoon. Ze hadden nooit gedacht dat Maurice terug zou keren naar het Gooi en een succesvolle ondernemer zou worden. Natuurlijk had haar vader het liefst gewild dat Maurice ook huisarts was geworden, net als hijzelf en zijn eigen vader, maar toen Maurice, vijfentwintig jaar geleden, zonder middelbareschooldiploma naar Amsterdam vertrok, had haar vader alle hoop op dat scenario laten varen. Maurice maakt nu alles goed met de florerende *members only* countryclub die hij op het landgoed runt.

Haar broer had haar er een aantal jaar geleden van overtuigd dat ze op deze manier genoeg geld konden verdienen om het landgoed in de familie te houden. Ze kan de woorden *selfmade man* niet meer horen. Bescheidenheid siert de mens, is haar vroeger bijgebracht, maar daar is Maurice wars van. *Fake it till you make it* is meer op hem van toepassing.

Hij heeft gelijk gekregen, dat moet ze hem nageven. Het is een groot succes geworden. De hele begane grond van het landhuis is omgetoverd in een prachtige lounge, een cocktailbar en een restaurant. Ze zijn alleen open voor leden en hun introducees. Ook kinderen zijn welkom, een deel van het bos is ingericht als natuurspeeltuin. De wachtlijst om lid te mogen worden van de club is enorm, het restaurant wordt uitmuntend beoordeeld, de tennis- en padelbanen liggen er prachtig bij, net als de puttinggreens. De aanleg van een zwembad is in volle gang en daarnaast realiseren ze een wellnesscentrum om de leden nog meer faciliteiten te kunnen bieden. Over een uurtje zullen de eerste werklui wel weer voor de deur staan. Alles ging goed, tot haar broer een *high roller*-casino besloot te openen in de wijnkelder van het landhuis.

Ze loopt over het lange grindpad dat van het koetshuis naar de vroegere dienstwoningen kronkelt. Als ze bij de garage met verschillende oldtimers komt, kijkt ze even naar binnen. De lievelingsoldtimer van haar vader, een crèmekleurige Saab 96 sport, staat te glanzen voor de glazen pui. Het is de goedkoopste oldtimer die hij bezit, maar zonder twijfel zijn favoriet. Hij poetst hem nog regelmatig.

Met een glimlach om haar lippen loopt ze verder naar de voormalige dienstwoningen. Hier woonde vroeger het personeel van het landgoed. Nu is een deel in gebruik als kantoorruimte en van het andere deel hebben ze een appartement gemaakt dat dienstdoet als gastenverblijf. De gordijnen van de slaapkamer zijn dicht en er brandt licht. Zou haar broer bezoek hebben? Meestal zijn het schaars geklede dames die de volgende ochtend weer worden opgehaald. Normaal gesproken probeert ze dit gedrag zo veel mogelijk te negeren, maar nu moet ze voor de politie eigenlijk kijken wie er bij haar broer logeert.

Ze voelt zich bekeken. Onwillekeurig kijkt ze over haar schouder en laat haar hand in de zak met de vijl glijden. Wordt ze gevolgd door die enge gasten die steeds vaker op het landgoed te vinden zijn, of is het de politie zelf die haar bespiedt? Ze zouden haar sowieso geen details geven over een eventuele observatie. Hoe minder ze weet, hoe beter, zeiden ze.

Ze wendt haar hoofd af van het gastenverblijf, loopt verder en schudt zachtjes met het blikje. 'Kom dan! Psspsspsss.'

De zon schijnt laag tussen de bomen van het omliggende bos en druppeltjes dauw glinsteren op het gras. De vroege ochtend is haar favoriete moment van de dag. Als ze in stilte over het landgoed loopt, heeft ze het gevoel dat alles goedkomt. Dat haar broer gewoon tijd nodig heeft om af te kicken en dan weer redelijk na kan denken. Dat ze er samen uit komen en van Landgoed Serafijn weer een vredige plek maken, zoals vroeger.

Even sluit ze haar ogen en haalt diep adem naar haar buik.

Achter haar op het pad klinkt plotseling een ronkende motor. De auto komt vanaf de parkeerplaats voor het grote huis en rijdt nu met veel te hoge snelheid richting het toegangshek. Haastig stapt ze opzij, het natte gras in. Door de geblindeerde ramen van de auto kan ze niet zien wie de bestuurder is. Ze prent het kenteken in haar geheugen zodat ze dat straks kan doorgeven aan haar contactpersoon.

Als ze richting het grote huis loopt, ziet ze dat er nog twee auto's op de parkeerplaats staan. Wat doen die zo laat, of liever zo vroeg, nog hier? Ze probeert zo veel mogelijk details te onthouden. Waar is Maurice toch mee bezig? Een kort moment knaagt het weer aan haar geweten dat ze haar eigen broer verlinkt. Ze heeft geen keus en bovendien is hun band bijzonder slecht. Dat zij bijna twintig jaar ouder is, helpt in elk geval niet bij het ervaren en onderhouden van een goede broer-zusrelatie.

Ze draait zich om en loopt het steeds smaller wordende pad op richting haar koetshuis. Maurice was een schattige baby en de relatie tussen Magali en de moeder van Maurice was best oké geweest. Haar vader was gelukkig met zijn nieuwe vrouw na het overlijden van Magali's moeder en dat was het belangrijkst. Bovendien studeerde Magali al, en zat ze op kamers. Pas na het overlijden van haar stiefmoeder is ze weer op het landgoed komen wonen, om haar vader gezelschap te houden. Haar relatie was net uit en het gaf haar afleiding om voor haar vader te zorgen. Maurice woonde destijds in Amsterdam en het ging toen al bergafwaarts.

Ze is nu bijna terug bij het koetshuis en roept Dorus nog een keer.

Al heeft ze nog zoveel problemen met haar broer, haar werk houdt haar op de been. Nergens kan ze zo'n mooi poppenatelier hebben als hier op het landgoed en dat neemt niemand haar af, zeker haar broer niet. Ze heeft er te hard voor gewerkt om toe te moeten zien hoe hij het landgoed de vernieling in helpt.

Als ze bij haar voordeur van het koetshuis staat, strijkt er iets zachts langs haar benen. Ze schrikt en slaat een gilletje. Dan ziet ze Dorus.

'Hé, ben je daar eindelijk. Jij bent lang op stap geweest.' Ze bukt en neemt de goudkleurige Britse korthaar in haar armen. Ze drukt haar neus in zijn vacht en geniet van het spinnen. Met het warme dier tegen zich aan gedrukt stapt ze haar atelier binnen. Ze merkt nu pas hoe koud haar voeten geworden zijn. Dorus springt direct uit haar armen en loopt luid miauwend richting de trap naar haar appartement op de eerste verdieping. Ze kijkt nog een keer richting het grote huis aan het einde van het pad, sluit dan de voordeur en draait hem op slot.

4
Maurice

Charles de Saussure zit als laatst overgebleven speler bij Maurice Bulouw aan de blackjacktafel. Ondanks dat Maurice precies weet dat het om bijna vijf ton gaat die hij Charles moet uitbetalen, telt hij de bruine en grijze fiches voor de tweede keer na. Met de rug van zijn hand veegt Maurice het zweet van zijn voorhoofd en strijkt vervolgens door zijn klamme haar. Wat moet hij doen? Charles is een belangrijke klant. De enige andere overgebleven gast ligt voorovergebogen op de roulettetafel, zijn hoofd leunend op zijn armen. Een barmedewerker beweegt rustig om hen heen, haalt een doekje over de tafels en ruimt lege glazen op. Op zijn arm balanceren borden met restanten van exclusieve hapjes. Sec gezien heeft Maurice alles bijzonder goed voor elkaar. Hij is een goede gastheer en weet precies wat ze nodig hebben. Zijn bezoekers worden voortdurend flink in de watten gelegd als ze spelen, zodat ze zo lang mogelijk blijven zitten om hun geld in grote hoeveelheden te vergokken.

Charles trommelt ongeduldig met zijn vingers op de tafel. Zijn blik is niet onvriendelijk wanneer hij een laatste slok water neemt. Het tikken van de ijsblokjes tegen de rand van het glas is het enige geluid in de verder stille ruimte, die vroeger uitsluitend dienstdeed als wijnkelder en nu is verbouwd tot een klein maar *high-end* casino. Langs de muren staan prachtige glazen vitrines met daarachter de mooiste flessen wijn en whisky op de juiste temperatuur. Ter decoratie gebruiken ze antieke houten wijn- en whiskyvaten als *sidetables*. De kleine spotjes in het plafond en aan de houten balken verspreiden een warm licht en zorgen voor een luxe en intieme sfeer.

De wijnkelder is een ruimte waar de gewone leden niet komen, en waar door bezoekers zo min mogelijk ruchtbaarheid aan wordt gegeven. De enige spelers die worden toegelaten in dit casino zijn de echte *high rollers*. Mensen die van elkaar weten dat ze te vertrouwen zijn en goed zijn voor hun geld. Hij heeft geen zin in een handjevol bejaarden die voor een paar honderd euro de hele dag achter de slotmachines zitten. Dat heeft hij genoeg meegemaakt toen hij zelf als croupier in Amsterdam werkte. Voor het kleinere werk kunnen mensen prima terecht op zijn onlinegokwebsite, of zijn concurrent langs de A1, maar niet hier. In dit casino ontvangt hij de grote gokkers uit het Gooi en omstreken, en normaal gesproken is het uitbetalen van grote winsten voor hem geen enkel probleem.

De fiches, die Maurice speciaal voor zijn casino heeft laten maken, liggen in keurige stapeltjes op kleur gesorteerd op het donkergroene velours van de blackjacktafel. Bruine fiches staan voor vijfentwintigduizend euro, de grijze voor tienduizend euro.

Met zijn vingers gaat hij langs de stapels. Charles volgt zijn bewegingen, maar zegt niets. Wat een bedrag, en dan heeft hij de speciale roulettefiches nog niet eens geteld. Dit bedrag kan hij nu met geen mogelijkheid uitbetalen. En natuurlijk gebeurt dit uitgerekend bij een man als Charles de Saussure. Een man die zo amicaal en voornaam lijkt, maar van wie iedereen weet dat je hem niet voor de voeten moet lopen. Hoe zijn ze hier in godsnaam beland?

In gedachten gaat hij de mogelijkheden om aan extra geld te komen langs. De laatste weken stroomt het eruit als water. De aanleg van het zwembad en de wellness kost veel meer dan hij had begroot, en sinds hij een deel van de winst van het landgoed moet afdragen om zichzelf in leven te houden, loopt alles mis. Hij slikt hoorbaar en opent nog een bovenknoopje van zijn overhemd. Via de rekening-courant van zijn onlinegokbedrijf zou hij het geld aan Charles kunnen overmaken, maar dat heeft even tijd nodig. Hij heeft nog een paar ton aan bitcoins staan, maar die krijgt hij ook niet zomaar beschikbaar, en zeker niet in grote bedragen. Bij een transactie van tweeduizend euro heb je tegenwoordig al een melding van die honden van de Financial Intelligence Unit aan je broek hangen. Hoe gaat hij dit aan Charles vertellen zonder gezichtsverlies te lijden en wanhopig over te komen? Als bekend wordt dat hij niet goed is voor zijn geld komt er niemand meer gokken. Dan kan hij de tent wel opdoeken. Bovendien heeft Charles flink geïnvesteerd in ruil voor aandelen in de club. De discussie die hij hierover met Magali en zijn vader heeft moeten voeren staat hem nog scherp voor de geest. Zonder die twee kan hij, tot zijn grote ergernis, niets beslissen.

Moet hij Charles laten doorspelen en hopen dat hij verliest? Onmogelijk. Het is ochtend, die man wil naar huis. Hoe kan het nou zo uit de hand zijn gelopen? Hij had gewoon om drie uur de boel dicht moeten gooien, maar iedereen weet dat je tegen Charles geen nee zegt. Hij was met een stel vrienden lekker bezig, zat er helemaal in en stond erop dat ze nog doorspeelden.

'Eh, Maurice...?'

Hij schrikt op uit zijn gepeins. Tim staat voor hem met een bleek gezicht en kringen onder zijn ogen. Het was voor iedereen duidelijk een lange avond.

Tim lacht schuchter. 'Sorry dat ik jullie stoor. Is het goed dat ik naar huis ga?'

Zonder verder naar zijn jonge croupier te kijken knikt Maurice. 'Prima, bedankt.'

'Wacht nog even.' Charles stopt een hand in de binnenzak van zijn colbert en haalt hem terug met twee briefjes van vijftig tussen zijn vingers. 'Het was een legendarische avond.' Charles richt zijn blik weer op Maurice terwijl hij de briefjes aan Tim geeft. 'Zo'n avond waar we het over tien jaar nog over hebben.' Zijn lach buldert door de ruimte en wordt weerkaatst door het lage gewelfde plafond.

Weer slikt Maurice iets weg. Godverdomme. Wat moet hij daar nou weer van denken?

Tim pakt de briefjes aan en maakt een kleine buiging. 'Dank. Het was me weer een waar genoegen, meneer De Saussure.'

Charles slaat hem vriendschappelijk tegen zijn schouder. 'Doe de groeten aan je vader.'

'Zal ik doen. En u aan uw dochters.'

Tim loopt weg. Als hij de deur bovenaan de trap opent, schijnt een flauw licht naar binnen. Het is echt al ochtend. Charles kijkt Tim na en glimlacht wanneer hij zich weer tot Maurice wendt. 'Aardige jongen. Zat nog bij mijn dochter Valérie in de klas op de basisschool.' Hij tikt tegen zijn glas en Maurice pakt snel de fles Pellegrino uit de emmer met ijs en schenkt hem bij.

Als Charles nou stomdronken was geweest had hij een taxi voor hem kunnen bellen, en was hij zonder problemen weggegaan, maar Charles drinkt al vanaf twee uur alleen maar water en is nog zo fris als een hoentje. Maurice kijkt zo onopvallend mogelijk op zijn horloge.

'Is er een probleem?'

Met deze gast valt niet te spotten. 'De ochtendploeg van de keukenbrigade komt er bijna aan, die moet ik zo even op weg helpen. We hebben een grote lunch vandaag voor iedereen die meedoet met het tennistoernooi.'

'Gezellig.' Charles kijkt hem nu strak aan en de sarcastische ondertoon is niet te missen. 'Ik zou graag uitbetaald worden.'

'Ja, natuurlijk. Even kijken...' Voor de derde keer ordent hij de stapels fiches. 'Ik zat te denken...'

Charles houdt zijn telefoon omhoog. 'Iemand begint ongedurig te worden.' Hij laat de gemiste oproepen en de bijbehorende schermfoto van zijn bloedmooie en veel te jonge vriendin zien.

'Ja, snap ik helemaal. Natuurlijk.' Maurice staat op en loopt met de fiches naar de uitbetaaldesk naast de bar en legt ze naast de computer.

De deur bovenaan de trap gaat open en zijn beveiliger loopt de trap af. Dennis knikt eerst naar Charles en richt zich dan tot Maurice. 'Kan ik gaan?'

Na het akkefietje met zijn afperser heeft hij Dennis in dienst genomen. Hopelijk heeft het effect, hij voelt zich in elk geval iets veiliger. 'Ja, helemaal goed,' zegt Maurice overdreven opgewekt. 'Wij redden het hier wel. Bedankt weer.' Met zijn hoofd gebaart hij naar de slapende man achterin. 'Wil je hem misschien naar huis brengen? Hij kan wel wat support gebruiken.'

Maurice fluistert samenzweerderig naar Charles: 'Weer een IVF-poging mislukt... de zoveelste keer.' Dan richt hij zich weer tot Dennis. 'Pak het busje maar. Ik wil niet dat hij kotst in een taxi.'

De uitsmijter schuift zijn arm onder beide oksels van de man en tilt hem omhoog. De man laat zijn hoofd op de brede schouder van Dennis rusten en loopt, nauwelijks bij bewustzijn, met hem mee. Dennis kijkt een keer rustig van Charles naar Maurice, draait zich dan langzaam om en helpt de man de trap op.

'Hij heeft het echt zwaar. Allebei natuurlijk, zijn vrouw ook.'

Charles knikt minzaam. 'Goed dat je het zegt. Ik zal Izabel een bos bloemen bij hen laten bezorgen,' zegt Charles.

Maurice klapt in zijn handen. 'Goed, de uitbetaling. Naar hetzelfde rekeningnummer als altijd?' Hij beweegt de muis van de computer heen en weer en haalt het scherm uit de slaapstand. Dan doet hij of hij iets leest. 'O ja, dat wilde ik je nog vragen. Vrijdagavond organiseren we weer een pokeravond en ik dacht, is het een idee dat jij meedoet? Dan betaal ik je nu twee ton uit, en dan is de overige tweehonderdvijftigduizend meteen jouw inleg voor die avond. Dan maken we er echt een *big night* van.'

Charles fronst zijn wenkbrauwen. 'Ik weet helemaal niets van een pokeravond.'

'Dat kan kloppen, want die heb ik vanavond pas ingepland. Het leek me weer eens leuk. Lekker eten, drankje erbij. Een paar mooie dames die bedienen. *The works.*' Maurice geeft Charles een knipoog, maar die houdt zijn gezicht in de plooi.

Maurice veegt zijn handpalmen af aan zijn broekspijpen en lacht zo ontspannen mogelijk. Als Charles toehapt moet hij als de wiedeweerga deelnemers zien te ronselen. Echt goede spelers zijn misschien al geboekt bij een ander toernooi. Waarom heeft hij die kalender niet eerst gecheckt? Een zweetdruppel loopt van zijn bakkebaard langs zijn oor.

Opeens staat Charles op en schuift zijn stoel aan. 'Het lijkt me een uitstekend plan. Tot vrijdag.' Charles steekt zijn hand uit en hij schudt hem stevig, vurig hopend dat zijn hand niet klam aanvoelt.

5
Rixt

Met een harde klap legt ze haar telefoon op de eettafel. Wat denken ze nou bij het OM? Dat ze niet volledig aan het werk kan? Ze kan toch vanaf hier van alles doen? Haar leidinggevende was duidelijk en gaf haar in het korte telefoongesprek van zojuist geen enkele ruimte. Ze moet onmiddellijk van alle grote zaken af en mag voorlopig vooral medische en kleinere zaken doen, voor haar eigen veiligheid. Dan geeft ze zich toch gewonnen? Wat is dit voor beleid? Ze wil onmiddellijk met de hoofdofficier in gesprek en met de rechercheofficier. Misschien kan Peter-Paul nog aan wat knoppen draaien. Een rechercheofficier wordt door iedereen serieus genomen.

Wat weet haar teamleider er ook van? Die was nog niet eens afgestudeerd toen ze dit de vorige keer aan de hand had. Als ze haar autodeur die avond niet op slot had gedaan voor ze van kantoor was weggereden, had ze het waarschijnlijk niet overleefd. Ze overvielen haar toen ze thuis voor haar eigen toegangspoort stilstond om naar binnen te rijden. In die tijd functioneerde ze ook prima onder de bedreigingen. Als ze zou bezwijken onder de druk van terreur is het eind zoek. Hier is het laatste woord nog niet over gezegd, dat is zeker.

Het is stil in de vakantiewoning. De kinderen zitten boven achter hun laptops en kijken online mee met de lessen. Tot hun grote ergernis was dat heel snel geregeld met school. Victor heeft hun slaapkamer tot kantoor gemaakt en zij heeft de eettafel geclaimd. Ze haalt haar theezakje uit haar mok en laat het uitlekken tegen de zijkant, logt in op het systeem en ziet dat ze de eerste dossiers al in haar inbox heeft zitten. Proceduremeldingen door de Inspectie Gezondheidszorg in twee euthanasiezaken waarin volgens de regionale toetsingscommissie de arts niet heeft voldaan aan de zorgvuldigheidseisen. Ze scrolt door de dossiers heen. Tachtigplussers, één dement en één terminaal met een kankerdiagnose. Ze schudt haar hoofd en blaast langzaam uit. Spannend.

Een volgend dossier dat ze opent is interessanter. Er wordt toestemming gevraagd voor uitgebreide observatie op een landgoed in Laren. Dat is op zich niet bijzonder, maar in het dossier zit een proces verbaal van een verklaring van een getuige die anoniem wil blijven. Ze opent het stuk en leest de verklaring die is opgemaakt door de recherche Gooi en Vechtstreek. De persoon die in dit onderzoek verklaart, wordt niet bij naam genoemd, maar uit het dossier wordt haar duidelijk dat het om een familielid van het te observeren subject moet gaan. Als dit dossier naar buiten komt, ziet iedereen wie hier verklaart. Deze persoon heeft duidelijk geen enkel benul van het gevaar dat kleeft aan praten met de politie. Heeft ze toch een interessante zaak te pakken. Ze scrolt in haar telefoon en zoekt het nummer van Frank Lindeman, recherchecoördinator van recherche G&V. Hij neemt meteen op.

'Frank, Rixt van Leeuwen hier. Ik ben zaaksofficier in dat verzoek om toestemming voor observatie bij Landgoed Serafijn in Laren.'

'Ben jij aan het werk dan? Ik dacht dat jij even... vrij was.'

Ze glimlacht, spannende nieuwtjes gaan altijd snel. 'Natuurlijk ben ik aan het werk. Gewoon vanaf mijn vakantieadres,' grapt ze.

Hij lacht hardop. 'Nou, zeg het maar dan.'

'Ik vraag me af of voldoende duidelijk is gemaakt aan de getuige wat het risico is van de verklaring. Ik begrijp dat de getuige zelf contact heeft opgenomen?'

'Klopt. De wijkagent heeft in eerste instantie met de getuige gesproken, op de risico's gewezen en doorverwezen naar de recherche. Ik snap wat je zegt, maar het komt ons heel goed uit dat deze persoon getuigt, omdat er al langer twijfels zijn over de activiteiten rondom het landgoed. We zien regelmatig bekende kentekens het landgoed op rijden en ook vanuit de Financial Intelligence Unit waren er signalen over ongebruikelijke transacties en mogelijk illegale gokactiviteiten.'

Rixt staart door het keukenraam naar buiten. Op zich is er dus ook zonder deze getuige-informatie al voldoende reden tot onderzoek. 'Is deze getuige voldoende betrouwbaar?'

Nogmaals leest ze de passage waarin staat dat de getuige zorgen heeft over het mogelijk afglijden van Maurice Bulouw en het in zijn val meenemen van het hele landgoed, dat al meer dan honderd jaar in de familie is.

'Dat is aan jou, Rixt. Naar mijn mening wel.'

'Oké, ik geef toestemming voor observatie voor maximaal drie maanden. Ik maak het zo snel mogelijk rond.'

'Dank je wel. We spreken elkaar. Sterkte daar.'

Ze vult alle benodigde formulieren in en stuurt die naar Tanja, haar secretaris.

Haar telefoon trilt en ze grist hem van tafel. Helaas, geen berichten over haar bedreigingsonderzoek. Ze opent het berichtje van haar moeder en glimlacht om de foto van haar twee honden.

Ze heeft Mateo vanmiddag ook kort aan de telefoon gehad. Het gesprek was voornamelijk zakelijk, tot de laatste vijf minuten. Hij klonk oprecht bezorgd, net als haar vriendinnen die ook ieder uur appen hoe het met haar gaat. Het is een vreemde gewaarwording dat haar omgeving meer moeite met de situatie lijkt te hebben dan zijzelf. Vooral Victor heeft het zwaar.

Misschien moet ze hem een kop koffie brengen, ze hebben nog geen half woord met elkaar gewisseld sinds ze hier op het vakantiepark zitten. Ze staat op en duwt een cupje in het Nespresso-apparaat. Door het keukenraam ziet ze Pascal in de voortuin zitten. Hij heeft een automagazine en een krant op het bijzettafeltje liggen, precies zoals iedere toerist dat zou hebben die hier voor zijn vakantiewoning in de zon zit. De koffie is klaar en ze loopt de trap op. De eerste trede kraakt, dat was haar meteen al opgevallen en nu is ze de hele nacht alert op dat geluid. Als ze halverwege de trap is, klinkt de zware stem van Victor uit de slaapkamer. Hij is duidelijk geagiteerd. Het is niet netjes, maar ze móét weten waar dit over gaat. Ze stapt de overloop op en met gebogen hoofd plaatst ze haar rechteroor vlak bij de deur.

'Het is ook niet mijn idee dit. Het is niet dat ik hier voor mijn lol zit.' Victor pauzeert. 'Nee, je snapt het niet. Het gaat niet alleen om háár, het gaat ook om mijn gezin. Dit zijn geen kleine boefjes hè, waar we het over hebben... Ik ga mijn best doen. Misschien vanavond... Je kan ook hierheen komen, dan maken we een wandeling... Oké, we houden contact... Ja, dat weet ik... ik jou ook.'

De zacht uitgesproken woorden doen haar meer pijn dan ze voor zichzelf wil toegeven. Ze zijn weer terug bij af, terwijl het zo goed ging. Rixt wacht nog een halve minuut om wat ze heeft gehoord te laten bezinken en klopt dan zachtjes op de deur waarna ze hem meteen opent. Victor zit op de rand van het bed en staart naar zijn telefoon.

'Hé,' zegt ze.

Hij knikt ter begroeting.

'Ik heb koffie voor je.'

Hij pakt het espressokopje van haar aan en glimlacht flauwtjes. 'Dat hoef je niet te doen.'

Ze gaat naast hem zitten met haar beide handen gevouwen tussen haar knieën. 'Het spijt me,' zegt ze zacht. 'Van alles. Het is vreselijk voor jullie allemaal en ik weet niet hoelang het nog gaat duren.'

Victor klemt zijn lippen op elkaar en wendt zijn hoofd af. 'Na die grote klapper had je moeten stoppen, Rixt. Ik heb het je zo vaak gevraagd.'

Ze sluit haar ogen en haalt diep adem. Weer dit gesprek. Hoe vaak moet ze dit nog voeren? 'Het is mijn léven, Victor.'

'En wij dan?' Hij staat zo abrupt op dat de koffie uit het kopje op zijn broek gutst. Hij vloekt en dept met zijn vlakke hand op de vlek, wat het alleen maar erger maakt. 'Je ziet toch zelf ook wat het met de kinderen doet?' gaat hij verder. 'Heb je je al afgevraagd hoe dit voor hen is?'

'Het is misschien nog maar voor een weekje.' Ze heeft geen idee, maar ze moet iets zeggen. 'Zie het als *quality time* voor ons gezin.'

'Jezus, Rixt. Heb je nog enig realiteitsbesef?'

Ze zwijgt en kijkt naar de naden van de laminaatvloer.

'Heb je gezien wat dit met Pieter doet? Er komt geen normaal woord meer uit, hij vloekt en schreeuwt alleen nog maar. Gisteren hoorde ik hem huilen onder de douche.' Hij draait zijn hoofd opzij. 'Zie jij dat ook, of ben je écht alleen maar met jezelf bezig?'

'Ik ben van al mijn zaken afgehaald.' Op het moment dat ze het uitspreekt, weet ze dat het verkeerd gaat vallen.

'Wat rot voor je.' Hij kijkt haar ongelovig aan en zijn toon is zo sarcastisch dat ze ervan schrikt.

Ze voelt haar tranen branden. 'Ik heb toch ook nergens om gevraagd? Ik weet dat het vreselijk is voor jullie. Ze kunnen niet naar school, niet naar vriendjes, en het komt allemaal door mij. Ik wéét het.' Haar tranen rollen inmiddels over haar wangen.

Victor pakt haar bij haar schouders en draait haar naar zich toe. 'Dat is het niet alleen. We maken ons ook zorgen om jou. Heb je daar al over nagedacht? Ze zijn bang dat je vermoord wordt, dat ze straks helemaal geen moeder meer hebben. Zelfs niet eentje die er nooit is.' Dat laatste zegt hij op een grappige toon en ze kijkt hem door haar tranen heen aan. Hij trekt haar naar zich toe. Haar hoofd rust op zijn schouder en zijn hand strijkt door haar haar.

'We komen er doorheen, net als de vorige keer,' zegt hij rustig. 'Maar ik kan dit niet heel veel langer opbrengen, Rixt. Er moet iets veranderen. Ik wil dit niet, ook niet voor de kinderen. En het zijn ook míjn kinderen.'

Zijn woorden klinken zo bekend dat ze precies weet wat hij gaat zeggen. Jaren zegt hij dit al en ze weet niet wat ze ermee moet. Ze veegt haar tranen weg en doet een stapje naar achteren. 'We hebben het er later over.'

Victor zucht diep.

Ze aarzelt en kijkt hem dan zo vriendelijk mogelijk aan. 'Laten we elkaar steunen.'

Victor staat op en opent de deuren naar het balkon, de enige zwakke plek in de beveiliging. Loopt hij daarheen omdat hij weet dat ze niet mee zal komen? Het uitzicht over de plassen is prachtig en even twijfelt ze of ze naast hem zal gaan staan. Dan draait ze zich om, loopt de slaapkamer uit en trekt de deur achter zich dicht. Als ze vervolgens tegen de dichte deur leunt, sluit ze kort haar ogen. Wat een puinhoop. Ze moet iets doen. Haar gezin moet zo snel mogelijk terug naar hun normale leven. En ze moet zo snel mogelijk in gesprek met Victor voordat al hun therapie van de afgelopen drie maanden voor niets is geweest.

6

Liselotte

'Van harte gefeliciteerd met de aankoop van jullie nieuwe paleis,' zegt Liselotte breeduit lachend en heft haar glas champagne naar de overkant van de, speciaal voor haar kantoor gemaakte, vergadertafel. Haar opdrachtgevers nippen tevreden van hun drankjes.

'En een koopje, dertien en een half,' grapt de verkoper. Heel even kijken de kopers elkaar aan en is Liselotte bang dat de ontspannen sfeer omslaat. Voor ze weer met elkaar over de prijs gaan beginnen, grijpt Liselotte op een soepele manier in.

'Ik wist wel dat jullie een goede match zouden zijn. Toen ik hoorde dat jullie allemaal in Leiden hebben gestudeerd, dacht ik al: dit komt helemaal goed.'

Ze zet haar stralende lach op en pakt een gevulde olijf van de houten borrelplank die vakkundig door de traiteur is opgemaakt. Zo makkelijk is het verkoopproces in werkelijkheid niet gegaan, maar het is goed om dat naar beide partijen wel uit te stralen. De prijs is marktconform, maar uiteindelijk is het bij dit soort objecten toch wat de gek ervoor geeft. Ze is makelaar in het absolute topsegment en dat brengt nou eenmaal andere uitdagingen met zich mee dan de reguliere huizenmarkt.

Deals in deze orde van grootte vragen om een goede voorbereiding en dat begint al met het fotoboek van het object dat in hardcover wordt opgemaakt. De verkoop was weer geheel volgens haar, inmiddels beruchte én geroemde, tactiek gegaan. Onder het genot van een goed glas wijn laat ze de partijen, zonder haar eigen aanwezigheid, kennismaken en praten over de koop. Die afwezigheid is *the cherry on top*. Zodra ze bij kopers en verkopers het sfeertje van ons-kent-ons weet op te roepen, maakt ze zich direct uit de voeten. Succes gegarandeerd. Mensen die dit soort bedragen kunnen neerleggen voor een huis zijn over het algemeen prima in staat om zelf over de prijs te onderhandelen.

In haar dorp staat Liselotte bekend als makelaar van de sterren. Een geuzennaam die ze met liefde heeft omarmd en voor de volle honderd procent waarmaakt. Met inmiddels meerdere vestigingen is haar makelaarskantoor niet meer weg te denken uit het Gooische landschap.

Door de glazen pui van haar kantoorruimte ziet ze een van haar werknemers aan komen lopen. Hij steekt zijn duim naar haar op ten teken dat ook zijn deal rond is. Ze knikt en glimlacht naar hem. Nog eens dertig mille courtage. Het valt in het niet bij de ruim twee ton die ze zojuist zelf met een paar handtekeningen heeft verdiend, maar toch. Gelukkig doet ze zelf alleen nog de objecten boven de tien miljoen en die zijn er in het Gooi en omstreken meer dan genoeg. Al vind je deze objecten niet snel op Funda, die gaan meestal in de stille verkoop.

De sfeer is weer ontspannen en de gesprekken gaan inmiddels over beleggingen, honden en Ivy League-universiteiten voor de studerende kinderen. Mooie gelegenheid om in de aangrenzende kantoorruimte even haar mail te checken. Ze heeft een appje van haar man en twee berichtjes van haar dochter Laura. Een ervan is een tikkie dat ze, zonder te kijken waar het voor is, betaalt. Ze heeft de strijd met Laura over dure broodjes kopen tijdens de pauze jaren geleden al opgegeven. Als ze haar mail opent, stokt haar adem. Ze gaat zitten en leest de mail nog een keer.

Met onze matching-technology vindt u nieuwe naaste of verre familieleden op basis van het percentage DNA dat u deelt. Ons algoritme berekent daarnaast uw etniciteitsschatting aan de hand waarvan wordt vastgesteld uit welke regio uw DNA stamt. Haar ogen razen over het scherm en lezen haastig verder. *Op grond van deze berekening hebben we met een nauwkeurigheid van 95,2% iemand gevonden die matcht met uw DNA. De waarschijnlijke verwantschap betreft een halfzuster die als woonplaats Laren (N-H), Nederland, heeft opgegeven. Na uw toestemming kunnen wij ook uw gegevens delen met deze match. U kunt dan rechtstreeks met elkaar in contact komen.*

Hoe is het mogelijk? Met één hand duwt ze een lange blonde lok achter haar oor en kijkt in de reflectie van de glazen tussenwand van haar kantoorruimte. Ze kreeg de test van haar vriendinnen voor haar verjaardag. Het leek haar leuk om te kijken waar in de wereld haar roots liggen. En nu dit. Een halfzus, en dan ook nog zo dichtbij in Laren. Misschien kent ze haar al haar hele leven en zat ze wel met haar in de klas. Misschien heeft ze haar halfzus ooit wel een huis verkocht. Zouden ze op elkaar lijken? Haar ogen gaan weer over haar scherm. Ze is één klik verwijderd van haar naam. Ze aarzelt. Ze heeft tijd nodig om dit te laten bezinken. Als ze het toestemmingsformulier aanvinkt, krijgt haar halfzus ook een berichtje met haar gegevens. Dan kan ze niet meer terug.

Hoe moet ze dit in godsnaam aan haar moeder vertellen? Als ze het haar al gaat vertellen. Ze is achtenzeventig en Liselotte heeft geen idee hoe haar moeder dit nieuws zou oppakken en wat het met haar zou doen. Het zet haar moeders hele verleden en haar huwelijk in een ander daglicht, dat is een ding dat zeker is. Is dat het waard? Moet ze alles overhoopgooien alleen omdat zij nieuwsgierig is? Misschien moet ze wachten tot haar moeder er niet meer is voor ze contact met haar halfzus opneemt. Aan de andere kant kan het ook mooi zijn om een stukje van haar vader in iemand anders terug te vinden.

Liselotte had, voor haar vader ziek werd, een geweldige band met hem. Dit najaar is hij al tien jaar dood en ze mist hem nog iedere dag. Ze graaft in haar geheugen naar signalen die er op zouden kunnen wijzen dat haar vader een affaire had. Voor haar gevoel hadden haar ouders een gelukkig en stabiel huwelijk. Wat zegt het bestaan van deze halfzus over haar eigen relatie met haar vader? Kende ze hem wel echt? Wist hij ervan? Heeft ze alleen deze halfzus of zijn het er meer dan één?

In de vergaderruimte naast haar kantoor wordt het, aan het toenemende geluid te horen, steeds gezelliger. Net als ze opstaat vanachter haar bureau en haar beige broekpak gladstrijkt, komt het hele gezelschap jolig de hal in. Ze loopt haastig op hen af. De verkoper strekt zijn hand naar haar uit en ze zit direct weer in haar professionele modus.

'Sorry, ik had even een onderhandeling tussendoor.'

'Geen probleem. Wij gaan nog even met elkaar naar Café Moeke Spijkstra. Zeer bedankt voor je hulp.'

Liselotte zet haar stralende glimlach op en schudt ook de hand van de kopers en buigt voorover voor een kus op de wang van de vrouw. Het is belangrijk om een zo vriendschappelijk mogelijke band op te bouwen met haar klanten. 'Heel graag gedaan en als ik nog iets voor jullie kan betekenen hoor ik het graag. En we zien elkaar vast snel in het dorp of op een feestje. Jullie zijn natuurlijk ook van harte uitgenodigd op onze avond bij het aspergediner, of kom gezellig langs op zaterdagochtend voor koffie en appelgebak.'

Ze zwaait nog een keer in de deuropening en sluit dan de glazen deur in de volledig glazen pui van haar kantoorpand midden in het oude dorp van Blaricum. Zodra ze weer achter haar bureau zit, leest ze de mail nogmaals op haar laptop.

Haar gedachten gaan weer naar haar vader en moeder. Als haar vader nog had geleefd had ze er eerst alleen met hem over kunnen praten. Wat haalt ze allemaal overhoop? Ze herpakt zich. Het hoeft natuurlijk helemaal niet te gaan om een buitenechtelijke relatie. Misschien is het al gebeurd voordat haar vader met haar moeder trouwde. Feitelijk zijn alle opties nog open.

Misschien is een halfzus wel een verrijking. Misschien voelen ze meteen een band met elkaar en kunnen ze een mooie vriendschap opbouwen. Heeft zij ook kinderen en zijn er voor Laura neefjes of nichtjes waar ze leuk contact mee kan krijgen.

Liselotte is eruit. Ze gaat contact zoeken met haar halfzus en ze zal haar moeder er voorlopig niets over vertellen. Dat lijkt haar het beste voor nu. Als het een leuk persoon is en ze weet meer van de situatie rondom de verwekking, zal ze zelf beslissen of ze het met haar moeder deelt. Als ze op verzenden heeft geklikt, leunt ze achterover en vouwt haar handen achter haar hoofd. *The train has left the station.*

7
Maurice

De houten stoel duwt in zijn rug en Maurice kijkt naar zijn handen die gevouwen in zijn schoot liggen. Bij iedere poging zichzelf los te wurmen, snijden de tiewraps dieper in de huid van zijn polsen. De kelder onder de voormalige dienstwoningen is schaars verlicht door een enkele plafondlamp. Langs de muren staan stellingkasten met tientallen ordners administratie van het landgoed door de jaren heen. Verschillende oude computers liggen in verhuisdozen die op de grond staan opgestapeld. In de hoek staat nog een oude wieg die Magali per se had willen bewaren. Zijn rechteroog zit dicht en ademhalen gaat moeizaam.

'Goed. Je hebt het geld dus niet.'

Maurice schudt zijn hoofd. 'Ik kan toch godverdomme niet toveren.' Hij tuft wat bloed naast zich op de grond. Als hij voorzichtig met zijn tong langs zijn voortanden gaat, heeft hij het gevoel dat al zijn tanden loszitten. Wat een shitzooi. Hij zit er zo diep in dat hij voor zichzelf niet helder krijgt hoe hij hier ooit nog uit moet komen.

'Volgens onze berekeningen gaat het om bijna vier miljoen.' De man kijkt op zijn telefoon. 'Drie miljoen achthonderdvierenzestigduizend, om precies te zijn. En onze boekhouder heeft het meestal bij het rechte eind.'

Maurice zwijgt. Wat moet hij hiervan zeggen? Ze hebben gelijk. Zijn opdracht was duidelijk. Hij moest het geld witwassen en via het casino weer aan ze uitkeren. In plaats daarvan heeft hij een deel van hun geld zelf gehouden en uitgegeven aan alle verbouwingen op het landgoed, een nieuwe auto en representatieve kleding. De rest heeft hij in het restaurant gestoken om de cijfers op te poetsen. Hij slikt een brok in zijn keel weg en voelt de tranen warm over zijn wangen lopen. Het enige wat hij wil, is zijn vader trots maken.

'Niet gaan huilen. Jij hebt deze shit veroorzaakt, niemand anders.' Een van de mannen draait zich om en pakt een oud toetsenbord uit een doos. Voor Maurice precies doorheeft wat er gebeurt, slaat zijn hoofd opzij en spatten er stukken plastic tegen zijn gezicht. Hij schreeuwt het uit en instinctief duikt hij in elkaar met zijn hoofd richting zijn knieën. Voor hij helemaal laag zit, wordt hij aan zijn haren weer omhoog en naar achteren getrokken. Een warm straaltje bloed loopt over zijn gezicht en zijn hoofd bonkt vreselijk. Pijnscheuten schieten vanuit zijn tanden door zijn bovenkaak. Hoelang moet hij hier nog zitten? Paniek overvalt hem en zijn ademhaling wordt nog gejaagder.

'Kijk me aan,' zegt de man uiterst rustig.

Maurice doet zijn uiterste best zijn ogen open te doen, maar dat gaat nauwelijks.

'Wij gaan ervan uit dat mensen zich aan afspraken houden.' De man draait het snoer dat aan het aan gort geslagen toetsenbord bungelt om beide handpalmen heen, zodat het snoer helemaal strak staat. 'Als jij niet iedere week betaalt wat we hebben afgesproken, komt er iedere keer vijftig procent rente bij. Je bent toch zo goed in creatief boekhouden? Wij ook.'

Maurice volgt iedere beweging die de man maakt. Hij moet iets doen om ze te stoppen. Hij trekt het niet langer. Zijn pantalon plakt tegen zijn benen en de stank van zijn eigen urine doet hem walgen.

'Ik heb mijn best gedaan. Echt, ik zweer het. Ik heb veel rekeningen te betalen met die verbouwing en er is heel veel gewonnen deze week in het casino. Ik kan mijn klanten niet eens uitbetalen.'

Langzaam stapt de man weer op hem af. Behoedzaam legt hij het snoer om Maurice' nek.

'Ik zweer het je!' Zijn stem slaat over terwijl hij zijn best doet om zo stil mogelijk te zitten.

'Dan verzin je maar iets.' Langzaam trekt de man het snoer steeds iets strakker om zijn nek. 'We stoppen pas als we het hele bedrag tot op de laatste cent terug hebben. Zit je autosleutel in je zak?'

Hoe komt hij hier ooit nog onderuit? Zijn gloednieuwe gele Lamborghini Urus is zijn grote trots. Maurice krijgt geen lucht en voelt dat hij ieder moment out kan gaan.

'We kunnen ook een oldtimer van je vader meenemen, als je dat liever hebt?'

Hij schudt zijn hoofd. Hij wil alles doen om dit te laten stoppen.

Zijn benen komen omhoog en hij trapt uit alle macht om zijn stoel om te laten vallen. Het lukt niet. De gespierde armen van de man die hem vastheeft geven niets mee. Maurice kijkt omhoog in het licht van de oude plafondlamp. Dit was het dan. Hier houdt het op en dan is alles voor niets geweest. Het afkeurende en teleurgestelde gezicht van zijn vader flitst door zijn hoofd. Hij voelt zijn benen niet meer, kan niet meer focussen op het licht. Zijn hoofd wordt zwaar en zakt opzij.

Zijn gezicht ligt op de betonnen vloer en kou trekt via zijn geschaafde wang omhoog. Zijn zicht is wazig. Dan komt alles terug. Snel sluit hij zijn ogen en blijft zo stil mogelijk liggen. Zijn ze er nog? De pijn in zijn ribben is niet te doen. Hij wil op zijn rug draaien, maar durft niet. Om hem heen is het helemaal stil. Zal hij het wagen? Hij opent zijn ogen en duwt zichzelf voorzichtig iets omhoog. De tiewraps zitten niet meer om zijn polsen en enkels, maar hebben diepe, schrijnende sporen achtergelaten. Zijn hoofd doet zeer en hij kan nog steeds nauwelijks iets zien. Langzaam gaat hij rechtop zitten en leunt tegen een stellingkast. Hij haalt diep adem. Zijn keel voelt rauw en de diepe ademteug doet pijn in zijn longen door de stoten in zijn maag.

Hij moet hiervan af, dit kan zo niet langer. En waar is godverdomme die Dennis gebleven? Lekkere beveiliger heeft hij ingehuurd. Waarschijnlijk wisten die gasten precies wanneer hij naar huis ging. Hij moet nadenken. De politie inschakelen gaat niet. Als hij dat doet komen ze hem doorlichten, dat kan hij er absoluut niet bij hebben. Als ze erachter komen hoeveel geld hij heeft witgewassen gaat hij voor jaren de bak in. Die schaamte gaat zijn vader niet overleven. Hij voelt in zijn zak. Geen autosleutel.

Zijn kin zakt op zijn borst. Hij moet aan geld zien te komen. Tweeënhalve ton per week. Een miljoen per maand. Gestoord. Behoedzaam gaat hij stukje voor stukje zijn hele lijf af. Hij lijkt niets gebroken te hebben, al doen zijn ribben verdomd veel pijn.

Hij hijst zichzelf aan een oude werkbank omhoog. Door zijn knikkende knieën is hij nauwelijks in staat om rechtop te staan. Voorzichtig strompelt hij naar de keldertrap, waarbij hij zich voortdurend vasthoudt aan de stellingkasten die tegen de wand staan. Halverwege de trap blijft hij staan om er zeker van te zijn dat er boven in zijn kantoor niemand meer is. Hij moet ongezien bij zijn appartement komen, dan kan hij douchen en slapen. De kelderdeur bovenaan de trap staat nog op een kier. Het lijkt of hij iets hoort. Hij houdt zijn adem in, maar herkent dan de stem van Zlata die vanuit het gastenverblijf zachtjes zijn naam roept.

8

Rixt

Tussen haar wimpers door ziet Rixt dat de wekkerradio van de vakantiewoning 03:14 aangeeft. De trap naar de bovenverdieping kraakt en er is een gefluisterde discussie gaande tussen Victor en Pascal die ze niet kan verstaan, hoezeer ze haar best ook doet. Victor is de hele avond weggeweest en was niet bereikbaar. Pascal was woest. Zijzelf nog meer. Hoe kan hij niet snappen dat hij iedereen in gevaar brengt met deze actie? Misschien is het inderdaad beter dat hij tijdelijk ergens anders gaat wonen. Kan hij gewoon zijn ding doen en zitten de kinderen en zij hier veilig. Dat had ze vanavond moeten zeggen: als je nu gaat, kan je weg blijven. Jammer dat ze het nu pas bedenkt.

De trap kraakt. In de badkamer op de gang wordt een kraan opengezet. Dan is het stil en gaat de slaapkamerdeur zachtjes open en weer dicht. Het matras aan de andere kant van het bed deukt in en de dekens worden voorzichtig iets opgetild. Rixts hoofd drukt zwaar op het kussen en ze houdt haar ogen dicht. Ze doet haar best zo rustig en regelmatig mogelijk adem te halen.

Een alcoholwalm, vermengd met een mintgeur en iets bloemigs bereikt haar kant van het bed als Victor zich naar haar rug toe draait. Hij valt onmiddellijk in slaap en ze ontspant. Natuurlijk had Victor gelijk toen hij zei dat niemand hem kan verbieden om het huis te verlaten, dat hij een vrij man is en dat hij niet degene is die wordt bedreigd. Er valt niets tegenin te brengen. Dat hij ondertussen ook nog steeds met haar getrouwd is, zou ze hem wel voor zijn voeten willen smijten, maar ze houdt zich in. Zij is wel de laatste die iets mag zeggen over huwelijkstrouw. Een beeld van Mateo die met natte krullen en een witte handdoek om zijn gespierde lijf de badkamer uit stapt en haar uitdagend lachend tegemoet loopt, schiet door haar hoofd.

Op het balkon kraakt iets. Ze spitst haar oren en komt overeind. Victor snurkt zachtjes. Ze luistert aandachtig en gaat weer liggen. Gaat ze nou zelf ook spoken zien? Rustig ademt ze uit. Ze had Mateo iets te hard afgekapt aan het einde van hun gesprek. Hij was even stil geweest en had toen zijn zakelijke toon weer opgepakt. Als zij en Victor het weer met elkaar gaan proberen, wil ze Mateo niet aan een lijntje houden. Al lijkt het scenario van een hereniging na vanavond een stuk verder van hen af te staan dan een week geleden, toen ze elkaar hoopvol omhelsden op de parkeerplaats voor de praktijk van de relatietherapeut.

Als ze zich omdraait, hoort ze het gekraak weer, maar nu luider. Dan ziet ze een schaduw door de gordijnen die voor de ramen van de balkondeur hangen.

'Pascal?' vraagt ze eerst zacht. 'Pascal!?' roept ze nu luider en ze schrikt van haar eigen stem. Ze komt omhoog, duwt hard tegen Victors schouder en knipt het nachtlampje aan. Haar gil verdwijnt in de knal, die volgt op het inslaan van het dubbelglas van de balkondeur. Een arm steekt door het raam naar binnen en komt tussen de kier van het gordijn door en probeert de knop aan de binnenkant van de balkondeur om te draaien. Dan gaat alles in een stroomversnelling. Pascal stormt de slaapkamer in, grijpt de arm vast en trekt die naar zich toe. Een volgende knal klinkt en Pascal duikt naar beneden. Dit is geen brekend glas, maar duidelijk een schot.

'Laag op de grond!' roept hij.

Rixt en Victor laten zich allebei aan een andere kant uit het bed op de grond vallen. Instinctief rolt ze zich op in een foetushouding met haar armen over haar hoofd. Glas dat over de hele slaapkamervloer verspreid ligt, snijdt in haar blote armen en benen. Dan voelt ze het bed schudden.

'Nee!' roept Pascal. 'Blijf waar je bent!'

Kort daarna vouwt het warme lijf van Victor zich om haar heen. Hij houdt haar stevig vast, zijn armen om haar hoofd geslagen. Adrenaline raast door haar lijf en ze heeft het gevoel dat ze geen lucht krijgt. Ze trilt over haar hele lichaam.

'Rustig maar, het komt goed. Ik ben bij je,' fluistert Victor in haar oor. Hij verstevigt zijn greep en ademt luid.

Pascal geeft een schreeuw en een koele windvlaag komt de kamer binnen als de tweede balkondeur openvliegt. Nog een harde schreeuw, dit keer van buiten. Zijn ze met meer? Wat als ze ook binnen zijn?

'De kinderen.' Ze huivert. Er klinkt weer een schot en ze krimpen allebei nog meer in elkaar. Doodstil blijven ze liggen, wachten op wat komen gaat. Na een paar seconden horen ze alleen nog hijgen en knarsend glas. Laat hem weggaan. Alsjeblieft, laat hem weggaan. Kort daarna klinkt de norse stem van Pascal.

'*Subject down. Target safe*. Bel een ambulance.' Gevolgd door een piepje van het oortje dat hij draagt.

Langzaam maakt Victor zich van haar los en steunt op een arm. Rixt opent haar ogen en kijkt onder het bed door naar het bewegingsloze lichaam van een man. Zijn gezicht ligt in het glas en zijn arm maakt een onnatuurlijke knik. Hij komt haar bekend voor, maar ze weet niet waarvan. Pascal legt twee vingers tegen zijn halsslagader en wacht even. Ze moet spugen en slikt.

'Oké, duidelijk,' zegt Pascal in zijn oortje. 'Beneden alles veilig. Het lijkt erop dat hij alleen was.'

Victor trekt het dekbed van het bed en legt dat naast haar op de grond. 'Probeer overeind te komen en hierop te gaan staan. Dan krijg je geen glas in je voeten.'

Ze steunt op haar hand en trekt die meteen terug. Een stuk glas steekt uit haar handpalm. Ze verbijt de pijn, komt omhoog en trekt het stuk glas er met haar andere hand in één beweging uit. Bloed stroomt langs haar onderarm richting haar elleboog.

'Ik blijf hier wel zitten. Overal ligt glas.'

Victor knikt en laat zich op de rand van het bed zakken. Zijn knieën en voeten bloeden behoorlijk en laten sporen achter op de vloer.

Hij zucht en sluit zijn ogen. 'Het is mijn schuld. Ik had niet weg moeten gaan vanavond.'

Ze probeert de snee in haar hand dicht te drukken met haar slaapshirt.

Victor veegt met een bebloede hand een lok haar uit zijn gezicht en maakt een rode streep op zijn wang. 'Het spijt me, Rixt.' Hij schudt zijn hoofd. 'Je had wel dood kunnen zijn.'

Ze zwijgt. Hij ook. Ze heeft geen zin om nu te praten. Ze kijkt nog een keer naar de man die op de grond ligt en dan weet ze het. Hij is ouder geworden, maar het is onmiskenbaar de man die ze vijf jaar geleden niet veroordeeld heeft gekregen voor TBS terwijl ze dat wel had geëist. Ze kreeg tijdens de zitting al de rillingen van hem. Stalking van zijn ex en verboden-wapenbezit. Het hele dossier komt terug. Hij heeft nu een baard, maar ze weet het zeker. Onmiddellijk gaat de knop bij haar om en staat ze in professionele modus. De modus waarin ze haar gevoel uitschakelt en de modus waar Victor zo'n hekel aan heeft.

'Ik weet wie het is,' zegt ze tegen Pascal. 'Zorg dat je geen sporen uitwist. We moeten alles veiligstellen.' In haar hoofd speelt ze alles opnieuw af. Wie schoot wanneer, hoeveel tijd zat ertussen. Pascal heeft volledig volgens het boekje gehandeld en dat moet voor iedereen duidelijk zijn.

Pascal kijkt haar peilend aan en knikt. 'Dat komt straks, Rixt.' Dan loopt hij naar de deur, maar hij is net niet snel genoeg om te voorkomen dat de kinderen naar binnen kijken.

Pieter steekt als eerste zijn hoofd om de deur heen en kijkt naar haar en dan naar de man op de grond. 'Djiezus. Is-ie dood?'

Het slaperige gezicht van haar oudste dochter kijkt onder zijn arm door. '*What the fuck*?' zegt Saar met open mond.

Dan blokkeert Pascal met zijn armen wijd het zicht op de slaapkamer. 'Oké jongens, jullie gaan met mij mee naar beneden.' Hij duwt ze met zachte dwang en onder mild protest de gang in.

Victor vangt haar blik en in zijn ogen leest ze zijn gedachten en frustraties. Ze slikt, sluit haar ogen en blaast uit. Ze doet haar uiterste best om bij haar gevoel te komen. Ze dwingt zichzelf de situatie als slachtoffer te bekijken. Pascal heeft haar leven gered. Hun leven. Dit had heel anders kunnen aflopen, ook voor de kinderen. Wat doet ze haar gezin aan?

Ze laat haar hoofd zakken en voor het eerst sinds lange tijd laat ze haar tranen de vrije loop. Victor zit naast haar en staart murw voor zich uit. Ze huilt onbedaarlijk om het idee dat iemand haar dood wilde hebben, om het gevaar dat ze vormt voor haar gezin en om haar huwelijk.

9
Magali

De voordeur van haar atelier gaat open en zonder op te kijken van haar werk voelt ze aan de negatieve energie in de ruimte dat het Maurice is die haar werkplaats binnenstapt. Als ze dan toch opkijkt, laat ze van schrik haar penseel vallen.

'Jezus! Wat is er met jou gebeurd?'

'Geen vragen stellen, alleen maar luisteren.' De stem van haar broer klinkt nors en bibberig tegelijk.

'Wie heeft dit gedaan? Je moet aangifte doen. Echt Maurice, dit kan zo toch niet?'

Hij wankelt op zijn benen, schudt zijn hoofd en leunt voorover met zijn handen op zijn knieën. 'Dat zou alles alleen maar erger maken.'

Ze loopt naar hem toe. 'Waarom ben je zo toegetakeld?' Zodra ze haar hand zachtjes op zijn rug legt, verstijft hij. Hij maakt een agressieve afschuddende beweging en snel trekt ze haar hand terug. Ze gaat weer achter haar werkbank staan zodat die als buffer fungeert tussen haar en haar broer.

Hij kijkt haar met een donkere blik aan. Zijn oogwit is rood en op zijn wenkbrauwen zitten dikke bloedkorsten. 'Je moet iets voor me doen.'

Ze voelt meteen nattigheid.

'Zlata is bij me. Ze is hoogzwanger en ziek,' gaat hij verder. 'Ze heeft even iemand nodig die haar verzorgt. Verder niets.'

Ze had het dus goed gezien, haar broer heeft een gast. Ze knikt begrijpend, maar heeft geen idee wat ze hiermee aan moet. Is Zlata zwanger van zíjn kind? Ze durft het niet te vragen. Ze heeft zijn ex in het verleden slechts een aantal keer ontmoet, en dat was genoeg om te weten wat voor vlees ze in de kuip had. De slechte invloed op haar broer was overduidelijk en het heeft haar en haar vader heel wat moeite gekost om Maurice daarvan te overtuigen. Ze wordt al moe bij het idee dat ze deze toestand weer opnieuw gaat beleven.

'Jullie hadden het toch afgesloten?' begint ze voorzichtig. 'Je zou geen contact meer met haar hebben. Je hebt het papa beloofd. Hoe kan het nou dat ze hier zoveel jaar later weer op de stoep staat?'

Maurice' gehavende gezicht loopt rood aan. Hij slaat met zijn hand op haar werkbank en veegt met een wild gebaar een stapel antieke poppenkleertjes op de grond. 'Het enige wat ik van je vraag is of je zo lang het nodig is een beetje voor haar kan zorgen.' Hij smijt een klein houten popje op de grond waar een van haar werknemers van de week mee bezig was voor een klant. 'Waarom moet jij over álles zo moeilijk doen? Weet je wel hoeveel gezeik ik aan mijn kop heb?'

Ze zet zich met haar hele lijf schrap tegen de scheldkanonnade, vastberaden om geen zwakte te tonen. Als ze gaat huilen wordt zijn boosheid alleen maar erger. 'Ik zeg niet dat ik het niet doe, ik zeg alleen dat ik komende weken druk ben. Over twee weken is die beurs en ik heb papa...'

Hij onderbreekt haar en verheft weer zijn stem. 'Jíj druk? Ik werk me dag en nacht de pestpleuris om alles hier draaiende te houden, zodat jij de hele dag kan fröbelen met die kutpoppen van je. Ik wil jou niet horen over druk, jij slaapt gewoon 's nachts. Ik niet.'

Zo heeft ze hem nog nooit meegemaakt. Ze staat zo stil mogelijk op om hem geen aanleiding te geven haar beweging verkeerd te interpreteren. 'Het is al goed, Maurice,' zegt ze op geruststellende toon. 'Ik doe het wel, en als ik weg ben voor die beurs regel ik vervanging.'

Hij kalmeert iets en pakt een willekeurige beer van een plank en bekijkt hem van alle kanten. 'Je mag aan niemand vertellen dat ze hier is. Ze wordt gezocht door een lastige... eh... ex.'

Weer twijfelt ze of ze door moet vragen.

'Wat kijk je nou? Niet iedereen is in zo'n gespreid bedje terechtgekomen als jij.' Hij haalt zijn neus op en strijkt met zijn hand door zijn haar, waardoor een grote natte plek onder zijn oksel zichtbaar wordt. Zijn overhemd is doorweekt.

De opmerking over het gespreide bedje snijdt door haar ziel, maar ze laat niets merken. Een ijsklomp vormt zich in haar maagstreek. Zij kan er ook niets aan doen dat zijn band met hun vader zo slecht is. Ze pakt de pop op waaraan ze werkte voor Maurice binnenkwam en zet haar leesbril uit haar haren op haar neus. 'Ik wil niet in de problemen komen door haar, dat is alles.'

'Als je je mond houdt, is er niets aan de hand.' Hij draait zich van haar weg en loopt richting de deur. 'Ik ga zo naar bed.'

Niet het beste moment om erover te beginnen, maar ze vraagt het hem toch. 'Ga jij nog met papa mee vanmiddag?'

Maurice kijkt verbaasd om.

'Die expositie in het Singer... Hij heeft het er al de hele week over.' Haar vader is zijn hele leven al donateur en vriend van het museum en wordt nog steeds voor iedere nieuwe tentoonstelling uitgenodigd.

Haar broer sluit kort zijn ogen, zucht diep en knakt met zijn nek. 'Jezus, ook dat nog.' De donkere kringen om zijn ogen laten hem er tien jaar ouder uitzien dan de begin veertig die hij in werkelijkheid is. Hij is precies zijn moeder en weer valt het haar op dat ze werkelijk in niets op elkaar lijken. Zonder verder iets te zeggen loopt hij haar atelier uit. Als hij bij de deur komt, loopt hij tegen de bouwopzichter aan die net naar binnenstapt.

'Goedemorgen meneer Bulouw, in het restaurant zeiden ze al dat ik u hier kon vinden. We hebben een probleem.'

De kaak van haar broer verstrakt. Het zwembad had volgens de planning al bijna af moeten zijn, maar het bad ligt er nog niet eens in, laat staan dat ze al aan de techniek toegekomen zijn.

Maurice slaat zijn armen over elkaar. 'Wat nou weer?'

'Eh...' De man kijkt ernstig en weet zich duidelijk geen houding te geven. 'We hebben iets gevonden.'

Maurice zwiept beide armen de lucht in. 'O, god. Nou gaan we het meemaken.' Hij kijkt haar kort aan en dan weer terug naar de opzichter. 'Zeg het maar. Hebben we een zeldzame blauwgespikkelde regenworm in de aarde zitten?'

De man kijkt naar de neuzen van zijn schoenen en wiebelt heen en weer. 'Het zit zo... We hebben zojuist een behoorlijke hoeveelheid eh... botten gevonden.'

'Botten?'

'Ja. Op het eerste gezicht lijken het... kleine schedels.'

Haar broer trekt wit weg en zelf moet ze zich vasthouden aan haar werkbank om niet haar evenwicht te verliezen. Maurice kijkt haar met grote ogen aan. Ze gebaart naar hem dat ze geen idee heeft waar dit over gaat.

'Sorry dat ik jullie hier zo mee overval.'

Maurice schraapt zijn keel en herpakt zich. 'Daar kan jij natuurlijk ook niets aan doen. We lopen even met je mee. Misschien zijn het wildresten. Vroeger waren hier grote jachtpartijen op het landgoed. Daar kon onze grootvader prachtig over vertellen. Toch, Magali?'

Ze knikt fanatiek. 'Zeker.' Ze doet haar werkschort af en loopt achter haar broer en de bouwopzichter aan.

Maurice legt een hand op de schouder van de opzichter. 'Ik denk dat het goed is dat we dit nog even klein houden.'

'Ik vrees dat dat te laat is. Als jullie komen kijken zie je meteen waarom. De politie is al ingelicht. Die sturen vanmorgen nog een onderzoeksteam. We mogen ook nergens meer aan zitten, dus we hebben de hele bouwplaats afgezet met lint.'

Maurice blijft staan en kijkt zijn zus strak aan. 'Godverdomme.' Hij blaast uit zonder het oogcontact te verbreken. 'Ga jij naar papa?'

Haar gedachten maken overuren. Ze weet niets uit te brengen, knikt en draait zich om. De gast van haar broer zal nog even op haar ontbijt moeten wachten. *First things first*, ze moet haar vader spreken voordat de politie bij hem langsgaat.

10
Maurice

De aannemer kijkt beteuterd in de afgegraven grond die, naast het diepe gat waar het zwembad moet komen, op een hoge berg is gestort. In de zanderige aarde ligt overduidelijk een menselijke schedel. Heel klein, maar onmiskenbaar.

De aannemer wijst in het gat. 'Kijk, daar ligt nog meer.'

Maurice volgt de richting van zijn hand en ziet inderdaad nog minstens twee schedeltjes. Hoe is het mogelijk? Het bouwterrein is inmiddels door de bouwvakkers provisorisch afgezet met lint en de werkmensen staan in groepjes te kletsen en koffie te drinken. Zijn leren schoenen zijn inmiddels volledig bedekt met prut. Die kan hij straks weggooien. Vanuit zijn ooghoek kijkt hij naar de ramen van het appartement die uitkijken op de bouwplaats. Zlata stond net kort voor het raam, maar zijn boze blik heeft kennelijk indruk gemaakt. Het gordijn is dicht.

'Het enige wat we kunnen doen is wachten tot de politie komt.'

Maurice knikt. Hij staart naar de zandgrond en denkt aan zijn vader. Wat is hier gebeurd?

'Kan het niet van een huisdier zijn? We hebben altijd katten gehad, en vroeger ook konijnen.'

De aannemer kijkt hem aan of hij gek is. Maurice draait zich van hem weg.

'Enig idee hoelang zoiets kan duren? We hebben al zoveel vertraging opgelopen. Ik word hier echt niet vrolijk van.' Zou iemand hem er proberen in te luizen? Heeft iemand dit hier neergelegd als waarschuwing? Hij wordt helemaal paranoia sinds die jongens hem in zijn nek zitten te hijgen. Iedere week moet hij een deel van zijn winst afdragen, maar deze week lukte het niet. Hij haalt zijn neus op. Hij moet stoppen met die shit, dat maakt het alleen maar erger.

Het gordijn van het gastenverblijf beweegt en in de kier verschijnt het gezicht van Zlata weer. Godverdomme.

Hij loopt rustig bij de aannemer vandaan. 'Ik ben even weg. Bel me maar als de politie er is.'

Het gebouw waar de vroegere dienstwoningen in zaten is opgetrokken uit rode bakstenen en tegen de gevel groeit een bloeiende clematis. Via de achterdeur loopt hij het gebouw in. De kantoorruimte beneden is nog donker. In de hal loopt hij langs een wandspiegel en schrikt van zijn spiegelbeeld. De kringen om zijn ogen zijn nog donkerder dan normaal en zijn zwarte haar hangt in vette slierten langs zijn gezicht. Hij wil heel graag douchen, maar daar is nu geen tijd voor. Als hij langs de deur naar de kelder loopt, huivert hij.

Met meerdere treden tegelijk rent hij de trap op en opent direct met een wild gebaar de deur naar het appartement. De klap van de deur tegen de muur laat een afdruk achter in het gips.

Maurice stapt naar binnen. 'Waarom is die deur niet op slot? Ik had je toch gezegd dat te doen?'

Hij moet er niet aan denken dat ze Zlata te pakken nemen zoals ze dat bij hem gedaan hebben.

In de keuken staat een uitgemergelde vrouw die hem met wijd opengesperde ogen aankijkt. Haar buik komt zo ver naar voren dat hij zou verwachten dat ze ieder moment haar evenwicht kan verliezen en voorover tuimelt. Een wirwar aan gevoelens maken zich van hem meester als hij naar zijn ex kijkt. Heden en verleden lopen door elkaar heen. Het duurt een paar seconden voor hij zich heeft herpakt.

'Luister even heel goed. Ik wil die kop van jou niet meer voor het raam zien. Begrijp je me? Ik neem een gigantisch risico door jou hier te laten slapen. Ten eerste omdat die pooier van jou hier ieder moment op de stoep kan staan, en ten tweede omdat de politie hier straks onderzoek komt doen en jij geen verblijfsvergunning hebt.'

Hij ijsbeert door het appartement. Hij heeft geen zin om ook nog de vreemdelingenpolitie over de vloer te krijgen. Pas als hij weer naar haar kijkt, ziet hij dat ze rilt en huilt. Wat een hoopje ellende, hij kan het nauwelijks aanzien. Hij haalt een dekbed uit de slaapkamer en slaat dat om haar magere schouders. Dan zet hij de thermostaat op vijfentwintig en gaat op een fauteuil zitten.

'Heb je iets voor me? Maakt niet uit wat.' Haar nagels laten rode sporen achter op haar armen wanneer ze hard eerst haar ene, en dan haar andere arm krabt. Het krabgeluid maakt dat de haren op zijn armen overeind staan.

'Godverdomme Zlata, je hebt een kind in je buik! Is zelfs dat geen reden om van die zooi af te blijven?'

Ze huilt zachtjes en slaat het dekbed nog wat meer om zich heen. 'Ik gebruik al veel minder. Echt. Ik voel me zo ziek.' Ze wrijft met haar voeten over haar onderbenen. 'Ik word gek van de jeuk,' jammert ze.

Hij haalt een zakje coke uit zijn broekzak en gooit het op de salontafel. 'Dit is alles wat ik heb.'

Ze knielt voor hem op de grond en legt haar hoofd op zijn schoot. 'Ik zal je bedanken.' Haar handen gaan naar zijn gulp.

Een kort moment laat hij haar begaan, dan staat hij met zo'n wilde beweging op dat Zlata naar achteren valt. 'Hou op.'

Ze weegt niets. Hoe is het mogelijk dat een mens zo kan aftakelen? Zlata was een prachtige vrouw toen ze zijn vriendin was. Lief ook, en slim. Al gebruikte ze toen ook al meer dan goed voor haar was, maar niet zoals nu. Toen ze samen waren, was hij gelukkig. Nu is ze een junk, die haar ziel nog zou verkopen om te kunnen scoren. Ze kruipt naar de salontafel, opent het zakje en snuift een bergje coke van de roodgelakte nagel van haar pink. Ze doet haar ogen dicht en ademt uit. Ze lijkt iets te kalmeren.

Hij wijst naar haar buik. 'Hoe ga je dat doen… een kind opvoeden?'

Ze rolt zich op als een bolletje op de grond naast de stoel waarin hij net zat, en huilt dan hartverscheurend 'Ik wil het niet. Ik kan er niet voor zorgen.' Ze bijt in de deken en smoort op die manier haar wanhopige gil.

'Stil nou, godverdomme!' Hij werpt een blik door een kier in het gordijn. Niemand bij de bouwput kijkt in hun richting.

Met één hand duwt Zlata zichzelf omhoog en kijkt hem aan. In haar gezicht herkent hij de Zlata van vroeger en het doet hem meer dan hij zou willen.

'Wanneer ben je uitgerekend?' Zijn toon is milder.

Ze kijkt hem smekend aan. 'Ik weet het niet. Je moet me helpen. Alsjeblieft. Het moet weg.' Ze laat zich weer op de grond zakken en haar stem is nog nauwelijks hoorbaar. 'Ik kan het niet…'

Hij kijkt naar de grond en naar de smerige neuzen van zijn schoenen. Hij kan haar onmogelijk wegsturen in deze situatie. Waar moet ze heen? De leren fauteuil kraakt als hij gaat zitten. Met zijn ellebogen op zijn knieën legt hij zijn hoofd in zijn handen en wrijft over zijn gezicht. Hoe kan het dat hij hierin verzeild is geraakt? 'Ik weet niet hoe ik je moet helpen.' Dan leunt hij achterover. 'Je bent veel te ver voor een abortus.'

Zlata gaat rechtop zitten en kijkt hem nu rustig aan. 'Ik weet wie je kan vragen.' Haar hele gezicht zit onder vlekkerig uitgesmeerde make-up en ze kan nauwelijks rechtop zitten, maar haar stem klinkt vastberaden. 'Je vader. Alsjeblieft.'

Ze staart hem smekend aan en hij weet niet wat hij moet zeggen. Hij wrijft nogmaals over zijn gezicht en haalt beide handen door zijn haar. Koortsachtig probeert hij terug te halen wat hij haar vroeger over zijn vader heeft verteld, maar hij kan het zich niet herinneren.

Zijn hoofd tolt. De hele situatie vliegt hem aan. Hij kan dit er nu echt niet bij hebben en baalt van zijn moment van zwakte. Hij zit zelf tot over zijn oren in de shit. Het is toch godverdomme zijn probleem niet.

Hij springt op vanuit zijn stoel. Zlata schrikt van zijn beweging en deinst achteruit.

'Ik moet gaan. Mijn zus brengt je eten en alles wat je nodig hebt. Ik zal kijken wat ik voor je kan doen.' Als hij richting de deur loopt, ziet hij zijn eigen moddersporen op het nieuwe laminaat. 'En ruim die rotzooi op van de grond.'

Hij knikt naar het zakje coke dat op de salontafel ligt. 'En rustig aan, want dit is alles wat je krijgt.' Hij beent het appartement uit en slaat de deur achter zich dicht. Eenmaal buiten kijkt hij zo onopvallend mogelijk omhoog. De gordijnen zijn gesloten en hij hoort niets.

11

Rixt

Haar aanrecht is keurig opgeruimd en in de vaas op het kookeiland staat een bos verse bloemen die ze van haar ouders heeft gekregen. De vloer is gedweild en beide afwasmachines zijn uitgeruimd. Haar schoonmoeder is met de honden wandelen en Rixt is blij dat ze even het huis uit is.

Haar vriendin Jasmijn zit tegenover haar aan de keukentafel.

'Hoe gaat het?' vraagt Jasmijn, die haar ondertussen onderzoekend aankijkt. 'Het ziet er nog steeds behoorlijk beveiligd uit bij jullie toegangshek.'

Rixt haalt haar schouders op. Voor de ingang van hun straatje aan de Noolseweg staat, tot ergernis van de buren, een beveiligingshuisje opgesteld dat de halve weg blokkeert. In de buurtapp regent het klachten.

'Dat is vooral voor de bühne, denk ik. De kinderen mogen onder begeleiding weer naar school. Verder gaat het wel. Mijn schoonouders gaan morgen naar hun chalet in Zwitserland. Ze willen dat wij ook komen, en het team Bewaken en Beveiligen lijkt het ook goed om nog even weg te gaan tot ze zeker weten dat mijn belager alleen handelde.'

Jasmijn, die intensivecare-arts is, kijkt haar met haar professionele blik aan. 'Op zich geen gek idee. Kan je ook even tot rust komen.'

Rixt draait met haar ogen. Het klinkt als een goede oplossing, maar een weekend met haar schoonouders is niet iets waar ze per se op zit te wachten.

Ze kijkt de tuin in van haar prachtige villa in Blaricum. Ze vraagt zich af of haar schoonouders weten wat Victor heeft gedaan.

Haar vriendin weet precies hoe de verhoudingen met haar schoonfamilie liggen. Die relatie staat al vanaf het begin van haar huwelijk met Victor onder druk en dat is met de jaren alleen maar erger geworden. De hele familie Hertzhövell had waarschijnlijk liever gehad dat Victor met iemand uit zijn eigen milieu was thuisgekomen, maar ze moesten het met haar doen. Een gewone Van Leeuwen. En met haar broertje. De schaamte die rondom zijn dood hangt, is nog altijd een *no go area* voor de familie. Rixt slikt iets weg en bijt op haar lip. De overdosis van haar broertje is voor haarzelf ook een gevoelig onderwerp waarvoor ze, volgens iedereen die er verstand van heeft, eigenlijk in therapie zou moeten.

'Delphine doet haar best, en mijn schoonvader heb ik nog amper gezien. Olivier vermaakt zich voornamelijk in de tuin.' Ze tilt de theemuts van de enorme theepot en schenkt zichzelf nog een warme mok in. 'Jij ook?'

Jasmijn houdt haar mok bij. 'Lukt het om te slapen?'

Rixt trekt een gezicht. 'Ja hoor dokter, best.' De psycholoog met wie ze verplicht gesprekken voert over haar werk heeft het ook voortdurend over haar nachtrust.

Jasmijn kijkt opzichtig rond. 'Je huis is eindelijk eens op orde.'

Rixt grinnikt. 'Dat is zeer zeker een pluspunt.'

'En je vader?'

'Hetzelfde. We hebben komende week een gesprek in het verzorgingshuis gepland staan. Lastig allemaal, vooral voor mijn moeder.'

Jasmijn knikt meelevend.

'Het enige voordeel van zijn alzheimer is dat hij zich de dood van Jurre niet meer kan herinneren. Maar voor mijn moeder heel pijnlijk dat hij voortdurend vraagt hoe het met hem gaat en wanneer zijn zoon weer eens langskomt.' Ze glimlacht naar Jasmijn. 'Mijn bedreiging gaat volledig langs hem heen. Dat scheelt weer.'

Rixt vouwt haar handen om haar mok. 'Fijn dat je afgelopen week voor Joost wilde zorgen. Heb je hem nog gereden of alleen gelongeerd?'

'We zijn lekker naar het bos geweest, even uitwaaien. Het gaat prima met hem. Echt een braaf paard.'

Jasmijn zwijgt. De *elephant in the room* is overduidelijk en ze willen er geen van tweeën over beginnen. Rixt zucht.

'En... Victor?' vraagt Jasmijn voorzichtig.

Rixt haalt haar schouders op. 'Die is zich kapot geschrokken, net als ik. Als hij niet naar Odette was gegaan, was het nooit gebeurd.' Haar woorden klinken hard als ze ze uitspreekt, maar het is de waarheid.

'Echt?' Jasmijn kijkt bedenkelijk. 'En nu?'

Rixt haalt haar schouders op. 'We hebben Victor meerdere keren gewaarschuwd en hem gevraagd om niet weg te gaan die avond. Hij heeft gewoon bewust het risico genomen dat het mis zou gaan.' Ze voelt haar adrenaline stromen als ze terugdenkt aan die avond. Hoe kon hij zó stom en eigenwijs zijn?

Jasmijn kijkt naar het tafelblad. 'Gaan jullie door met de relatietherapie?'

'Ik weet het nog niet. Ik weet niet of ik het kan.' Rixt kijkt de tuin in. Misschien past Odette wel veel beter in het plaatje, denkt ze cynisch. Het zou zomaar kunnen dat háár familie wel oud geld is en op geen enkele manier drugsgerelateerd. Noch in professioneel opzicht, noch in oorzaak van overlijden. Eind goed al goed voor de familie Hertzhövell. Kan Odette vanaf nu mee naar iedere bijeenkomst in het familiechalet in Zwitserland.

'Jullie moeten met elkaar praten, liefst met een therapeut. Anders komen jullie er niet uit en blijven jullie elkaar verwijten maken.'

'Hm. Je hebt waarschijnlijk gelijk. Ik heb het ook nog niet opgegeven, maar ik weet even niet waar we moeten beginnen.'

Jasmijn kijkt op haar telefoon. 'Ik ga, ik moet werken. Ga je zaterdag mee voor een buitenrit op de hei?'

Haar schoonmoeder loopt met de honden de bijkeuken in en de twee chocoladebruine labradors springen op Rixt af.

'Als ik in Zwitserland zit niet,' zegt Rixt.

Haar schoonmoeder kijkt Rixt verbaasd aan. 'Is dat al rond? Ik dacht dat je nog twijfelde. Wat een goed nieuws!'

Rixt wisselt een blik met Jasmijn die haar hand hartelijk uitsteekt naar haar schoonmoeder. 'Dag Delphine, leuk je weer eens te zien.'

'Zeker. Jammer van de omstandigheden,' zegt haar schoonmoeder. 'We zijn heel blij dat iedereen weer heelhuids thuis is. Wat een afschuwelijke situatie voor zo'n jong gezin.' Delphine klinkt oprecht aangedaan. 'Dat krijg je ook met dit werk,' gaat Delphine verder. 'Maar goed, wellicht dat ze nu iets anders gaat doen.' Delphine werpt een kritische blik op Rixt. 'Je vraagt je af wat er nog meer moet gebeuren voor ze die beslissing neemt.'

Delphine loopt de bijkeuken uit en Rixt trekt een gezicht naar Jasmijn, die met haar mond 'succes' gebaart en de buitendeur achter zich dichttrekt.

Rixt zucht diep. Uit elkaar gaan omdat je dan van je schoonfamilie af bent is wel de slechtste reden voor een echtscheiding. Jasmijn heeft gelijk. Ze moet praten met Victor en weten waar ze staat. Nu de dreiging weg is, kunnen ze weer door met hun leven. Morgen kan ze weer naar kantoor. Ze haalt diep adem en zet een glimlach op.

'Wat lief dat je met de honden hebt gewandeld. Wil je thee? Ik heb net gezet.'

Haar schoonmoeder kijkt blij verrast naar haar op en gaat aan de keukentafel zitten. 'Nou, wat gezellig.'

Nog voor ze zelf is gaan zitten, trilt haar telefoon op tafel. Haar teamleider. Wat een timing.

'Sorry, deze moet ik echt even nemen. Werk,' zegt ze verontschuldigend. Rixt loopt naar de woonkamer en neemt op.

'Ha Rixt, ik bel je voor een update. Voor wat betreft de aanslag op jou is de identificatie rond. Je had gelijk, het was die stalker uit een oud dossier.'

'Ja, dat was voor mij meteen duidelijk.'

Ze legt wat kussens recht en gaat op de bank zitten.

'Hij lijkt deze actie op eigen houtje te hebben geïnitieerd. We kunnen nergens iets vinden over een samenwerking of iets dat daarop lijkt. We hebben zijn locaties goed in beeld gebracht aan de hand van zijn telefoongegevens en hij heeft je langere tijd overal gevolgd. Mogelijk maanden.'

Rixt bijt op haar lip en trekt een veertje uit een van de kussens. Ze had het bij het rechte eind gehad met haar TBS-eis, dat wist ze toen al. Het verbaast haar niets dat hij haar zo lang en obsessief heeft gevolgd, wel dat ze er niets van heeft gemerkt.

'Ook Victor heeft hij geobserveerd en de stalker is regelmatig uitgepeild bij... Odette.'

'Hm. De avond van de aanslag is hij Victor zeker gevolgd nadat hij bij haar wegreed?'

'Nee, alles wijst erop dat die stalker die avond bij het huis van Odette heeft staan posten en dat hij haar is gevolgd naar een... hotel.'

Haar teamleider pauzeert. Ze weet opeens niet zeker of ze wel wil horen wat ze hierover te zeggen heeft.

'Victor kwam ook naar dat hotel en is later op de avond vanaf daar gevolgd naar jullie safehouse.'

Ongelooflijk. Victor heeft met een *booty call* aan Odette de veiligheid van hun hele gezin in gevaar gebracht. Ze vermoedde het al, maar toch doet de bevestiging van haar vermoedens pijn. Ze hebben hem nog zo gewaarschuwd. Even sluit ze haar ogen. 'Door zijn dood is het dreigingsgevaar voor mij dus weg?'

'Daar lijkt het wel op. Ik heb dan ook een nieuwe zaak voor je.' Rixt glimlacht. Ze kan niet wachten. 'Op dat landgoed aan de

Houtweg in Laren waar jij mee bezig was, zijn menselijke resten gevonden. Ze lijken oud, maar we gaan toch een onderzoek openen.'

'Prima, dank je wel. Dan zie ik je weer op kantoor.'

Rixt loopt de keuken weer in. 'Nou, daar ben ik...' Ze kijkt de keuken rond, maar haar schoonmoeder is nergens meer te bekennen.

12
Liselotte

Haar favoriete muziek galmt door de speakers van haar Porsche Cayenne als ze haar lange oprit op rijdt. Hopelijk heeft iemand anders boodschappen gedaan, want daar kon ze zich echt niet meer toe zetten nadat ze de naam van haar halfzus op haar scherm zag staan. Magali Bulouw. Het is niet te geloven.

De familie Bulouw kent ze uiteraard van horen zeggen, omdat ze eigenaar zijn van een van de mooiste landgoederen in Laren. Dat nu uitgerekend deze vrouw familie van haar blijkt te zijn, kan toch niet anders dan een boost voor haar netwerk betekenen? Ze parkeert haar auto onder de carport, pakt haar telefoon en kijkt nogmaals naar de profielfoto van haar halfzus.

In het profiel staat een vrolijke foto van een vrouw met donkerblond haar, een vriendelijke lach en een hele verzameling antieke poppen op de achtergrond. De foto hoort bij een krantenartikel dat niet moeilijk te vinden was toen ze op haar naam googelde. Haar halfzus is gespecialiseerd in antieke poppen en een bekende persoon in die wereld. Ze wordt vermeld op meerdere websites, en er is een YouTube-video waarin ze uitlegt hoe je een antieke van een moderne pop kunt onderscheiden.

Liselotte tuurt naar de foto van haar halfzus en neemt ieder detail in zich op. Ze ziet absoluut kenmerken van zichzelf terug, maar vooral herkent ze haar dochter Laura in het gezicht dat haar ontspannen lachend aankijkt.

Wat had haar vader dit mooi gevonden. Of wist hij ervan? Ze slikt een brok in haar keel weg. Ze weet dat hij graag nog meer kinderen had gewild, maar haar moeder vond één genoeg. Heel af en toe had ze door een scherpe opmerking van haar vader richting haar moeder wel meegekregen dat dat hem dwarszat, maar hij heeft er met haar nooit over gesproken.

Ze pakt de cognackleurige shopper van de bijrijdersstoel, stapt uit en verliest bijna haar evenwicht. Zijn ze nou weer niet geweest om te blazen? Behoedzaam kijkt ze waar ze haar hoge hakken neerzet om niet uit te glijden over de enorme hoeveelheid eikels die op de oprit liggen. De grote eiken die hun perceel omheinen zijn schitterend, maar ze wordt gek van de troep die ze met zich meebrengen. In de hal stuurt ze meteen een appje naar de tuinman. In deze tijd van het jaar kan hij sowieso beter twee keer per week komen om alles op te ruimen.

Om de houten vloer niet te beschadigen, loopt ze op haar blote voeten de grote hal door naar de woonkamer.

'Joehoe!'

Er lijkt niemand thuis. Ze snuift de geur op van de nieuwe diffuser die haar hulp heeft neergezet, schenkt voor zichzelf bij de kleine pantry een glas witte wijn in en gaat met haar laptop op schoot op de bank zitten.

De informatie die Liselotte voor de zoveelste keer van haar scherm leest, dringt nog steeds maar nauwelijks echt tot haar door. Ze heeft een zus. Oké, een hálfzus, maar toch. Ze is feitelijk geen enig kind meer.

Ze checkt haar mail, maar heeft geen bericht van Magali. Die zou toch ook bericht moeten krijgen van hun match. Ze heeft niet het geduld om dit af te wachten en opent een nieuwe mail.

Beste Magali... Haar handen blijven hangen boven het toetsenbord. Wat zeg je tegen iemand die je nog nooit hebt gezien en die niet weet dat jij bestaat? Het feit dat Magali aan het onderzoeksbureau toestemming heeft gegeven om haar gegevens te laten inzien, wil nog niet zeggen dat ze zit te wachten op een nieuwe zus.

Ze zoekt verder op het internet. De website van Magali ziet er professioneel uit. Haar atelier is gevestigd in een koetshuis en heeft in verschillende woonmagazines gestaan. De foto's zien er prachtig uit. Ze hebben dezelfde smaak, want zij heeft bij de verbouwing van hun huis met dezelfde binnenhuisarchitect gewerkt.

Dan komt ze op een pagina over verschillende workshops en activiteiten die haar halfzus organiseert. Magali houdt deze week kennelijk een inloopspreekuur waar je je pop of oude beer kunt laten bekijken. Dan heeft ze een ingeving. Ze springt op van de bank en rent naar haar werkkamer die uitkijkt over de tuin. In de op maat gemaakte wandkast staat, geheel volgens het principe dat je bij de decoratie van je huis ook enkele persoonlijke items dient te gebruiken, haar eigen oude pop.

Een diepe scheur ontsiert de helft van het poppengezichtje, doordat een van haar vriendinnetjes haar pop tijdens het spelen uit haar handen heeft laten vallen. Ze was die middag ontroostbaar geweest, maar de pop is haar altijd dierbaar gebleven, ook met scheur. Ze neemt de pop mee naar de woonkamer en nestelt zich weer in de hoek van de bank. Nadat ze een uitvoerige mail heeft getypt over hoe haar eigen leven eruitziet, en na een vragenvuur aan Magali, besluit ze de hele mail te wissen. Dit is niet hoe ze het gaat aanpakken. Als haar halfzus haar naam ziet, weet ze ongetwijfeld meteen wie ze is. Er is niemand in het Gooi die de naam Liselotte Kemper niet kent.

De achterdeur gaat open en ze hoort de stemmen van haar moeder en Laura. Ze slaat haar laptop dicht en loopt naar de keuken. Tevreden ziet ze dat de bloemen op de eettafel en het kookeiland vandaag zijn ververst.

'Hi, ik dacht al dat je bij oma was. Zullen we sushi bestellen?'

Met haar arm om haar dochter geslagen loopt haar moeder, die sinds een paar jaar bij hen in het tuinhuis woont, de keuken binnen. 'Laura is ziek. Ik heb thee voor haar gemaakt, maar ze wil niets drinken.'

Laura ziet inderdaad bleek. Net als ze aan het kookeiland wil gaan zitten, rent haar dochter de gang op. Een kort moment later hoort Liselotte braakgeluiden vanuit de hal komen. Haar moeder kijkt haar veelbetekenend aan. 'Ik zei je vanmorgen toch al dat ze niet lekker is.'

'Ik moet gewoon werken, mam.'

De opmerking van haar moeder raakt haar meer dan ze wil toegeven en binnen een paar tellen staat Liselotte naast haar dochter, die op haar hurken voorovergebogen voor de wc-pot zit.

'Meisje toch.' Ze knielt naast Laura en houdt haar lange haren opzij zodat ze niet in de wc hangen. Als ze voor de tweede keer heeft doorgespoeld, komt Laura eindelijk tot rust. Uitgeput laat ze zich zakken op de klep van de wc. Liselotte pakt een gastendoekje uit het wastafelmeubel en maakt het nat met koud water. Laura pakt het zwijgend van haar aan en wrijft over haar gezicht. Haar ogen zijn dik en bloeddoorlopen.

'Zal ik je naar bed brengen?'

Haar dochter knikt en loopt met haar mee. Tegen Liselottes verwachting in laat Laura zich gewillig door haar instoppen.

Met regelmatige bewegingen strijkt ze over Laura's haar. 'Misschien ben je gewoon moe. Is school je allemaal een beetje te veel? Moeten we eens met je mentor praten?'

Laura houdt haar ogen dicht.

'Als je ergens bijles voor nodig hebt, moet je het ook aangeven. Dan regel ik dat.' Ze drukt een kus op haar hoofd, blijft nog even zo zitten en snuift de geur van haar glad gestylede haren op. Wat een lastige leeftijd is dit. Ze is zo dichtbij en toch volledig onbereikbaar.

'Ik zal nog een glaasje water voor je halen.'

Als ze de keuken in loopt, zit haar moeder aan de keukentafel met *De Gooische Tamtam.*

'Ze is naar bed.'

Haar moeder trekt haar wenkbrauwen op en bladert verder in het blad. Liselotte laat de kraan even lopen voordat ze een glas vult.

'Hoe is het met dat vriendje van haar?' vraagt haar moeder.

'Welk vriendje?'

Haar moeder rolt met haar ogen en haalt haar schouders op.

Ongelooflijk dit. 'Als je zoiets laat vallen moet je je ook uitspreken, anders moet je je mond houden.' Haar moeder zwijgt. Dan niet. Ze heeft geen zin om de informatie uit haar moeder te trekken. Ergens steekt het dat Laura haar niet in vertrouwen heeft genomen en haar oma wel. In één teug drinkt ze het glas leeg en vult het opnieuw voor Laura.

Vlak voor ze de keuken uit loopt, draait ze zich om. 'Wat weet jij trouwens van die oude pop van mij? Hoe kom ik daar eigenlijk aan?'

Haar moeders rug verstijft. 'Welke pop?'

'Die met dat gebroken hoofdje.'

'Waarom wil je dat weten?'

'Gewoon, interesse. Heb ik die van jou en papa gekregen of is hij nog van jou geweest?'

Haar moeder draait aan haar parelarmbanden en strijkt een pagina in het magazine glad. 'Je hebt haar bij je geboorte gekregen. Het is een heel bijzondere pop.'

Dat is mooi. Des te meer reden om met die pop bij Magali langs te gaan voor een taxatie. Liselotte laat een stilte vallen om haar moeder de ruimte te geven verder te vertellen, maar die zwijgt.

'Van wie heb ik haar dan gekregen?'

Haar moeder aarzelt. 'Ik kan even niet op zijn naam komen.'

Dat is vreemd en volstrekt ongeloofwaardig. 'O, dus het was een man?'

Haar moeder zwijgt weer en lijkt diep in gedachten. Wie kan dat geweest zijn? Liselotte is er op een of andere manier altijd van uitgegaan dat ze de pop van haar ouders had gekregen.

'Mam?'

'Ja.' Haar moeder laat haar schouders zakken en zucht. 'Het was inderdaad een man.'

13

Charles

Het is gezellig druk in Café Moeke Spijkstra als Charles aan zijn vaste tafeltje plaatsneemt. Hij groet wat bekenden en bladert in de krant die hij net van de stamtafel heeft gepakt. Dat geeft hem iets te doen, zolang hij nog alleen zit. Hij kijkt op een van zijn telefoons. Vijf over één. Zijn vriend zal zo wel komen, normaal gesproken is hij zeer punctueel.

Het meisje van de bediening knikt naar hem als hij oogcontact zoekt, en komt een paar tellen later aanzetten met een fles Pellegrino en een wijnkoeler met daarin een witte Chassagne-Montrachet premier cru. Hij heeft zijn eigen flessen hier apart laten zetten.

'Komt u ook voor lunch, meneer De Saussure?'

'Zeker. Ik wacht nog even op mijn gast.'

'Geeft u maar een seintje.'

Met de manchet van zijn overhemd wrijft hij het messing naambordje op dat aan de muur boven zijn tafel hangt en glimlacht. Veel zaken doet hij wandelend op de hei, vanuit huis of relatief anoniem op landgoed Serafijn, maar het is belangrijk dat hij zich ook onder de mensen begeeft. Hij heeft per slot van rekening niets te verbergen. Buiten staat de donkere auto met geblindeerde ramen nog steeds naast de bakkerij geparkeerd. Hij doet of hij niets doorheeft, maar hij kent het klappen van de zweep. Ze volgen hem al de hele week. Iedere keer weliswaar met andere auto's. Hij moet voorzichtig zijn en alert blijven. Tot nu toe is het hem altijd nog gelukt om volledig buiten beeld te blijven bij justitie. Op een onfortuinlijk telefoontje van zijn vriend na. *Speaking of the devil.* De deur van het tussenhalletje zwiept open en Onno Belinfante stapt het café binnen. Hij knikt naar wat mensen, die meteen met elkaar fluisteren zodra hij voorbijgelopen is.

Zijn beste vriend is een bekend strafpleiter en geniet overduidelijk van alle aandacht die hij krijgt. Zoals gewoonlijk ziet hij er weer tot in de puntjes verzorgd uit. Onno's maatpak zit als gegoten en zijn grijzende haar is keurig gedekt geknipt.

Charles staat op en schudt zijn vriend de hand, waarbij hij zijn andere hand ter begroeting kort op zijn schouder legt. 'Goed dat je er bent, ga zitten. Wil je wat drinken?'

Onno zet zijn leren aktetas tegen de muur en schuift zijn stoel naar achteren. 'Alleen als het geen bocht is. En niet te veel, want ik heb nog zitting aan het einde van de middag.'

Charles schenkt een bodempje wijn in Onno's glas en zet de fles terug in de koeler.

'Onze blauwe vrienden zijn er ook, zag ik zojuist.' Onno walst de wijn in zijn glas en nipt eraan.

Charles knikt en kijkt zo onopvallend mogelijk door het raam naar de donkere auto. Hij neemt de mensen die aan de naburige tafels zitten in zich op. Het blijft moeilijk in te schatten of ze stillen zijn of niet. Zo op het eerste gezicht lijkt iedereen uit het dorp of omgeving te komen. Niet dat hij iedereen hier kent, maar zoiets ziet hij gewoon. Hij heeft daar een gevoel voor ontwikkeld.

'We moeten het over een andere vriend hebben.' Hij peilt Onno's reactie, maar die vertrekt geen spier en neemt rustig nog een slok van de wijn.

'Niet slecht.' Onno pakt de fles uit de koeler en leest het etiket. 'Helemaal niet slecht zelfs.'

Charles houdt zijn blik op zijn vriend gericht en laat zich niet afleiden. 'Ik heb het gevoel dat er iemand van onze pap eet.'

Onno kijkt hem nu serieus aan en laat de fles langzaam terugzakken in de koeler. 'Over welke pap hebben we het dan precies?' Onno kijkt onopvallend om zich heen en Charles herkent dezelfde gespannen blik als hij zojuist zelf had.

'Daar ben ik nog niet helemaal achter, maar er speelt van alles.'

Onno haalt een met een monogram geborduurde zakdoek uit de binnenzak van zijn colbert en wrijft hem langs zijn neus. Hij inhaleert diep en stopt de zakdoek terug.

Charles gaat verder. 'Dat gedoe afgelopen weken met onze... vriendin van het OM.' Charles trekt zijn neus op. 'Zo onprofessioneel.'

'Dat heb ik gevolgd, ja. Bijzonder ongelukkig voorval. En een toevallige samenloop van omstandigheden bovendien.' Onno kijkt nogmaals onopvallend om zich heen en praat zacht. 'Ik heb wel een vermoeden uit welke hoek dat komt.'

'Ik ook.' Charles mimet 'Mo' met zijn lippen. 'En omdat ons vermoeden voorlopig nog afwezig is en duidelijk zijn opvolging niet goed heeft geregeld, pakken anderen het op. Daar komt alleen maar ellende van. Dat zien we nu.'

Onno knikt langzaam. 'Wat stel je voor?'

'Iemand moet onderzoek doen. Ik wil weten over wat voor soort pap we het hebben en waar, en vooral door wie hij wordt gegeten.'

'Regel ik.'

'Begin maar bij het landgoed.'

'Serafijn?'

'Iemand heeft sinds kort een hand in de kassa daar, lijkt het. Ik gun iedereen alles, begrijp me niet verkeerd, maar niet als ik daar de dupe van word.'

Onno fronst. 'Niets voor Maurice.'

Charles haalt zijn schouders op. Onno is ook een graag geziene gast op de club, al zit hij niet vaak in het casino. 'Ik heb een onderbuikgevoel. We zullen het zien. Hij is mij in elk geval een behoorlijk bedrag schuldig en ik wil ook niet dat mijn investering in die club gevaar loopt. Ik heb aandelen als onderpand gekregen, maar als dat hele spul straks niets meer waard is schiet ik daar natuurlijk niets mee op.'

'Nooit gedacht dat die ouwe en zijn zus daarmee akkoord zouden gaan.'

'Die weten er niets van.' Charles grijnst.

Onno kijkt hem verbaasd aan. 'Hoe...?'

'Laten we het erop houden dat Maurice veel heeft geoefend op de handtekening van die ouwe.' Hij kijkt Onno veelbetekenend aan.

Het meisje van de bediening zet twee borden mosselen met friet neer. Charles stroopt de mouwen van zijn overhemd op en wrijft in zijn handen.

'Hoe is het *Down Under* met de tour van de meiden en hun... vervoer?'

'*No worries, mate*,' grapt Onno. 'Alles op orde. Geen bijzonderheden. Thijs is tevreden. Alle anderen ook.'

'*Nice*. En goede recensies zag ik.' Hij knipoogt naar Onno. 'Wat eten dan maar.'

Met een lege mosselschelp klemt hij een schelpdiertje uit de zwarte emaillen pan. Het valt niet mee om iedereen in zijn team scherp te houden. Voor je het weet loopt er ergens iets spaak en zit hij met de gebakken peren. Blijven innoveren geldt ook voor zijn business. Gelukkig is drugs niet hun enige verdienmodel. Als de Mexicanen maar tevreden zijn, is hij het ook. Het viel niet mee om dat akkefietje glad te trekken. Hij heeft alles en iedereen in het werk moeten stellen om de relatie met het kartel weer in goede banen te leiden.

'Vrijdag is er een pokeravond op het landgoed. Doe je mee?'

Onno doopt een mossel in de knoflooksaus. 'Moet ik even afstemmen thuis.'

'Laat maar weten. Zorg in elk geval voor wat mensen van ons in de club die avond. Mogelijk wordt het een interessante avond voor ons onderzoekje.'

'Zou je dan zelf wel gaan? Als het té interessant wordt...'

'Juist. Voor mij staat er heel wat op het spel.'

Onno schudt zijn hoofd. 'Als je maar niet zegt dat ik je niet gewaarschuwd heb.'

Charles' gulle lach galmt door het café. 'Als het misgaat, heb ik jou toch.'

14
Rixt

Zwijgend loopt Rixt naast Victor door hun tuin, die in Engelse cottagestijl is aangelegd. Haar schoonouders zijn na het eten vertrokken en de kinderen zijn met hun huiswerk bezig. Ze kunnen elkaar niet langer ontlopen. De tuin is mooi verlicht langs het pad dat van het toegangshek naar de voordeur loopt. Rondom het zwembad brandt verlichting in de bestrating en ook in de bakstenen muurtjes tussen de beplanting zitten kleine spots. Onder andere omstandigheden zou het geheel een romantische indruk geven, nu is ze alleen maar bezig een opening te vinden voor een gesprek.

'We kunnen het winterdek er wel op gooien, ze zwemmen toch niet meer.' Rixt kijkt opzij naar Victor, die zwijgend naar het zwembad kijkt. 'Kijk, hier hebben ze een nieuwe beveiligingslus in de grond gelegd.' Ze wijst aan hoe de lus loopt en waar ze hem hebben ingegraven. 'In principe is deze hele zone nu veilig. Ze hebben ook extra camera's geplaatst. Er zijn als het goed is geen dode hoeken meer. Alle zones zijn apart in te stellen, zodat we ook veilig achter in de tuin kunnen zitten.'

'Terwijl aan de voorkant het alarm erop staat? Fijn.'

'Jezus Vic, ik snap dat het niet ideaal is, maar het is in ieder geval geregeld nu.'

'En de kinderen krijgen allemaal een afstandsbediening die ze de hele tijd kwijt zijn zeker. En als de honden door de tuin banjeren gaat de godganse dag het alarm af. Echt goed geregeld, Rixt. Helemaal top.'

Met alles wat ze in zich heeft, probeert ze haar geduld niet te verliezen.

Victor raast door. 'En die beveiligers?' Hij maakt een hoofdgebaar naar het toegangshek. 'Die blijven hier voorlopig nog staan? Gezellig.'

Rixt haalt haar schouders op. Ze heeft geen zin meer om met hem te praten. Stuurs kijkt ze voor zich uit en gaat naast het kippenhok op het teakhouten bankje zitten. Ze ritst haar jas dicht.

Victor snuift. 'Zelfs de kippen zitten nu voortdurend opgesloten.'

Rixt zucht hoorbaar. 'Ze hebben anders een prachtige ren.'

'Misschien kunnen we een afwerende sensor om hun nek hangen zodat het alarm niet afgaat als de laser ze in de gaten krijgt.'

Ze kan er niets aan doen dat ze moet lachen, maar als ze ziet dat Victor haar nors aan blijft kijken trekt ze haar gezicht in de plooi.

'Ik voel me precies als die kippen.'

'Doe normaal.'

'Ik meen het, Rixt. Ik voel me opgehokt. Ik weet niet of ik dit nog wil. Wat denk je dat de kinderen hiervan vinden? Die leven in een soort fort.'

Ze bijt op haar lip. Hij overdrijft. Het is juist voor hun eigen veiligheid. Victor haalt de wateremmer uit het kippenhok en vult hem onder de buitenkraan. Ze volgt zijn handelingen.

'Ik kan niet leven in een beveiligde bunker.'

'Nee, jíj brengt liever je hele gezin in gevaar in plaats van in veiligheid. Laten we het daar eens over hebben.'

Victors kaak verstrakt. 'Het spijt me. Ik heb je al gezegd dat het héél stom was van me.'

Hij heeft inderdaad meerdere keren gezegd dat hij nooit had mogen weggaan die avond, maar het maakt haar boosheid niet minder. 'Daar zijn we het dan in ieder geval over eens.'

De wateremmer is vol en Victor zet hem terug in het kippenhok. Door het geluid komen de kippen nieuwsgierig uit hun nachthok.

'Zo kunnen we niet verder,' zegt ze. 'Als we elkaar alleen maar verwijten kunnen maken, kunnen we er net zo goed meteen een punt achter zetten.'

'Eens.' Victor strooit wat meelwormen in het hok en veegt zijn hand aan zijn broek af. De kippen pikken enthousiast in de rulle grond.

'Dus?' Rixt kijkt hem vragend aan. 'Dit...' Ze wijst de tuin rond naar de camera's. '... gaat voorlopig niet veranderen. Het is wat het is. Ik ga niet stoppen met werken, Victor. Ik laat me niet wegjagen van iets waar ik zo hard voor heb gewerkt. Door niemand niet.'

Victor gaat naast haar zitten. Hij kijkt naar zijn handen.

'Je zal moeten accepteren dat er af en toe periodes zijn waarin het een beetje heftig is.'

'Een béétje heftig? We waren bijna dood!' Hij staat op van het bankje en ijsbeert over het gras.

'Door jóú, ja!' Ze haalt rustig adem door haar neus en probeert zichzelf te kalmeren. Met naar elkaar schreeuwen schiet niemand iets op. 'Vanaf nu wordt alles weer... normaal.'

'*Yeah, right.*'

'We kunnen proberen verder te gaan waar we gebleven waren.' Ze kijkt hem aan. 'Als jij stopt met Odette, stop ik met Mateo.'

'Het is al gestopt.'

Ze fronst. 'Hoe weet jij dat?' Heeft hij haar telefoongesprek met Mateo afgeluisterd?

Hij schudt zijn hoofd. 'Met Odette.'

'O...' Ze had van alles verwacht, maar dit niet. Dat betekent dat hij het toch nog wil proberen. Waarom geeft hij dan van die verschillende signalen? 'Dat is... fijn. Het was anders voor mij ook een harde voorwaarde geweest.'

'Ja,' zegt hij geïrriteerd. 'Dat snap ik zelf ook wel.'

'Dat is dan tenminste iets.' Niet te geloven. Moet ze nou dankbaar zijn dat hij zijn minnares aan de kant heeft gezet? Het moet niet gekker worden. Ze besluit haar mond te houden, dit gesprek is al lastig genoeg.

'Kunnen we niet een tijdje naar het buitenland? Ik kan overal werken en daar zijn we zeker veilig.'

Ze zou een paar jaar overplaatsing naar Curaçao kunnen aanvragen. Daar is al eerder sprake van geweest toen ze de vorige keer bedreigd werd. Dan moet ze wel van de afdeling zware criminaliteit af en dat is niet wat ze wil. Ze zucht. 'Als het niet anders kan, kunnen we dat zeker bespreken.'

'We moeten het nú bespreken.'

'Laten we nou eerst kijken hoe het gaat. Die gast is dood, de dreiging is weg. Ik ga bovendien een heel andere zaak doen. Afpersing en wat medische dossiers. Echt heel wat anders.'

Hij lijkt diep in gedachten.

'Ik wil ook de therapie weer oppakken,' zegt ze zacht. Ze waren zo goed bezig voor de aanslag. Misschien moeten ze toch het weekend naar Zwitserland gaan. Even eruit. Ze stelt het voor en Victor stemt er tot haar verbazing direct mee in. Hij weet hoe lastig ze het vindt om daar met zijn ouders te zijn, dus hopelijk ziet hij dit als een geste van haar kant. Ze moet zelf ook wat meer haar best doen en een beetje investeren in de relatie met haar schoonouders. Als ze met Victor door wil, hoort zijn familie daar ook bij.

'Volgend weekend doen? Kan ik nog even inkomen in mijn nieuwe zaken.'

Hij knikt.

Rixt staat op. Er is nog een lange weg te gaan, maar de kou is uit de lucht. 'Ik ga binnen nog wat stukken lezen in die nieuwe zaak.'

Hij glimlacht naar haar.

'Voor ik het vergeet, zou jij misschien met Pieter willen praten? Ik heb het gevoel dat er iets is, en hij wil het er met mij niet over hebben.'

'Is goed,' zegt Victor.

Ze loopt naar binnen en sluit de bijkeukendeur achter zich. Voor ze aan het werk gaat, moet ze Mateo bellen en hem vertellen dat ze elkaar niet meer kunnen zien.

15
Maurice

Zo zelfverzekerd mogelijk loopt Maurice van de voormalige dienstwoningen richting de bouwplaats waar de wellness en het zwembad moeten komen. Naast de bouwput staan twee mannen die hij, ondanks dat ze in burger zijn, direct herkent als mensen van de politie. Twee andere mannen trekken witte pakken aan bij een grijs busje. Wat een circus, het enige wat hij wil, is naar bed. Hij is zo moe dat hij niet eens meer kan uitrekenen hoeveel uur hij al wakker is. Hij steekt zijn hand uit naar een van de agenten in burger.

De oudste van de twee mannen komt direct op hem af zodra hij bij de bouwplaats is.

'Goedemorgen, Maurice Bulouw?'

'Yes.'

'Ik ben Frank, dit is mijn collega Justin, recherche Gooi en Vechtstreek. Kunnen we ergens rustig zitten om met elkaar te praten?'

Maurice haalt zijn hand door zijn haar dat steeds vetter aanvoelt. 'Zeker, in het restaurant is vast een rustig plekje.' Hij zet zijn vriendelijkste gezicht op.

'Woont u daar?' De oudere rechercheur knikt in de richting van de voormalige dienstwoningen. 'Omdat u daar net vandaan kwam.'

'Nee, dat is mijn kantoorruimte. Ik woon in het grote huis, boven het restaurant.' Hij stapt langs de twee mannen en de afgraving. Beide rechercheurs kijken in de richting van de dienstwoningen en hij hoopt uit alle macht dat Zlata niet voor het raam staat en voor onrust zorgt. Hij moet zorgen dat deze mensen zo snel mogelijk weer weg zijn.

'Flink terrein heb je hier. Alles in eigendom? Ook de omliggende grond?' vraagt Frank.

'Ja, ook het stuk bos. Het landgoed is al meer dan honderd jaar in de familie.' Hij zegt het met trots, en het besef dat hij er nu, na zoveel jaren goed beheer, een zooitje van maakt doet hem oprecht pijn. 'Mijn vader leeft nog, dus alles is officieel nog van hem.' Het enige wat hij wil, is zijn vader laten zien dat hij ook iets kan, ook al heeft hij niet gestudeerd.

'En het koetshuis?'

'Daar woont mijn zus. Ze heeft daar haar atelier.'

'Ik zag het,' gaat Justin verder. 'Iets met poppen, begrijp ik.'

De sarcastische toon ontgaat Maurice niet. 'Mijn zus is inderdaad gespecialiseerd in antieke poppen.' Hij mag zich dan dood irriteren aan haar, anderen hoeven zich niet laatdunkend over haar uit te laten. Met een overdreven galant gebaar houdt hij de deur van zijn restaurant open en laat de twee mannen voorgaan. 'Kunnen we ergens rustig zitten?' vraagt hij aan een jongen van de bediening.

De jongen in een smetteloos uniform met de naam van het landgoed op zijn overhemd wijst naar de zijkant van de ruimte. 'De orangerie is nog vrij, daar is straks een besloten lunch.'

'Prima, laat niemand binnen tot wij klaar zijn,' fluistert Maurice de jongen toe. Als hij de twee mannen de orangerie rond ziet kijken, besluit hij zijn vaste praatje te houden. 'Vroeger was dit de ruimte waar men in de winter de kuipplanten bewaarde, vandaar al het glas. Dan stonden ze warm in de zon en bleven ze goed. In de zomer werd deze ruimte gebruikt als extra leefruimte.'

Frank knikt en kijkt de zaak rond. 'Loopt het goed?'

'Ik mag niet klagen.'

'Dat is knap.' De oudere man kijkt hem waarderend aan. 'Lastige tijden voor de horeca, als ik de krant mag geloven.'

'Wij zijn een *members only*-club, dat maakt het natuurlijk wel anders.'

'Zoiets begreep ik ja, chique bedoening.' De oudere van de twee kijkt de jongere man met de blonde krullen lachend aan. 'Ik voel me vereerd dat ik hier mag zitten. Jij ook? Hoe vaak kom jij nou in een orangerie?'

'Niet vaak genoeg,' zegt de jongere man rustig.

Frank kijkt Maurice spottend aan. Maurice voelt het bloed naar zijn hoofd stijgen. Als hij ergens allergisch voor is, is het gebrek aan respect. Maurice knakt met zijn vingers en houdt zijn mond. Verstandig zijn. Niet happen.

'Onze klanten hebben het goed, daar profiteren wij van mee.' Hij ademt rustig uit. 'Wij realiseren ons heel goed dat we in een bevoorrechte positie zitten. Daarom hechten we ook zeer veel waarde aan het behoud van het landgoed. Zodat de generatie die na ons komt er ook nog van kan genieten.' Even schiet een beeld door zijn hoofd van een gezonde Zlata met een baby, achter een kinderwagen, wandelend over het landgoed. Focus.

'Run je dit samen met iemand?' vraagt Justin.

'Mijn zus is medebestuurder van het landgoed. Ik heb de dagelijkse leiding over Club Serafijn.'

De jongen van de bediening zet de koffiekopjes neer en vertrekt zonder iets te zeggen.

Justin pakt zijn kopje en kijkt op zijn gemak naar buiten, terwijl Frank naar Maurice blijft kijken. 'Geen investeerders? Of andere managers?'

Maurice aarzelt een seconde en hij weet dat Frank het ziet. 'Nee.' Shit, die man lijkt recht door hem heen te kijken.

Frank trekt zijn wenkbrauwen op. 'Zijn jullie op dit moment de enige bewoners van het landgoed?'

Maurice knikt. 'Mijn vader woont hier ook nog.'

Frank gaat achterover zitten en neemt een slok koffie. 'Bijzonder hoor, wonen op zo'n mooie plek.' Zijn toon is nu een stuk vriendelijker en Maurice merkt dat hij meteen iets ontspant.

'Absoluut. En ook bijzonder kostbaar. Daarom hebben we een paar jaar geleden bedacht er een besloten club van te maken. Dan hebben we controle over wie er op het landgoed komt en kan Serafijn in elk geval in de familie blijven en hebben we er rendement van.'

'Heel... fijn,' grapt Frank terwijl hij een gezicht trekt naar Justin.

Maurice lacht niet mee. 'Mijn grootvader is hier opgegroeid. Onze familiegeschiedenis ligt op dit landgoed.'

Frank kijkt hem recht aan. 'Ik kan me voorstellen dat je er heel wat voor over hebt om dat te behouden.'

De ondertoon ontgaat Maurice wederom niet. 'Zeker.'

Justin knikt in de richting van de bouwplaats. 'Weet je iets van wat daar gebeurd kan zijn?'

Hij schudt gedecideerd zijn hoofd. 'Nee, niets. Ik schrik er net zo van als jullie.'

'Echt? Je maakt op mij anders niet echt een geschrokken indruk,' zegt Frank.

Wat moet hij hier nou mee? Dit kan hij natuurlijk niet over zijn kant laten gaan. Het is een regelrechte provocatie. Onmiddellijk voelt hij zich opgefokt. 'Hoe bedoel je dat?' zegt Maurice fel. 'Denk je soms dat ik er iets mee te maken heb?'

Frank houdt zijn beide handen verontschuldigend omhoog. 'Dat zeg ik niet, ik zeg alleen dat je niet zo onder de indruk lijkt. Wij komen in ons werk best regelmatig geschrokken mensen tegen, en die gedragen zich meestal anders.'

Beide rechercheurs kijken hem nu zwijgend aan. Hij heeft het gevoel dat hij zich moet verdedigen, maar hij is ook bang dat hij het dan alleen maar erger maakt. Hij besluit niets te zeggen. Na een stilte die hem veel te lang duurt neemt Justin het woord.

'Wat heb je met je gezicht gedaan?'

'Plastische chirurgie,' zegt Maurice zonder te aarzelen.

De mannen kijken elkaar kort aan. 'Ziet er pijnlijk uit.'

'Het valt mee, over een paar dagen zie je er niets meer van.'

‘Zouden we je vader misschien kunnen spreken, over de gevonden botten? Ze zien er op het eerste gezicht oud uit. Misschien dat hij zich iets kan herinneren?’

Maurice aarzelt. ‘Ik denk dat dat heel belastend voor hem is.’

‘Dat snappen we heel goed. We zullen hem met alle egards behandelen, maak je geen zorgen.’

Maurice kijkt van de een naar de ander. ‘Hij woont in het oude poortwachtershuisje, naast de ingang. Mijn zus is bij hem, mocht je die ook nog willen spreken.’

‘Dat zou inderdaad fijn zijn.’ Frank staat op en Justin volgt zijn voorbeeld.

‘Mag ik misschien even van het toilet gebruikmaken?’ vraagt Justin.

Die gast gaat natuurlijk rondkijken, kan niet missen. Maurice’ mond is droog en hij haalt zijn neus op. Rustig blijven. Er is niets te vinden in het restaurant en zeker niet op het toilet. ‘Uiteraard. Ik loop met je mee.’

16
Magali

Dorus loopt achter haar aan als ze via het grindpad naar de woning van haar vader loopt. Vanaf hier heeft ze zicht op de poort. Buiten het terrein op de Houtweg staat een busje geparkeerd met het logo van een schildersbedrijf erop. Zitten de observanten daarin? Ze ademt uit en probeert de gedachte dat ze wordt bekeken van zich af te zetten. Ze moet zo snel mogelijk met haar vader praten. Wanneer ze de sleutel in de voordeur steekt, merkt ze dat haar hand trilt. Ze moet haar hoofd erbij houden. Als zij nu de controle verliest, dondert alles in elkaar.

Het poortwachtershuisje heeft twee kamers, een keuken en een badkamer. Allemaal gelijkvloers. Haar vader zit aan de eettafel die tegen de muur geschoven staat. Voor hem op tafel staat zijn lunch.

'Ha, jullie zijn vroeg vandaag met eten.'

Haar vader steekt zijn hand op ter begroeting. De verpleegkundige die ze voor haar vader hebben ingehuurd komt vanuit de keuken de kamer in. 'Uw vader had trek, dus ik heb wat eieren gebakken.'

'Wat heerlijk voor je, papa. Ik schuif gezellig even aan.'

Op het moment dat hij naar haar opkijkt, valt een stuk brood met ei van zijn vork op de grote witte slab die hij over zijn overhemd draagt.

'Och jee, nu gaat alles mis,' zegt hij zacht. 'Rotvingers.'

'Geeft niets. Ik help je wel even.' Magali pakt een papieren tissue uit de dispenser die op tafel staat en veegt de slab schoon.

Haar vader concentreert zich op zijn volgende hap en zegt niets. Zijn vingers zijn zo stram en stijf van de reumatische artritis dat het hem de grootste moeite kost om zijn vork vast te houden.

Magali gaat tegenover hem zitten. 'Ik moet mijn vader even persoonlijk spreken.'

'Dat komt goed uit, want ik ben klaar. Tot vanavond, meneer Bulouw.'

Weer steekt haar vader zijn hand op. Hij wordt fantastisch verzorgd, maar het blijft moeilijk om hem zo te zien. Sinds hij hier alleen woont, en niet meer met haar in het grote huis, gaat ze meerdere keren per dag bij hem langs.

Vanaf waar ze zit, kijkt ze de slaapkamer in. Over het keurig opgemaakte bed ligt de nieuwe sprei die ze vorige week nog voor hem heeft gekocht. Het fleurt de kamer helemaal op. In een vitrinekast staan een paar zeldzame antieke Bru-poppen, met leren lijf en porseleinen handen. Absolute topstukken en verreweg haar favoriete poppen. Ze zal ze binnenkort weer stofvrij maken en nakijken.

Haar vader volgt haar blik. 'Had je nog iets bijzonders in de werkplaats?'

Hun gesprekken lopen altijd via een vast stramien.

'Zeker, ik had gisteren iemand met een originele Jumeau. Prachtig kopje met gesloten mond, die is zo verkocht. Echt nog in uitmuntende staat met een prachtige zijden jurk.' Haar vader knikt goedkeurend. 'Ik zal haar de volgende keer meebrengen.'

Hij doopt een stukje brood in het vloeibare eigeel en brengt het voorzichtig naar zijn mond.

'Ik kom eigenlijk voor iets anders.' Hoe moet ze hier in vredesnaam over beginnen? 'Je weet toch dat we een zwembad gaan aanleggen?'

Haar vader neemt rustig nog een hap en knikt.

'Ze hebben iets vreemds gevonden.'

Halverwege de weg naar zijn mond laat haar vader zijn vork zakken en kijkt haar aan.

Ziet ze nou schrik in zijn ogen, of heeft ze zich dat verbeeld? Nog steeds zegt hij niets, maar haar vader neemt wel een hap en kauwt langzaam, zonder het oogcontact met haar te verbreken.

'Eh... wat ik dus wilde zeggen. Ze hebben iets gevonden dat lijkt op... menselijke resten.'

Haar vader legt kalm zijn bestek neer en veegt zijn mond af met zijn servet. 'Wat voor resten?'

'Schedels.' Ze aarzelt even. 'Kleine schedels.'

'Onmogelijk.' Haar vader verbreekt hun oogcontact en kijkt naar buiten de tuin in. Op het vogelhuisje dat voor zijn raam staat, zit een eekhoorn. Hij glimlacht flauwtjes. 'De pinda's moeten worden bijgevuld. Kijk, hij heeft niets te eten.'

Ze kijkt naar de eekhoorn en terug naar haar vader. 'Papa?' Hij reageert niet. Probeert hij haar nou af te leiden? 'Weet jij hier meer van?'

Haar vader lijkt diep in gedachten verzonken. Ze weet niet hoeveel tijd ze heeft voor de politie ook hier op de stoep staat om vragen te stellen.

'Jij deed toch bevallingen, vroeger?'

Hij knikt haast onmerkbaar, pakt zijn servet en duwt dat tegen zijn waterige ogen. Sinds een jaar of tien huilt haar vader bij het minste of geringste. Soms weet ze zich geen houding te geven bij zoveel emotie.

'Popjes waren het.'

Ze houdt haar adem in. Doelt hij op de baby's? Ze durft niet verder te vragen. Ze moet een plan maken om hem te beschermen. Maar om dat te kunnen doen, moet ze precies weten wat er is gebeurd.

'Ik weet dat je niet graag over die tijd praat, maar ik denk dat het nu wel moet. De politie komt vast straks, of anders morgen, en die gaan je een heleboel vragen stellen. Wat ga je ze vertellen?'

'Er valt niets te vertellen.'

Ze schudt haar hoofd. 'Daar gaan ze geen genoegen mee nemen.'

'Popjes. Stuk voor stuk.' Weer dept hij zijn ogen. 'Ik heb mijn best gedaan. Gedaan wat ik kon. Maar het was niet genoeg, Magali.'

Ze gaat naast hem zitten en houdt zijn handen tussen de hare. 'Wat bedoel je nou?' Zo vaak heeft ze al geprobeerd om met hem over die tijd van zijn leven te praten. Als huisarts moet hij traumatische dingen hebben meegemaakt. Nooit wilde hij haar vertellen over de dingen die hij deed. Hij was vaak 's nachts weg. Voor bevallingen, zei haar moeder. Daar zou hij toch gewoon over kunnen praten?

Eén keer heeft ze babygehuil gehoord in zijn atelier. Ze moet een jaar of tien geweest zijn. Ze werd wakker 's nachts in haar slaapkamer in het grote huis van geluiden buiten. Toen ze uit haar raam keek, zag ze licht branden in het koetshuis. Toen ze op pantoffels het atelier binnenliep, hoorde ze het gehuil. Onmiskenbaar. Haar vader werd zo boos toen hij haar daar zag staan, dat ze meteen naar buiten ging en terug naar het grote huis rende. Ze hebben het er nooit meer over gehad, maar ze is het nooit vergeten. Misschien is de vondst van deze botten wel de sleutel naar zijn trauma.

'Heeft het te maken met die ene keer?'

Haar vader kijkt haar aan. Nu moet ze doorzetten.

'Toen ik 's nachts in je atelier kwam.'

Zijn blik verraadt dat hij precies weet waar ze het over heeft.

17
Max

Max legt de laatste hand aan de pruik van de pop. Echt haar, zoals gebruikelijk. De baby ligt, gewikkeld in een witte deken, in een poppenwiegje naast zijn werkbank en huilt. De longetjes zijn in ieder geval goed ontwikkeld.

Hij pakt een strengetje van het rode krullende haar en knipt de bovenkant recht af. Met een klein kwastje smeert hij de bovenkant van het strengetje haar in met lijm. Heel secuur plakt hij de haren op een stukje stof dat hij precies op maat van het poppenhoofdje heeft gemaakt. De moeder droeg een lange vlecht op haar rug, dat zal hij straks namaken bij de pop.

Het lukt hem elke keer weer om de jonge vrouwen te laten instemmen met het knippen van hun haar, al vraagt het de ene keer wat meer overredingskracht dan de andere. Het maken van het haarstuk is een hoop werk, en bijna altijd een haastklus, omdat hij de haren bij de moeder na de bevalling pas af kan knippen en de nieuwe ouders ongeduldig op hun kind wachten.

De bevalling verliep heftig. Het meisje hield haar benen bij elkaar omdat ze niet wilde bevallen. Haar huilen was door het hele huis te horen en had de andere meisjes in het huis van streek gemaakt. Sommigen wilden weg, maar dat kan niet. De ouders hebben voor hun verblijf betaald.

'Sssst, stil maar. Je bent net zo'n herrieschopper als je moeder.'

De gebruikelijke zinnen die hij gebruikt om de ongehuwde meisjes tijdens de bevalling gerust te stellen, hadden bij haar niet gewerkt. Ze was bijna achttien en wilde haar kind houden. Haar ouders hebben anders beslist, en ze heeft getekend voor afstand bij binnenkomst in het huis. Toen de verzorgster de baby direct na de geboorte bij haar weg wilde halen, gilde het meisje hysterisch dat ze haar kind wilde zien. Max had echt met haar te doen en had de baby een kort moment omhooggehouden zodat ze er een blik op kon werpen. De jonge moeder was daarna iets gekalmeerd. Alles wat ze doen, is gericht op het voorkomen van het ontstaan van een band tussen moeder en kind. Hij zucht diep. Zijn werk valt hem steeds zwaarder.

De baby krijst het nu uit. 'Sssst. Stil maar popje. Je blijft een nachtje slapen, morgen ga je naar je nieuwe familie.'

De nieuwe ouders hebben al eens eerder een kindje op proef gehad, maar brachten het na een weekend weer bij hem terug. Hij had er gelukkig snel een nieuwe plek voor, er is vraag genoeg naar pasgeboren baby's. En ongewenst kinderloze stellen hebben er heel wat geld voor over. Hopelijk voldoet deze baby wel aan de verwachting, denkt hij cynisch.

Het alternatief is ook niets. Dan komt de baby in een kindertehuis te liggen, met dertig wiegjes op een slaapzaal en druppeltjes Melleril of Luminal in de melk waardoor de baby's zo gedrogeerd zijn dat ze wel rustig blijven en minder huilen. Dat de kinderen hierdoor allemaal ontwikkelingsachterstanden krijgen, neemt iedereen op de koop toe. Hij benijdt de zaalverpleegkundigen niet, het personeelstekort in de tehuizen is schrijnend. Nee, dan doet hij het liever zo. De baby's komen nu in ieder geval bij een goed gezin terecht, dat hij zelf uitkiest.

Hij pakt het flesje warme melk van zijn werkbank en probeert nog een keer of de baby wil drinken. Het kindje wurmt zo dat het wiegje heen en weer schommelt. Arm kind. Hij zal het in zijn armen moeten nemen tijdens het drinken, anders wordt het niets.

Hij draait de dop op het lijmpotje en neemt het kind in zijn armen. De knoop in zijn maag trekt zich samen. Wat doen ze als maatschappij de jonge moeders en de kinderen aan?

Net als hij met de baby in zijn schommelstoel zit die achter in zijn atelier staat, hoort hij de voordeur opengaan.

'Wie is daar?' Door het harde huilen hoort hij niets. Het is midden in de nacht en hij verwacht niemand op dit late tijdstip.

'Papa?' Zijn dochter loopt in haar nachthemd en op haar pantoffels het atelier in. Magali kijkt hem met grote ogen aan. Hij springt op uit de stoel, legt de baby terug in de poppenwieg en vliegt op haar af. Ze duikt in elkaar van schrik. De baby krijst nu oorverdovend.

'Magali! Wat doe je uit je bed en hoe durf je hier 's nachts naartoe te komen!'

Magali's blik is verward. Ze kijkt van de huilende baby naar hem en weer terug. 'Wie... is dat?'

Hij gaat tussen haar en de wieg staan en ontneemt haar het zicht op de baby. 'Dat gaat je niets aan! Je hebt je niet te bemoeien met mijn zaken!'

'Sorry papa, ik ga al.' Ze loopt achteruit naar de voordeur. 'Ik dacht dat je nog aan het werk was aan een pop en ik wilde kijken wat je maakte.'

Hij maakt een wild gebaar met zijn arm. 'Hup, terug naar bed jij.'

Max opent de voordeur en duwt haar hard naar buiten, waardoor Magali bijna struikelt over haar pantoffels. Met betraande ogen kijkt ze om. Wat moet ze van hem denken? Ze had dit nooit mogen zien. Hij doet de voordeur dicht, maar bedenkt zich dan.

'Magali,' roept hij haar terug.

Zijn dochter draait zich om en hij staat voor haar met zijn wijsvinger geheven. 'Je bent hier nóóit geweest en jij hebt dit niet gezien. Als je hier met iemand over praat, loopt het heel slecht af voor deze baby. Begrijp je wat ik bedoel?'

Ze knikt angstig, terwijl de tranen over haar wangen rollen.

'Nu ga je terug naar bed en we hebben het er nooit meer over. Begrepen?'

Ze knikt angstig, loopt achteruit van hem weg, draait zich dan om en holt zo hard als ze kan terug naar het grote huis.

18
Rixt

Voor het eerst na haar afwezigheid zit ze weer aan de grote vergadertafel in het gloednieuwe politiebureau van district Gooi en Vechtstreek aan de Groest in Hilversum. Op haar bureau aan de Herman Gorterstraat in Utrecht stond vanmorgen bij binnenkomst een grote bos bloemen voor haar klaar. Het deed haar meer dan ze had verwacht om de beveiligde gang van de afdeling Zware Criminaliteit op te lopen. Het had heel anders kunnen aflopen en daar is ze zich terdege van bewust.

Het witte licht in de vergaderzaal is even onflatteus als anders. Ze ziet veel bekende gezichten en groet iedereen hartelijk. De aanslag op haar is als een lopend vuurtje rondgegaan in regio Midden-Nederland en iedereen is opgelucht dat het goed is afgelopen. De sfeer is ontspannen.

'Goed, we gaan beginnen.'

Frank, de recherchecoördinator Gooi en Vechtstreek, staat voor het whiteboard en heeft *Landgoed Serafijn Holding* bovenaan het bord geschreven. Hij duwt de dop achter op de zwarte stift en maakt twee lijnen naar beneden.

Poppenatelier Magali Bulouw B.V. en *Serafijn Entertainment B.V.*

Onder die laatste hangen nog drie bedrijven: *Restaurant Serafijn B.V. - Casino Serafijn B.V. - Members Only Club Serafijn B.V.*

Frank schrijft verder en trekt nog wat lijntjes. 'Dit geeft in het kort en heel schetsmatig de structuur weer van de bedrijfsmatige kant van het landgoed. Het zit ingewikkeld in elkaar, en we hebben nog niet alles in beeld, maar voor nu geeft het jullie een idee.'

Frank kijkt de groep rond en gaat verder als hij merkt dat er geen vragen zijn. 'De Financial Intelligence Unit heeft ons getipt. Er is een melding gemaakt van een ongebruikelijke transactie door de bank waar het casino een rekening houdt.' Frank zet een lijntje van *Casino* naar *FIU*. 'Ook is meerdere keren geprobeerd een aanzienlijk bedrag in cryptovaluta over te schrijven. Justin en ik zijn gisteren openlijk op het landgoed geweest. Justin, wil jij vertellen wat we aantroffen.'

'We waren op het landgoed naar aanleiding van de melding van een vondst van menselijke resten, door het bouwbedrijf dat daar aan het werk is. Die zijn inderdaad aangetroffen, we hebben ze zelf ook duidelijk gezien. Heel kleine schedels en botjes. Op het eerste gezicht oud, echt oud. We hebben ter plaatse gesproken met Maurice Bulouw. Hij runt het landgoed, samen met zijn zus Magali. Hij praat veel, maar zegt weinig. Maakte op ons wel een doorgesnoven indruk, maar goed, we hebben uiteraard geen drugstest afgenomen. Gewoon een onderbuikgevoel.' Justin kijkt naar Frank en die knikt om zijn verhaal te bevestigen. 'Hij leek nerveus. Dat kan natuurlijk ook door die rotzooi komen, maar we voelden het allebei. Bovendien zag hij eruit of hij recent flink te grazen is genomen. We hebben ernaar gevraagd, maar hij liet hier niets over los.'

Natasja steekt haar hand op. 'Had hij een mogelijke verklaring voor de vondst?'

Nu neemt Frank het woord. 'Nee. Hij vertelde wel dat er door de jaren heen veel mensen op het landgoed hebben gewoond of verbleven. Er is ook een guesthouse aanwezig en er zijn natuurlijk elke dag veel bezoekers voor het restaurant. Maar hij was niet onder de indruk van de vondst en ook niet aangedaan. Dat is opvallend, gezien de... eh... aard van de menselijke resten.'

Iedereen knikt.

Net als Justin verder wil gaan, steekt Rixt haar hand op. 'Het is wel op het randje, deze ondervraging van Maurice.' Ze wil de pret niet drukken, maar ze moet het zeggen. 'Als het jullie meteen duidelijk was dat de botten heel oud zijn, kan Maurice hier niets mee te maken hebben. Dan mag je deze vondst niet als aanleiding gebruiken om Maurice te ondervragen en het landgoed eens lekker van dichtbij onder de loep te nemen.'

Frank kijkt haar aan met het gezicht van een oorwurm. Hij weet dat ze gelijk heeft.

Ze kijkt de groep rond. 'Ik wil alleen maar zeggen, let op dat je het in je enthousiasme niet verknalt.'

Justin aarzelt even, kijkt naar Frank en gaat dan verder met zijn verslag. 'We hebben overigens nergens een casino gezien. Het stond ook nergens aangegeven op het landgoed. Ik heb een kort rondje gelopen door het restaurant toen ik naar het toilet ging, maar ik zag niets.'

'Op de website van het landgoed staat ook niets vermeld over een casino,' vult Amar van de digitale recherche aan.

'Wat vreemd is, want er is dus wel een casino-bv,' zegt Frank. 'We hebben inmiddels toestemming voor observatie,' zegt hij met een veelzeggende blik naar Rixt. Ze knikt bevestigend en laat zich niet van haar stuk brengen. Frank gaat verder. 'Het observatieteam is *as we speak* bezig om de boel op te tuigen. Het onderzoek naar de botten is *out in the open*, de rest moeten we uiteraard zo stil mogelijk houden om geen slapende honden wakker te maken, dus wees voorzichtig als je gaat rondvragen.'

Natasja steekt haar hand op. 'Kunnen die broer en zus al onder de tap, of nog niet?'

'Ik ga daar vanmiddag naar kijken,' zegt Rixt. 'Ik wil eerst zien wat we nu precies over Maurice hebben.'

'We zouden in het kader van het onderzoek naar de botten een ledenlijst kunnen opvragen van de club,' oppert Natasja. 'Als we iemand op die lijst kennen, kunnen we misschien als introducee mee naar binnen?'

Rixt weet via via zo al een paar kennissen uit haar dorp die daar regelmatig komen, maar daar kan ze niet mee aankomen. Frank kijkt kort naar Rixt. 'Geen gek idee. Komen we op terug.'

Rixt aarzelt. Ze voelt heel weinig voor het op touw zetten van een infiltratie.

Justin gaat verder. 'We zijn ook nog bij de vader van Maurice en Magali geweest. Daar kwam niet veel uit, behalve dat hij vroeger huisarts was en poppendokter, net als zijn dochter. Die hebben we ook kort gesproken, maar dat kan nog wel een keer wat uitgebreider.'

'Wat ik niet snap,' zegt Natasja, 'als je weet dat daar iets begraven ligt, ga je daar toch niet laten graven voor een zwembad? Misschien zijn de botten nog wel veel ouder dan we denken.'

Rixt staat op van haar stoel. 'Daar komen we snel genoeg achter. Het Nederlands Forensisch Instituut is er druk mee bezig.'

'Is er al een forensisch antropoloog aangewezen?' vraagt Frank.

'Ja.' Rixt pakt de zwarte stift van Frank aan en richt zich naar het bord. 'Ik ga vanmiddag de onderzoeksvragen formuleren en dan hoop ik dat we snel een eerste uitslag, of in ieder geval een biologisch profiel hebben.'

Rixt schrijft *witwassen* op het bord en trekt een lijn van het casino naar beneden. Ze staat op en draait zich om naar de groep. 'Uit de taps die zijn gezet binnen de groep rond Mohammed Sahin is informatie gekomen die wijst naar betrokkenheid van leden van deze groep bij dit landgoed. Het landgoed wordt genoemd in gesprekken en chats als lucratief, een mooi project, een gouden kans en ga zo maar door. De vraag is natuurlijk op welke manier ze betrokken zijn, dat is nog niet duidelijk. Misschien houden ze van tennis, lekker eten en gokken, maar er lijkt meer aan de hand te zijn. Zeker nu er, net als wij besluiten budget vrij te maken voor onderzoek, ook nog menselijke resten op het landgoed worden gevonden. Dat kan toeval zijn, maar het versterkt in ieder geval onze budgetaanvraag.'

Een rechercheur van de digitale recherche luistert geconcentreerd naar haar en steekt zijn hand op. 'In hoeverre staat deze zaak in verband met het onderzoek in Scylla?'

'We behandelen dit als een apart onderzoek. Maar het komt natuurlijk goed uit dat we door onderzoek Scylla al behoorlijk wat informatie over deze groep hebben. Als er sprake is van een link met de groep van Mohammed Sahin, dan denk ik dat voor de hand ligt dat het om het casino gaat. Leg daar in het onderzoek ook de focus op. Vooralsnog is er voldoende budget, hoe meer de link met Sahin blijkt, hoe breder we het onderzoek kunnen opzetten en mogelijk budgettair kunnen opschalen. Ik wil de hele bedrijfsstructuur in beeld krijgen. Zorg dat ieder bedrijfje dat onder de Landgoed Serafijn Holding hangt boven water komt.'

Rixt doet de dop op de stift en legt hem op tafel. Ze slaat haar handen ineen. 'Dan stel ik voor dat we allemaal aan het werk gaan. Er is genoeg te doen. Morgen spreken we elkaar weer.'

Iedereen staat op en loopt de gang op. Haar telefoon trilt. Julia.

Ik heb de hele tijd jeuk op mijn hoofd en Pieter zit huilend in zijn kamer. Wanneer ben je thuis?

Nee toch. Alweer? Hoe is het mogelijk? Snel appt ze Mary-Lee en Pieter. *Could you please comb Julia with the lice comb? There's some special oil in the bathroom drawer.*

Hoe gaat het Pie? Bel me anders even. Liefs mama.

Weer een berichtje van Juul. *En niet zeggen dat ML moet kammen want juf heeft gezegd dat ouders dat zelf moeten doen.*

Ze moet terug naar Utrecht en kan nu absoluut niet naar huis. Ze zucht diep en kijkt naar buiten. Het is druk in de winkelstraat waar het bureau aan ligt. Het zou leuk zijn om haar meiden weer eens mee uit shoppen te nemen, nu het weer veilig kan. Verschillende medewerkers van het politiebureau lopen met elkaar een rondje over de Groest terwijl ze hun brood eten. Ze appt haar dochter terug.

Ik doe het vanavond, beloofd. Spreek voor de zekerheid maar niet af vanmiddag.

Maar het is woensdag, verschijnt er meteen in haar scherm met een huil-emoji.

Ze heeft geen zin in een discussie. Ze stopt de telefoon in haar tas en pakt haar autosleutel er alvast uit. Ze knipt het licht uit en loopt naar de trappen.

19
Maurice

De croupiers die Maurice speciaal voor deze pokeravond heeft geselecteerd zitten aan de bar in de wijnkelder. Ze zijn allemaal vingervlug en scherp van geest, precies wat hij nodig heeft. Tim kijkt bedenkelijk, maar de rest zit opgewonden met elkaar te praten. Hij vraagt veel van ze, dat snapt hij, maar hij ziet geen enkele andere uitweg uit deze narigheid. Bovendien worden ze goed betaald voor deze klus, dus ze mogen niet klagen.

'Goed.' Hij tikt zijn espresso achterover en haalt een hand door zijn fris gewassen haar. 'Snapt iedereen wat de bedoeling is?'

Er klinkt instemmend gehum.

'Nog een vraagje,' zegt Tim. 'Waarom maken we er geen toernooi van? Dan kunnen we ieder half uur de blinds laten oplopen.'

Hij had die vraag verwacht. 'Omdat we met cashgames veel meer kunnen verdienen. Dan pakken we op iedere pot tien procent. Ze spelen meerdere potten per uur, dus reken maar uit. Bovendien zetten ze iedere ronde alles in.'

'Maar bij een toernooi moeten ze tot het eind blijven, bij cashgames kunnen ze weg wanneer ze willen.'

Hij knikt. 'Dat is waar, maar we zullen de spelers zo beïnvloeden dat helemaal niemand weg wil. Iedere speler zal denken dat hij er geweldig voor staat. De één heeft een full house, de ander een nog hogere full house, een straat, een hogere straat. Iedereen lijkt te winnen en gaat all-in. En dan komt de laatste kaart waarbij het hele spel wordt beslist. De kaart die wij zorgvuldig hebben uitgekozen, net als de rest van het spel. De genadeklap. Bam. Iedereen alles kwijt.

'Dan hebben we natuurlijk ook nog een mannetje van ons aan iedere tafel die regelmatig wint en die precies weet welke speler welke kaart heeft.' Zo zal het gaan en daarna heeft hij hopelijk een tijdje rust aan zijn hoofd. Hij kijkt rustig de groep rond en hoopt maar dat hij iedereen kan vertrouwen.

'We nemen maximaal zes spelers per tafel. Dus dat worden in totaal drie tafels.' Hij wijst aan waar de tafels zullen komen te staan. 'De inleg is tweehonderdvijftig K.'

Er wordt wat gemompeld. Hij is zelf inmiddels gewend aan de belachelijk hoge bedragen die hier in zijn casino omgaan, maar hij snapt dat het voor de anderen veel geld is.

'Als je honderd miljoen op de bank hebt, wil je niet spelen om vijfduizend euro. Daar gaat je hart geen seconde sneller van kloppen.'

Ze knikken instemmend. Als alles gaat volgens zijn berekeningen kan hij, met een small blind van tienduizend en een big blind van twintigduizend, gemiddeld zesendertigduizend per potje per tafel pakken. Zes spellen per uur. Dat komt dan op tweehonderdduizend euro per tafel, per uur. Maurice wrijft in zijn handen.

'De aanmeldingen gaan hard, dus we krijgen die tafels zeker vol. Jullie hebben nog een paar dagen om te studeren op de markeringen achter op de kaarten en op de volgorde van de spellen. Natuurlijk kijkt er iemand via alle camera's mee, maar je zal jezelf moeten redden. Je kan niet afhankelijk zijn van je oortje. Dat is te opzichtig en dan reageer je niet genoeg op een natuurlijke manier. Ben ik heel duidelijk? De spellen moeten bij iedere tafel anders zijn en je moet ook een paar keer passen, anders valt het op, maar dat hoef ik jullie niet uit te leggen. Bij zevenhonderdvijftigduizend euro stop je sowieso. Iemand vragen?'

Hij kijkt de groep rond, maar niemand vertrekt een spier. 'Mooi. Dan stel ik voor dat jullie deze hele dag uittrekken om met elkaar te oefenen en de kaartendecks voor te bereiden per tafel. We kunnen niets aan het toeval overlaten.'

Een van de mannen steekt zijn hand op. 'Bij een andere klus werkte ik met kleurtjes op de kaarten die we alleen met een speciale lens konden zien. Dat is wel veiliger dan markeringen op de achterkant van de kaarten. Het valt minder op.'

'Dit systeem is ook veilig genoeg.' Hij laat een bewerkt kaartendeck zien en iedereen pakt een stapeltje om te bestuderen. De markeringen zijn nauwelijks zichtbaar.

'Bovendien hebben we de camera's als back-up. Ik kijk met alles mee en zit er bovenop. Ik kan in principe alles zien.'

'Maar niet voor drie tafels tegelijk.'

'Ik ben niet alleen die avond. Tim zal bij mij zitten. Tim hier heeft hele goede ogen en een zeer goed stel hersens.'

Tim bloost en kijkt naar zijn handen. Het is een goede jongen die hij blind vertrouwt. De meeste klanten kennen hem uit het dorp, dus dat wekt ook vertrouwen. Nu hij alles heeft besproken durft hij voorzichtig te hopen op een goede afloop.

'Verder verwacht ik dat jullie er die avond smetteloos en picobello uitzien. Jullie dragen de bedrijfskleding van het landgoed. Alles gaat verder zoals het er op iedere doodnormale pokeravond aan toegaat.'

'En de beveiliging?'

'Die is ook geregeld. Twee man extra. Dat moet genoeg zijn.'

Maurice haalt diep adem en zucht. 'Aan het werk dan maar.'

De mannen kijken serieus en gaan meteen aan de slag. Het is in ieders belang dat de avond goed zal verlopen, anders krijgen ze geen bonus. In zijn hoofd maakt hij nogmaals de rekensom van hoeveel hij overhoudt als hij alle kosten aftrekt. Een glimlach verschijnt om zijn lippen. Als alles goed gaat, kan hij na vanavond meer dan de helft van zijn bijna vier miljoen schuld aflossen.

20

Max

Opeens zit ze voor hem. Max heeft haar zelf naar binnen gelaten, maar het stuk tijd waarin ze haar jas heeft opgehangen, zijn woonkamer is binnengekomen en op zijn bank is gaan zitten, is hij helemaal kwijt. Hij herkende zijn oud-collega meteen toen hij de voordeur opende. Alsof het niet vijfenveertig jaar geleden is dat ze elkaar voor het laatst hebben gezien. Natuurlijk heeft hij haar geregeld in de krant zien staan, in de tijd dat ze nog wethouder was, maar ze hebben nooit meer samengewerkt.

'Wil je iets drinken?'

'Nee hoor, ik ben zo weer weg.' Ze kijkt de kamer rond. 'Wat heb je het prachtig ingericht.'

Hij knikt. Zal hij zeggen dat Magali dat heeft gedaan? Zal hij überhaupt over Magali beginnen, of kan hij ook dat beter laten rusten. Zijn herinneringen zijn als drijfzand. Alles van vroeger komt terug en hoe harder hij probeert weg te blijven van die gedachten, hoe verder hij meegetrokken wordt in het verleden.

Ze schraapt haar keel. 'Ik las het artikel in de krant over de... vondst en toen dacht ik dat je het misschien fijn zou vinden als ik zou langskomen. Misschien hadden we dat al veel eerder moeten doen.' Hij kijkt haar vragend aan. 'Praten, bedoel ik. Over... alles.'

'De situatie lijkt onder controle. Het is zo lang geleden, ik kan me niet voorstellen dat het een probleem voor ons wordt.'

Ze knijpt haar rood gestifte lippen op elkaar en kijkt hem aan. Ze ziet eruit of ze ieder moment in tranen uit kan barsten.

'Heb jij geen wroeging, over alles wat we hebben gedaan?'

Hij schudt rustig zijn hoofd. 'Het was een andere tijd. We hebben gedaan wat we konden. We dachten dat we die meisjes hielpen, dat moet je niet vergeten.'

Ze slikt hoorbaar en probeert zich duidelijk groot te houden. 'Ik denk vaak: wat hebben we ze aangedaan. Aan beide kanten, Max. Het was fout. Er zijn nachten dat ik droom en dat ik ze hartverscheurend hoor huilen om hun baby, en dan word ik wakker en kan ik alleen maar denken aan de leegte die ze moeten hebben gevoeld. Die ik zelf ook voelde...'

'Hm.' Hij zou haar een schone zakdoek willen aanreiken voor haar tranen, maar dan moet hij naar de slaapkamer lopen en hij wil het moment niet verstoren.

Ze gaat verder. 'Het knaagt aan me, steeds meer, en nu zag ik het artikel in de *Gooi- en Eemlander* over de opgraving bij jou op het landgoed, van de babylijkjes.'

'Wat wil je dan? Open kaart spelen?'

Ze haalt haar schouders op. 'Ik weet het niet. Zou het helpen, of juist meer overhoophalen?'

'Dat hangt ervan af. Iedere situatie zal anders zijn. Ze zijn volwassen nu, hebben eigen gezinnen. Het is nogal wat om die beerput open te trekken.'

'Dat is waar. Maar nu kan het nog. Jij bent zo oud, Max. Hoelang hebben we nog om dingen uit te leggen. Misschien zelfs recht te zetten?'

Hij denkt aan Magali. Hij wil helemaal niets uitleggen. Hij heeft genoeg aan zijn hoofd om ook dit er nog bij te moeten hebben. Waarom gaat ze niet gewoon weg en laat ze hem met rust?

'Mijn dochter, Liselotte, heeft iets in de gaten. Ik weet niet wát ze heeft ontdekt, maar ze vroeg laatst naar de pop die jij haar hebt gegeven bij haar geboorte. Dat kan geen toeval zijn. Er is ook zoveel over te doen de laatste tijd.'

Hij glimlacht. Hij wist dat de poppen ooit belangrijk zouden worden.

Ze staat op en loopt onrustig door de kamer. 'Ik ben zo bang voor wat iedereen ervan zal denken. Ze zullen ons veroordelen, door het slijk halen. Terwijl we handelden in een andere tijdsgeest. Maar wees nou eerlijk, Max. Het is toch niet goed te praten wat we hebben gedaan.'

Hij zucht diep. 'Het is... bruut. Achteraf gezien, met de hedendaagse blik. Maar wis de rol van de ouders niet uit. Uiteindelijk waren zij degenen die de beslissingen namen voor hun dochters. Niet wij. Wij hebben geholpen en gedaan wat we konden.'

'En er goed aan verdiend,' zegt ze vinnig. 'Als mensen erachter komen wat we hebben gedaan, zullen ze me door het slijk halen. Alles wat ik voor de politiek en het dorp heb betekend, zal in een ander daglicht worden gezet.'

Dus daar is het haar om te doen. Angst voor de publieke opinie. Terecht.

Plots staat ze stil voor het schilderij dat boven zijn dressoir hangt. Ze lijkt haar adem in te houden. Haar blik staat vol verbazing en haar mond zakt open. Hij wrijft stevig met zijn hand over zijn kin. Nooit had hij gedacht dat dit moment zou komen. Hij had het gevreesd, dat wel, maar verwacht had hij het na zo'n lange tijd niet meer.

Dan draait ze zich helemaal naar hem toe en kijkt hem met grote ogen aan. 'Wat ís dit?'

'Een schilderij,' zegt hij zacht. 'Olieverf op doek. De pop die erop staat was magnifiek, een echte Albert Marque. Verkocht aan een museum, had ik nooit moeten doen.'

Ze kijkt naar het schilderij en weer terug naar hem. 'Ik bedoel: wíe is dat? Wie houdt de pop vast?'

Het heeft geen zin om de waarheid verborgen te houden. In deze tijd komen dit soort dingen uit. En misschien heeft ze gelijk en is het tijd om het verleden onder ogen te zien en rekenschap af te leggen over wat ze hebben gedaan. Hij haalt diep adem en laat zijn stem zo kalm klinken als hij kan opbrengen.

‘Dat is Magali.’ Zijn blik vangt de hare waarin hij alles leest dat tussen hoop en vrees ligt. Hij kijkt haar zo rustig mogelijk aan. ‘Mijn dochter.’

21
Rashid

Zijn oom ziet er een stuk slechter uit dan de vorige keer dat hij hem zag. Hij balt zijn vuisten samen. Dit is precies waarom hij die kech die dit heeft veroorzaakt wil pakken. Hij moet de familie-eer bewaken. Hij heeft zoveel aan zijn oom te danken. Zijn eigen vader was een lapzwans met een baantje van niks. Mo heeft altijd grote auto's, draagt de duurste merken. Hij ís iemand, en nu proberen ze hem klein te maken. Hij knakt met zijn vingers in zijn vuist.

'Hoe is het met je moeder?'

'Prima, oom.'

Zijn oom grijnst naar hem. 'En op... school?'

School? Hij weet toch dat hij met zijn opleiding is gestopt? Zijn oom kijkt hem lang en indringend aan. Dan valt het kwartje. De klus.

'Ah, school gaat goed. We zijn bezig met dat project over... landgoederen.'

'En? Vordert dat een beetje?'

Hij knikt en weet niet goed wat hij moet zeggen.

'Doe je dat project nog steeds in een groepje?'

Hij knikt weer en kijkt schuchter om zich heen. Behalve een bewaker bij de deur zit er niemand anders in de bezoekersruimte. 'Met z'n tweeën.'

Mo gaat verder. 'Heel belangrijk om in groepsverband te leren samenwerken. Doe maar goed je best op school. Ik hoorde wel dat sommige... docenten niet zo blij zijn met de samenwerking.'

'O?' Hij verschiet van kleur.

'Die vinden dat zij het onderwerp van het project hadden mogen kiezen. En je weet hoe het gaat met docenten, die krijgen meestal hun zin.'

Hij knikt weer en slikt. Dit moet hij niet verkloten. Hij moet zien te controleren of hij het allemaal goed begrijpt.

'Soms,' begint hij, 'willen die docenten ook helemaal niet samenwerken...'

'Precies neef, zo gaat dat.' Mo grijnst. 'School is echt niet zo eenvoudig als mensen denken. Maar je moet je best doen, en hard werken. Dat loont altijd.'

Dat is precies wat hij gaat doen. Alles voor zijn oom.

Zijn oom lacht hartelijk naar hem. 'En soms kan je tijdens zo'n project dus beter van onderwerp wisselen, als je ziet dat het niet gaat. Dan wacht je gewoon op wat die... docent verzint. Krijg je ook geen ruzie op het schoolplein. En nooit gekke dingen doen, want die docenten horen altijd alles.'

Hij slikt. Dit moet hij meteen doorgeven aan zijn neef. Ze moeten kennelijk stoppen met die Maurice. Maar dan krijgen ze hun geld niet terug. Zou Mo wel weten om hoeveel miljoenen het gaat? Hij wil niet degene zijn die het slechte nieuws brengt, maar als hij niet eerlijk is, zwaait er straks ook iets voor hem.

'Wat zit je dwars?' Mo kijkt dwars door hem heen.

Hij aarzelt. 'Ik had ook nog een... vier gehaald. Voor economie.'

Mo knijpt zijn ogen samen. Hij lijkt het te begrijpen. Snel werpt Rashid een blik op de beveiliger bij de deur, maar die let niet op ze.

Mo praat zacht. 'Oké... dat is nogal een... onvoldoende.' Mo's kaak verstrakt. 'Van wie had je ook alweer bijles gehad?'

Hij gaat niemand verlinken, zeker zijn neef niet. Dat kan hij niet maken. Ze hebben allemaal niet doorgehad dat Maurice de boel zat te naaien. Die gast heeft dat zo slim gedaan, ze hadden het pas door toen het te laat was.

De uitdrukking in de ogen van Mo is kil. 'Als die bijles niet helpt moeten we iemand anders zoeken. Geef dat maar door.'

Tfoe. 'Mijn volgende cijfer zal beter zijn. Beloofd.'

'Hard werken, neef, heb ik ook altijd gedaan.'

'Doe ik.' Hij kan zijn tranen nauwelijks bedwingen.

'Ik geloof in jou, als een zoon. Vergeet dat niet en stel me niet teleur.'

Hij knikt en schuift zijn stoel naar achteren. 'Ik ga mijn best doen. Ik kom snel weer.'

'*Insjallah.*'

Buiten in de hal haalt hij zijn helm en zwarte jas uit het kluisje. De beveiligers houden hem bij alles wat hij doet in de gaten, dus hij probeert zo ontspannen mogelijk te handelen. Hij is gewoon een neef die zijn oom kwam bezoeken. Wanneer hij bij zijn nieuwe Yamaha TMax komt, haalt hij de motor zo rustig mogelijk van het slot, zet zijn helm met rode puntjes als duivelsoren op en start. Dan stuift hij het terrein van het Huis van Bewaring af.

22

Liselotte

Liselotte loopt door de badkamer die minstens vijftig vierkante meter beslaat en laat zien hoe de sauna, die in de nok van de ruimte gebouwd is en uitkijkt over de Blaricummerheide, via een trap achter de deur in de muur bereikbaar is.

'Het Italiaanse marmer van het wastafelmeubel is uit één stuk gehouwen. Zoals jullie zien is ook deze badkamer geheel in stijl met de vorige drie.'

Aan de wand hangt een iPad voor het lichtplan, muziek en de bediening van de shutters. Techniek is niet haar sterkste punt, dus ze wijst ernaar, maar geeft de kijkers geen demonstratie. Wanneer haar kijkers de trap op lopen om de sauna en het uitzicht te bekijken, heeft ze even tijd om haar telefoon te checken. Geen reactie van Magali op haar korte berichtje van gisteravond.

Ze heeft een appje van haar moeder waarin staat dat Laura gewoon naar school is gegaan. Verder niets. Na gisteren hebben ze het niet meer over de pop gehad. Het onderwerp lag duidelijk gevoelig. De vreemde reactie van haar moeder heeft haar nieuwsgierigheid alleen maar groter gemaakt. Ze is blij dat ze de pop vandaag als excuus kan gebruiken om bij haar halfzus langs te gaan. Want dat ze naar het inloopspreekuur gaat staat vast.

Haar kijkers staan weer in de badkamer en lachen breeduit. Dat is een goed teken.

'Nou, wat denken jullie ervan?'

'Prachtig. Je hebt niets te veel gezegd. De vloer beneden is niet helemaal onze smaak, maar die kan er ook uit natuurlijk.'

Ze houdt haar blik zo neutraal mogelijk. De vloer beneden is net nieuw en heeft ongetwijfeld een vermogen gekost, maar ze heeft het wel gekker meegemaakt.

'Natuurlijk, alles kan. Maar de grote vraag is: denk je dat je bij de bel kunt?' Ze kijkt de man, die leidinggeeft aan een beursgenoteerd bedrijf in microchips, charmant, maar zo neutraal mogelijk aan.

Hij moet duidelijk even nadenken over haar vraag en begint dan te lachen. 'Uiteraard.'

Ze glimlacht. Geld is nooit het probleem in dit segment. Sfeer, een goed gevoel en een juiste uitstraling is waar het om gaat. Kan je indruk maken met dit huis op je vrienden en kennissen, straalt het luxe uit zonder al te poenerig over te komen? Is het interieur helemaal van nu? Zijn er genoeg kamers voor logees, kan de hond in de bijkeuken en hebben de kinderen een eigen bioscoop? Zodra daar allemaal aan is voldaan, is de rest bijzaak.

De man leunt tegen het wastafelmeubel aan en kijkt naar buiten. Zijn vrouw is de inloopkast in gelopen en is die in haar hoofd waarschijnlijk al aan het inrichten.

'Maar, dat gezegd hebbende...' Hij laat een gewichtige pauze vallen. 'Er moet uiteraard wel nog wat van de prijs af.'

Bingo. Het spelletje van mensen bij elkaar brengen kan beginnen.

Als Liselotte een uurtje later haar auto op de parkeerplaats van Landgoed Serafijn parkeert, nemen haar zenuwen toe. Hoe zal Magali in het echt zijn? Zal ze meteen eerlijk zeggen waarvoor ze komt, of juist niet? Dan overvalt ze haar er natuurlijk ontzettend mee. Ze stapt uit haar hoge auto en doet haar best de donkergrijze Bentley die naast haar staat niet te raken met haar portier. Ze trekt haar kleding recht. Het lijkt wel of ze een sollicitatiegesprek heeft, zo voelt ze zich. Ze wil zich van haar leukste kant laten zien, een gezellig gesprek voeren en pas als het klikt, zegt ze waar ze voor komt. Dat is het plan.

Een wit geschilderd houten bordje in de vorm van een pijl, dat in het perfect onderhouden gazon staat, geeft aan welke kant ze op moet lopen voor het poppenatelier. Het landgoed is een bekende plek in het Gooi, maar ze is er zelf nog nooit geweest. Als straks duidelijk is dat ze familie is, mag ze ongetwijfeld meteen lid worden van deze exclusieve club.

Het grind knispert onder haar schoenen als ze langs het restaurant in de richting van het koetshuis loopt. Het is echt prachtig hier. Het doet haar Amerikaans aan. Ze snapt wel dat mensen op de wachtlijst staan om hier lid te mogen worden. Die wachtlijst is natuurlijk een wassen neus. Sommige mensen zullen daar nooit vanaf komen en anderen zullen er niet eens op hoeven. Zo gaan die dingen.

Als ze om het grote huis heen is gelopen, kijkt ze haar ogen uit. Het koetshuis heeft donkere pannen en prachtig houtsnijwerk aan de buitenkant dat, net als de luiken en de kozijnen, strak in de verf staat. De zijpui van het koetshuis is geheel van glas, waardoor je recht in het atelier kijkt. Ze heeft nog nooit zoiets gezien en is meteen geïntrigeerd. De ingang van het atelier zit aan de zijkant van het gebouw en de grote houten deur gaat zwaar als ze hem openduwt.

Boven haar hoofd rinkelt een ouderwets koperen belletje. Ze schrikt op als er iets langs haar benen wrijft, en glimlacht als ze ziet dat het een goudkleurige Britse korthaar is. Magali is bezig met een andere klant en dat geeft haar de tijd om rustig rond te kijken in het poppenatelier en ondertussen haar halfzus te observeren. Ze zijn even groot, maar anders van postuur. Magali is een stuk voller dan zij en minimaal tien jaar ouder. Vanaf de zijkant doet Magali haar ook aan haar dochter denken. Hoe is het mogelijk? Magali staat voorovergebogen met haar bril op het puntje van haar neus.

'Ik moet u helaas teleurstellen.' Ze pakt het poppenhoofd en laat de binnenkant aan de oude dame zien die voor haar staat. 'De binnenkant van uw pop is roze en op enkele uitzonderingen na is die bij antieke poppen wit.'

Liselotte loopt aarzelend richting de werkbank. Magali knikt ter begroeting naar haar en richt haar aandacht weer op de dame.

'Dit oog is ook niet van glas, maar van plastic. Voelt u het verschil maar met dit oogje dat ik hier op de werkbank heb liggen.'

De oude dame kijkt beteuterd als ze haar hand terugtrekt. 'Het glas voelt kouder.'

'Precies, en dan heeft uw pop ook nog synthetisch haar, en daardoor weet ik helemaal zeker dat het hier niet om een antiek exemplaar gaat.' Magali kijkt de dame vriendelijk aan en geeft haar de pop terug. 'Maar dat betekent niet dat u er geen plezier van kan hebben. Ze heeft een schattige gezichtsuitdrukking. Als u de kleertjes een keer voorzichtig wast, is ze weer helemaal fris. Hopelijk heeft u er niet al te veel voor betaald?'

De oude dame kijkt enigszins beschaamd naar Liselotte. 'Ruim honderd euro. Ik was op een markt en ik vond haar er zo vriendelijk uitzien.' De dame haalt haar schouders op en stopt de pop voorzichtig in een donkerblauwe schoenendoos. 'Ze gaat gezellig weer met mij mee naar huis.'

Magali glimlacht naar haar en neemt een slokje van haar gemberthee met een schijfje sinaasappel. 'Dat is fijn om te horen. En als troost kan ik u zeggen dat ik zelden echte antieke poppen tegenkom tijdens mijn inloopspreekuur.'

Liselotte kijkt kort naar de haren van haar eigen pop die uit haar tasje steken. Als ze de pop bij haar geboorte heeft gekregen is die in ieder geval veertig jaar oud. Het koperen belletje klinkt door de ruimte wanneer de dame het atelier verlaat. Ze is blij dat er verder niemand is, zodat ze haar halfzus voor zich alleen heeft.

Magali zet haar oranje bril tussen haar rommelige grijze haren, neemt nog een slokje van haar thee en kijkt haar vriendelijk aan. 'Wat kan ik voor je doen?'

Even is ze uit het veld geslagen nu ze haar halfzus voor het eerst recht aankijkt. Magali's blik is vermoeid, maar het is duidelijk dat ze geniet van wat ze aan het doen is. De felgekleurde wijde jurk in verschillende tinten rood staat in schril contrast met haar eigen volledig beige outfit. Ze had haar halfzus Gooischer verwacht, waarschijnlijk door het landgoed. Magali ziet eruit als een kunstschilder, of in ieder geval als een artistiek type. Wat zal ze van haar vinden? Ze had zich misschien niet moeten opmaken, haar lange haren niet moeten krullen en gewoon een spijkerbroek aan moeten trekken.

Ze zet haar professionele glimlach op. 'Wat een prachtige ruimte heb je hier.'

Magali trekt kort haar wenkbrauwen op. 'Dank je wel.' Ze kijkt haar vragend aan en haar blik gaat naar de tas. Magali is duidelijk niet geïnteresseerd in een kletspraatje.

Ongemakkelijk frunnikt Liselotte aan het hengsel van het tasje. 'Ik wist helemaal niet dat er hier in het Gooi nog een ouderwetse poppendokter zat. Dat zie je niet vaak meer.'

Magali glimlacht beleefd en zet haar theeglas neer. 'Heb je een pop of een beer mee?' Ze lijkt op geen enkele manier te bewegen tot een gesprekje.

'Ik heb een pop bij me die ik heb gekregen bij mijn geboorte. Er zit een barst in de zijkant van het hoofdje.'

'Dus je komt voor een reparatie.' Magali pakt een blocnote en een balpen uit een lade en slaat de bovenste bladzijde om. 'Ik moet er meteen bij zeggen dat ik heel druk ben, dus het kan minimaal zes weken duren voor je de pop terug hebt. Afhankelijk van hoeveel werk het is natuurlijk.'

'Ik las op je website dat je ook taxaties doet voor musea en veilingen. Echt een bijzonder vak. Hoe ben je daar zo ingerold?'

Magali zucht en kijkt haar aan. Ze lijkt te aarzelen, maar geeft dan toch antwoord. 'Via mijn vader. Die was ook poppendokter. Dit was zijn atelier.' Magali staart in gedachten naar een oude kast met een hele verzameling poppen en beren. Liselotte heeft nog zoveel vragen, maar ze wil de stilte, die voor het eerst niet ongemakkelijk is, niet verbreken. 'Poppen waren zijn grootste passie,' zegt Magali met een zucht. Voor haar op de werkbank staat een pop met een mandje in haar handen. Magali ziet Liselotte kijken en draait aan een mechaniekje onder de pop waardoor er een muziekje door het atelier klinkt en de arm van de pop met het mandje op en neer beweegt.

Ze lacht beleefd naar Magali. Zou haar vader dood zijn? Dat zou het gesprek wel makkelijker maken. Moet je iemand op zijn oude dag nog vertellen dat hij mogelijk niet de biologische vader is van zijn dochter?

'Is hij... overleden?'

Magali kijkt haar vragend aan.

'Je vader, bedoel ik,' stamelt Liselotte. 'Ik dacht, omdat je in de verleden tijd sprak...'

'Nee hoor, hij leeft nog,' zegt Magali. 'Tweeënnegentig en nog zo scherp als een vleesmes.' Het muziekje is klaar. 'Nou, laat maar zien wat je bij je hebt.'

Liselotte zet het linnen tasje op tafel en schuift het van de pop af. Op het moment dat ze de pop met het gezichtje naar Magali draait, verstijft Magali volledig. Haar ogen worden groot en de rode blos op haar wangen verdwijnt onmiddellijk. Magali lijkt naar adem te happen. Liselotte blijft roerloos staan en slikt. Ze kijkt naar de, in haar ogen volstrekt normale, pop die tussen hen in staat en vervolgens naar het steeds bleker wordende gezicht van Magali.

'Is het... iets bijzonders?' fluistert Liselotte.

Magali ademt duidelijk hoorbaar uit door haar neus en knikt terwijl ze haar lippen samenperst tot twee dunne streepjes. Ze kijkt nu naar Liselotte met een waterige blik die Liselotte meteen ontroert. Wat gebeurt hier? Ze voelt haar eigen tranen ook branden. De blik van Magali laat haar niet los en de stilte die tastbaar tussen hen in hangt, zegt meer dan duizend woorden.

23
Rixt

Rixt scrolt door alle uittreksels van de Kamer van Koophandel die in het dossier van Landgoed Serafijn zitten. De juridische structuur is ingewikkeld en omvangrijk. Ze wil geen overhaaste conclusies trekken, maar normaal gesproken proberen mensen de structuur van hun bedrijf juist overzichtelijk te houden. Haar vaste secretaris, Tanja, zit druk te typen aan het bureau tegenover haar. Officieel zijn de werkplekken in het gebouw van het Openbaar Ministerie aan de Herman Gorterstraat in Utrecht flexibel, maar in de praktijk zit iedereen op een vaste plek.

'Forensisch wil je spreken.'

Rixt knikt. 'Wie?'

'Patrick.'

'Prima, dat kan nu wel even.'

Nog geen minuut later gaat haar telefoon.

'Patrick, zeg het eens.'

'Ik ben bezig met het onderzoek naar die menselijke resten in Laren.'

'En? Is er al wat meer duidelijk?'

'Ik ben nog bezig met de details, maar ik kan al wel vertellen dat de resten in elk geval meer dan vijftig jaar oud zijn.'

Rixt schrijft mee met wat ze hoort. Ze kunnen Maurice definitief afstrepen als verdachte.

Patrick gaat verder. 'Het gaat om minstens vier baby's. Ik kan nog niets zeggen over de doodsoorzaak, want er moet nog een trauma-analyse plaatsvinden, maar ik zie op het eerste gezicht geen beschadigingen aan hoofd of bekken. Ze zijn niet compleet, om het maar even cru te zeggen, maar dat is niet zo vreemd na zo'n lange tijd. Het is sowieso al bijzonder dat ze nog zo lang bewaard zijn gebleven. Dat komt zeer waarschijnlijk door de ph-neutrale zandgrond waarin ze lagen, een zure bodem daarentegen kan de calciummineralen in de botten juist goed oplossen, maar ik zal je verder niet vermoeien met de forensische details. Die lees je wel in het rapport.'

'Graag. Hoe oud waren de baby's bij overlijden, denk je?'

'Dat is nog lastig in te schatten. Ik zou zeggen in ieder geval voldragen, of om en nabij voldragen.'

Ze krabt op haar hoofd. 'En de herkomst?'

'Het DNA-team heeft er nog niet naar gekeken. Wil je dat dat gebeurt? Dat wordt wel een kostbare aangelegenheid.'

Rixt tikt met haar pen op haar bureau. 'Wacht daar dan nog even mee.'

'Doe ik. Ik dacht, ik meld je dit alvast. Dan kan jij verder voor nu.'

'Dank je wel. En ik hoor het graag als je meer informatie hebt.'

'Uiteraard.'

Zodra ze heeft opgehangen belt ze Frank.

'Rixt, zeg het eens.'

'Die menselijke resten die gevonden zijn bij dat landgoed blijken meer dan vijftig jaar oud te zijn.'

'Oké, tot zover de link met Maurice Bulouw.'

'Ja, daar lijkt het wel op. Maar des te meer reden om nog een keer met die vader te gaan praten. Die man was huisarts. Vijftig jaar geleden had hij een grote praktijk in het Gooi. Wie weet wat hij heeft uitgevreten op dat terrein.'

Frank is even stil. 'Laat je DNA-onderzoek doen?'

'Duur grapje. Wat denk jij?'

'Die man is tweeënnegentig.'

'Hm.'

'Laten we kijken wat er nog meer in ons onderzoek naar boven komt en dan beslissen we alsnog,' zegt Frank. 'Heb jij al meer van de FIU gehoord over het casino?'

'Ze hebben hun dossier gestuurd. Ik was me net aan het verdiepen in de juridische structuur. Ik heb het dossier ook naar Iris gestuurd.'

'Mooi, dan kan de financiële recherche ermee verder. Maurice blijkt ook bepaald niet van onbesproken gedrag. Je hebt zijn geschiedenis in je mail. Niets groots, maar wel veel. Drugsbezit, dealen, wat winkeldiefstallen.'

'Lang geleden?'

'Jaar of tien.'

'Is er al reuring op de taps?' Rixt kijkt naar buiten waar een trein vaart mindert om Utrecht Centraal binnen te rijden.

'Wel iets ja. Ons bezoekje is niet onopgemerkt gebleven in ieder geval. We hebben de observatie rond. We hebben het eigen camerasysteem gehackt en krijgen beelden door van een casino waar veel bedrijvigheid is. We weten nog steeds niet zeker waar op het terrein het zich bevindt, maar het moet er zijn.'

'Mooi.' Ze krabt weer op haar hoofd. 'Ik zie je morgen.'

24
Magali

Magali steekt zonder iets te zeggen twee handen naar voren en Liselotte reikt haar de pop aan alsof het een baby is.

'Is ze van jou?'

'Ja, ik kreeg haar bij mijn geboorte.'

Magali aait teder over het gezichtje en volgt met het topje van haar wijsvinger de barst in de wang. Hoe is het mogelijk? Ze tilt het jurkje op en bekijkt het lijf van alle kanten. De veters in de schoentjes trekt ze los en een voor een verwijdert ze de kniekousen. De porseleinen voetjes inspecteert ze kort en routinematig. Ze heeft het in een oogopslag gezien. Een enorme opwinding maakt zich van haar meester en ze kan haar emoties nauwelijks de baas.

Dan draait ze een gekrulde haarlok van de pop om haar vingers en huivert. Hetzelfde haar, zonder twijfel. Zou het echt zo zijn? Er is maar één manier om dat zeker te weten. Ze wacht een kort moment en draait de pop dan resoluut op haar buik. Met groot respect tilt ze aan de achterkant de haren van de pop omhoog en staart naar het achterhoofdje. Een M en een B. Max Bulouw, de initialen van haar vader. Nu weet ze het zeker.

De vrouw tegenover haar staart haar met grote ogen aan. 'Sorry,' fluistert ze. 'Ik wil je niet zo overvallen. Ik had geen idee dat die pop zo bijzonder was.'

Magali houdt verontschuldigend haar hand omhoog en ademt diep in en weer uit voor ze spreekt. 'De pop is inderdaad heel bijzonder. Mijn vader heeft deze pop gemaakt. Hij heeft er natuurlijk veel gemaakt, maar niet zoals deze. Ik dacht altijd dat er maar één was.'

De vrouw kijkt haar niet-begrijpend aan.

'De andere pop is namelijk van mij.'

De vrouw glimlacht en pakt haar telefoon uit haar tas. 'Ik ben Liselotte Kemper...'

'De makelaar?' vraagt Magali. Overal in het dorp staan borden met die naam.

Liselotte knikt. '... en ik ben hierheen gekomen om je iets te vertellen.' Ze typt iets in haar scherm. 'Ik heb een tijd geleden mijn wangslijm opgestuurd naar My Heritage, en zij deelden gisteren jouw naam met me.'

Met een schok luistert Magali naar wat de vrouw te zeggen heeft.

'Het bleek namelijk dat wij een connectie hebben.' De vrouw draait haar telefoonschermpje naar haar toe en Magali leest het bericht waar haar eigen naam en profielfoto bij staan. Ze kijkt naar de vrouw, die verontschuldigend naar haar glimlacht. Hoe kan dat nou? Dan had ze toch zelf ook bericht moeten krijgen?

Magali probeert te bedenken hoelang het geleden is dat ze het DNA-pakket heeft opgestuurd. Het was een opwelling en het moet meer dan vijf jaar geleden zijn. Er was niets bijzonders uitgekomen en ze heeft geen seconde nagedacht over haar toestemming voor het openbare deel van de website. En nu staat opeens deze vrouw voor haar neus die zegt dat ze haar halfzus is. De mail is natuurlijk naar haar oude mailadres gegaan.

Met onvaste hand draait ze het bordje dat aan de deur van haar atelier hangt op gesloten. Ze kijkt naar de slanke, blonde vrouw die aan haar werkbank staat. Ze had haar nooit herkend als familie. Ze lijkt ook niet op Maurice.

'Wil je iets drinken?'

'Water is oké.'

Magali zet twee glazen water op de tafel die ze gebruikt voor workshops. 'Laten we even gaan zitten.'

'Is dit je vader?' Liselotte wijst naar een foto waarop Magali samen met haar vader voor het grote huis staat. Daarnaast staat een foto van Magali en haar vader achter de werkbank. Magali knikt en gaat aan de tafel zitten.

Onwennig zitten ze tegenover elkaar. Liselotte vouwt haar handen om het glas water. Wat moet ze denken van deze vrouw? Om haar vingers zitten meerdere diamanten ringen, de nagels strak gelakt.

'Laat het bericht nog eens zien?'

Liselotte pakt haar laptop uit haar tas, slaat die open en logt in op de website. 'Kijk.'

Ze draait de computer naar Magali toe. 'Volgens de website zijn we voor 95,2 procent zeker halfzussen, met een gedeeld DNA van vijfentwintig procent. En zesentwintig gedeelde segmenten, wat dat ook mag betekenen.'

Ongelovig kijkt Magali naar het scherm. Het staat er echt. Opeens ziet ze zichzelf door Liselottes ogen en voelt ze zich slonzig. Met enige gêne peutert Magali wat lijmresten van haar vingers. 'In welk jaar ben jij geboren?'

'1977,' zegt Liselotte. 'En jij?'

Liselotte is geboren in het jaar dat haar moeder is overleden.

'Ik ben van 1963,' zegt ze zacht.

Liselotte telt in gedachten op haar vingers. 'Mijn vader is van 1945, dus dan was hij... zeventien of achttien toen hij jou verwekte. Dat zou heel goed kunnen.'

Magali fronst. 'Dus je denkt dat jouw vader mijn biologische vader is?'

Liselotte is duidelijk opgelucht. 'Sorry dat ik moet lachen, maar ik ben zo blij dat mijn vader jou verwekt heeft toen hij mijn moeder nog niet kende. Ik heb me de laatste dagen zo druk gemaakt over de reactie van mijn moeder. Die leeft namelijk ook nog.'

Liselotte neemt een slok van haar water en kijkt Magali opgewekt aan. Dan betrekt plots haar gezicht. 'O, wat ongevoelig van mij.

Voor jou is het natuurlijk heel anders.' Ze kijkt beschaamd naar de tafel. 'Sorry.'

Magali weet zich geen houding te geven, staat op en ijsbeert door de kamer. Zou het kunnen dat haar moeder een affaire had tijdens haar huwelijk en zwanger werd van iemand anders?

'Nee, wacht even.' Magali blijft staan voor de vitrine met antieke poppen. 'Je gaat veel te snel. Ik ben van 1963. Mijn vader was toen dertig, en mijn moeder... achtendertig en ze waren al vijf jaar getrouwd.'

Liselotte kijkt bedenkelijk. 'Achtendertig?'

'Ja. Zij was ouder dan mijn vader.'

'Was?' vraagt Liselotte zachtjes.

Magali knikt. 'Ze is overleden toen ik veertien was.'

Liselotte knikt en is diep in gedachten. 'Dan was mijn vader dus achttien, en jouw moeder achtendertig.'

Magali pakt een blaadje en een pen en gaat weer tegenover Liselotte zitten. Ze schrijft de jaartallen op en trekt wat lijnen.

Liselotte slikt hoorbaar en kijkt haar met grote ogen aan. 'Als ik het zo bekijk, klinkt het inderdaad logischer andersom. Dan is jouw vader dus ook míjn vader,' zegt ze zachtjes.

Magali zwijgt.

Liselottes mascara trekt een zwart lijntje over haar wang. 'Ik heb altijd een zus gewild,' zegt ze door haar tranen heen. 'Maar ik moet dit wel even verwerken.'

Magali weet zich geen houding te geven, maar strekt dan haar beide handen over de tafel naar Liselotte uit en houdt de handen van haar halfzus vast. Langzaam dringt tot haar door hoe bijzonder dit moment is. Ze heeft geen enkele behoefte aan pottenkijkers op het landgoed en binnen haar familie, maar ze kan deze vriendelijke vrouw toch ook niet afhouden.

Magali glimlacht naar Liselotte. 'Nou, we hebben heel wat bij te praten.'

Liselotte knikt.

Magali's telefoon trilt. Het berichtje is van Maurice.

Bevalling is begonnen. Ik kan niet helpen.

'Ik moet gaan. Er komt iets tussendoor dat niet kan wachten.' Magali staat op. 'Zullen we het allebei even laten bezinken?'

'Lijkt me goed.' Liselotte pakt haar laptop in en loopt met haar mee. Wat onwennig staan ze tegenover elkaar bij de deur. Dan pakt Liselotte haar vast in een omhelzing en legt ze zelf ook haar armen om de rug van haar halfzus. Liselotte ruikt heerlijk. Wat een vreemde gewaarwording. Een zus.

'Tot snel,' zegt Liselotte en ze loopt het atelier uit.

25
Magali

Als ze naar het guesthouse loopt, schemert het al. Twee jonge mannen komen haar op het pad tegemoet. Ze groeten weliswaar vriendelijk en maken een opening in hun formatie zodat ze tussen hen door kan lopen, maar dit zijn overduidelijk geen leden van de club, al dragen ze schijnbaar dure merkkleding. Ze probeert hun gezichten te onthouden. Zodra ze langsgelopen zijn, kijkt ze over haar schouder en maakt snel een foto van de achterkant. Adrenaline stroomt door haar lijf. Ze weet niet precies waarom, maar ze heeft geen goed gevoel bij deze gasten.

Ze opent Google op haar telefoon en typt in: helpen bij thuisbevalling. Ze scrolt door de resultaten. Hoe moeilijk kan het zijn? Haar vader heeft haar zo vaak verteld over de bevallingen die hij deed. Bovendien is het uiteindelijk de natuur die alles zelf regelt. Ze loopt via de achterdeur van het kantoor naar binnen en stuit op haar broer die duidelijk aangedaan op de onderste trede van de trap naar het gastenverblijf zit.

Hij ziet lijkbleek en de wenkbrauw die net was geheeld ligt weer open. Wat heeft hij in godsnaam gedaan om zichzelf zo in de nesten te werken? Zou het drugsgerelateerd zijn? Ondanks alles heeft ze met hem te doen.

'Loop je mee naar boven?' vraagt ze.

Hij knikt en loopt achter haar aan de trap op. Als ze de voordeur van het appartement opent, hoort ze zacht gekreun uit de slaapkamer komen.

'Maurice?' klinkt het zwakjes.

Magali kijkt naar haar broer. 'Ga jij je maar opfrissen. Ik regel het wel.'

Hij trekt de deur van de badkamer achter zich dicht en enkele tellen later hoort ze het water in de badkuip stromen.

'Zo, hoe is het hier?' De slaapkamer van Zlata is donker en ruikt niet fris. Het duurt even voor haar ogen aan het donker gewend zijn. Zlata ligt luid hijgend op bed, en reageert alleen met een oogopslag op de vraag van Magali.

Magali loopt naar binnen en gaat naast het bed staan. Dat arme kind is aan het hyperventileren. 'Je moet rustig puffen, kijk, zo.' Magali puft mee op het ritme van Kortjakje. Zlata kijkt haar met grote ogen aan en doet braaf wat ze zegt. Als de wee is weggezakt gaat Zlata op haar zij liggen.

'Ik maak wel even thee voor je. Of wil je liever water?'

'Nee! Niet weggaan. Alsjeblieft.'

Magali kijkt met medelijden op het hoopje mens neer dat in het bed ligt. Magali gaat op de rand van het bed zitten en legt haar hand op Zlata's klamme voorhoofd. 'Ik ga nergens heen. Beloofd.'

Ze kijkt of Maurice eraan komt en fluistert. 'Weet je heel zeker dat je niet in het ziekenhuis wil bevallen? Ook als je niet verzekerd bent, kun je daar terecht.'

'Nee, niet naar het ziekenhuis.' Zlata's stem klinkt smekend. 'Dan kan Maurice me niet meer helpen met de baby.'

Dit klopt van geen kanten. 'Oké, geen ziekenhuis.'

Zlata knikt dankbaar en dommelt weg. Magali is de slaapkamer nog niet uit of Zlata gilt weer. Ze kijkt op haar telefoon. Drie minuten. Ze klopt op de badkamerdeur en doet die, zonder op een reactie van haar broer te wachten, open. Ze grijpt wat handdoeken uit de kast en kijkt met een schuin oog naar het blote lijf van Maurice. De vele bloeduitstortingen op zijn rug variëren van licht groen tot dieppaars. Moet ze erover beginnen? Nee, nu eerst dit tot een goed einde brengen.

'Ze is al verder dan ik dacht.'

Hij gromt. 'In het keukenkastje naast de ijskast staan alle spullen die je nodig hebt voor de bevalling.'

Dat is in ieder geval iets. Ze trekt de badkamerdeur dicht en loopt naar de keuken. Op de tafel staat een onaangeroerde omelet. Op het fornuis staat de pan soep die ze gisteren heeft gebracht. Ze zet het gas onder de pan op de laagste stand aan en checkt ondertussen wat haar broer heeft gekocht. Het lijkt erop dat hij een volledig thuisbevallingspakket in huis heeft gehaald. Hij heeft zelfs aan luiers en kleertjes gedacht. Vertederd haalt ze twee witte pakjes in maat 50 uit een plastic tas en trekt de kaartjes eraf. Ze neemt alles mee naar de slaapkamer en knipt het bedlampje aan.

'Kan je iets omhoogkomen? Dan leg ik dit plastic laken onder je billen.'

Zlata werkt mee en schuift op het plastic laken. Magali schrikt van de aanblik van haar veel te dunne benen. In een joggingpak had het nog wat geleken, maar nu ziet ze pas hoe slecht Zlata eraan toe is. Zlata trekt het dekbed over zich heen en klappertandt. Hoe kan er een kindje groeien in dit zieke lijf? Magali zet twee nieuwe emmers naast het bed en vraagt zich af waar ze die voor nodig heeft. Ze scrolt weer op haar telefoon. Oké, voor de nageboorte. Daar zijn ze voorlopig nog niet.

Op het nachtkastje stalt ze alles uit wat er verder nog in de tassen zit en loopt terug naar de badkamer.

Ze bolt haar wangen. Ze moet het vragen. 'Is het van jou?'

Hij kijkt haar verschrikt aan. 'Nee zeg, alsjeblieft. En kijk niet zo naar me.'

Ze loopt terug naar de keuken en hoort Zlata in de slaapkamer puffen. Twee minuten. 'Ik zou maar uit bad komen, want ik denk dat je zo moet helpen,' roept ze naar haar broer.

Uit de badkamer klinkt gevloek en een hoop geplons. Met een glas water en een kop thee loopt Magali naar Zlata.

'Ik moet poepen,' piept Zlata. 'Ik kan dit niet. Ik heb er geen kracht voor.'

O god, daar gaan we. 'Jij kan dit wel.' Ze stapelt kussens achter Zlata's rug zodat ze iets rechterop zit. Ze wil het dekbed terugslaan maar Zlata houdt het vast en bijt erin. Ze geeft een gil en perst uit alle macht.

Magali pakt haar telefoon. 'Wacht even! Ik weet helemaal niet of je al mag persen.' Shit, waar stond het ook alweer? De laatste fase geeft al aandrang maar meestal nog geen volledige ontsluiting, heeft ze ergens gelezen.

'Ik kan het niet tegenhouden.'

'Je moet wachten, anders scheur je straks helemaal uit.'

Zlata begint te huilen en vloekt in een taal die ze niet kan verstaan.

'Sorry, zo bedoelde ik het niet. Het komt vast allemaal goed.' Ze aait over Zlata's natte haar. 'Weet je zeker dat we je niet naar het ziekenhuis moeten brengen?'

'Nee! Geen ziekenhuis!' De zin gaat over in weer een harde gil. Zlata perst nog een paar keer met alles wat ze in zich heeft.

Opeens wordt Zlata helemaal bleek. Dit kan toch niet goed zijn? Wat gebeurt er? Ze trekt het dekbed van haar af om te zien wat er aan de hand is. Magali deinst achteruit. Zlata ligt in een grote plas bloed die ver buiten het plastic laken uitwaaiert. Het matras is doorweekt.

'Shit!' Een beetje bloedverlies is normaal, maar dit heeft ze nergens zo gelezen. 'Maurice! Het gaat niet goed!'

Binnen een paar tellen staat haar broer in de deuropening en knoopt zijn overhemd dicht. Als hij naar het bed kijkt, wendt hij zijn hoofd af. 'Djiezus.'

'Je moet papa halen.'

Zlata's luide grom laat hem schrikken.

'Nu!'

26

Maurice

Met veel te hoge snelheid raast Maurice in het busje van het landgoed over het grindpad. Zijn vader zit naast hem, kijkt stuurs uit het raam en zegt geen woord. Het is maar een paar minuten van het poortwachtershuis tot aan de voormalige dienstwoningen, maar zijn vader is niet meer in staat die afstand lopend af te leggen, laat staan met spoed. Maurice kijkt in de spiegel en veegt voorzichtig over de bloedkorsten op zijn wenkbrauwen. Zijn vader schrok duidelijk van zijn gehavende uiterlijk. Zal hij het uitleggen? Eerlijk vertellen dat hij er een grote puinzooi van heeft gemaakt zodat zijn vader hem kan helpen? Even flitst de gedachte door zijn hoofd dat het overlijden van zijn vader hem heel goed uit zou komen op dit moment. Maurice schaamt zich direct.

'Volgens Magali gaat het niet goed, anders had ik je er niet mee lastiggevallen.'

Zijn vader snuift en kijkt nog steeds uit het zijraam. 'Is het van jou?' Zijn vader kijkt hem kort peilend aan.

Maurice zwijgt en rijdt helemaal door tot vlak voor de ingang van de dienstwoningen. Bij de bouwplaats kijkt zijn vader naar de plek waar de botten zijn gevonden. De onderzoekers van de politie zijn klaar en de linten zijn inmiddels weggehaald. Met een ruk aan zijn stuur parkeert Maurice de bus en haast zich de auto uit.

'Waar is je eigen auto?'

'Bij de garage.' Hij helpt zijn hoogbejaarde vader met uitstappen en houdt hem stevig vast onder zijn arm als ze naar binnen gaan. Iedere stap die Maurice zet, doet hem pijn. Af en toe ontsnapt hem een ingehouden kreun als zijn vader tegen zijn ribben leunt wanneer hij hem de trap op helpt.

Met kleine passen loopt zijn vader het appartement binnen, hangt zijn colbertje over een fauteuil en stroopt zijn mouwen op.

Magali loopt direct op hem af. 'Ze heeft persweeën maar er is zoveel bloed. Dat kan niet normaal zijn.'

Zijn vader loopt zo snel als hij kan langs Magali heen en gaat recht op het bed af. Hij stelt verschillende vragen aan Zlata en doet een inwendig onderzoek.

Trots overvalt Maurice als hij ziet hoe kalm, doelgericht en professioneel zijn vader handelt. Zijn vader vraagt Magali om warm water en kijkt hem een keer aan als hij ziet dat er een volledig bevallingspakket op het nachtkastje staat uitgestald. Heeft hij toch nog iets goed gedaan. Zijn knieën knikken en het wordt zwart voor zijn ogen. Hij moet echt even zitten na weer een pak rammel. Het warme bad heeft zijn pijnlijke spieren ontspannen, maar niet genoeg. Na een glas water te hebben gedronken pakt hij zijn telefoon.

Het komt eraan. Zorg dat je klaar staat. Eerst het geld, anders krijg je niets.

Maurice legt zijn telefoon weg en zakt voorzichtig achteruit zodat zijn rug geen pijn doet. Van waar hij zit, heeft hij precies zicht op de slaapkamer. Zlata huilt en wordt bemoedigend toegesproken door zijn vader. Magali houdt haar arm om Zlata heen en ondersteunt haar om iets omhoog te zitten. Het had zijn kind kunnen zijn. Ze hadden samen een gelukkig leven kunnen leiden hier op het landgoed. Hij slikt een brok in zijn keel weg. Klotedrugs. Hij schrikt op uit zijn gedachten als Zlata een hoge en lange gil uitstoot die door merg en been gaat.

Net als hij opspringt om te gaan kijken komt zijn vader de slaapkamer uit en doet de deur achter zich dicht.

'Ze moet naar het ziekenhuis. Ik denk dat ze een loslating van de placenta heeft en dat daardoor de bevalling is begonnen.'

'Ze kan niet naar het ziekenhuis. Onmogelijk.'

'Luister naar me, Maurice. Ze heeft geen kracht en ik kan het bloeden niet stoppen. Ze moet met spoed een keizersnede krijgen.' Zijn vader kijkt hem strak aan met een blik die hem in een seconde terugbrengt naar zijn tienerjaren. Maar dit keer wendt Maurice zijn blik niet af. Hij kijkt zijn vader recht aan en knippert niet met zijn ogen.

'Dit kan haar dood worden.'

'Jij weet toch wat je doet?' antwoordt Maurice bits.

'Ik ben arts, Maurice, geen tovenaar. Ze bloedt dood.'

Het laatste zegt zijn vader fluisterend, waarschijnlijk om Zlata niet ongerust te maken.

'Als je moet kiezen, kies dan voor de baby. We gaan níét naar een ziekenhuis, *no way*.'

De blik in zijn vaders ogen verraadt diepe minachting. En het raakt hem meer dan hij zou willen. Ook deze blik is hem bekend. Hij heeft zijn vader zijn hele leven al in alles teleurgesteld, dus dit kan er ook nog wel bij.

Hij leunt nu voorover en pakt zijn vader bij beide schouders, die broos aanvoelen onder de dunne stof van zijn overhemd. Zijn vader is zo gekrompen dat hij ver boven hem uittorent. 'Luister pap. Als je wil dat ik jouw landgoed overeind houd, bezorg je mij een levende baby.'

Magali steekt haar hoofd uit de deur. 'Pap! Ik zie een hoofdje!'

Zijn vader kijkt hem zwaar bedroefd aan, trekt zich los uit zijn greep en gooit de slaapkamerdeur achter zich dicht. Maurice haalt een zakje coke uit zijn broekzak en legt een lijntje. Met een grote haal snuift hij het naar binnen, doet zijn ogen dicht en ademt langzaam uit.

27
Magali

Vol bewondering kijkt ze naar het kleine meisje dat ze, gewikkeld in een handdoek, in haar armen houdt. Het knuistje van de baby vouwt zich krachtig om haar wijsvinger bij iedere uithaal die ze doet. Haar huil klinkt schel en opvallend hoog.

'Ach popje, stil maar.' Ze wiegt de baby alsof ze nooit anders heeft gedaan. Bijzonder hoe instinctief sommige dingen kennelijk gaan, ook al heeft ze zelf nooit kinderen gekregen. Voorzichtig vouwt ze de handdoek iets open om naar het lijfje van het meisje te kijken. Ze is perfect en zo mooi. Alles klopt. De zwarte schoenveter uit haar vaders schoen zit strak om de navelstreng gebonden en steekt gek af bij het lichte lijfje. Met de punt van de handdoek veegt ze wat smeer van het voorhoofd van het kleintje en drukt er een kus op. 'Het komt allemaal goed, dat beloof ik.'

Ze werpt een blik op Zlata en op haar vader die met een rood aangelopen hoofd aan het bed staat. Zlata lijkt in een diepe slaap. Ze ligt met haar hoofd achterover op de kussens en ziet er eng bleek uit. Ze ademt nog slechts oppervlakkig. Haar vader drukt hard en uit alle macht op Zlata's buik en veegt met zijn onderarm het zweet van zijn voorhoofd. Zlata geeft geen enkele reactie op de druk en lijkt niets meer mee te krijgen van wat er om haar heen gebeurt. Haar uitgemergelde lijf ligt roerloos tussen de rode en doorweekte lakens. Arme Zlata.

Paniek overvalt haar. O god, en als ze echt doodgaat, wat moeten ze dan in vredesnaam met de baby?

Ze wiegt het krijsende meisje zo goed als ze kan. Misschien heeft ze het koud en moet ze haar aankleden. Ze slaat de handdoek nog wat dichter om de baby heen. Ze kan nu onmogelijk weg bij Zlata. Ze legt de baby voorzichtig op het bovenlijf van Zlata dat nu nauwelijks nog op en neer gaat.

'Kijk eens hoe beeldig ze is, Zlata. Hou vol. Je hebt een prachtige dochter en daar ga je heel goed voor zorgen.' Zlata's ogen blijven gesloten. Ze reageert nergens op. Haar armen liggen slap langs haar lijf. De vele bloeduitstortingen op haar armen zijn het stille bewijs van haar intensieve drugsgebruik. Zal ze de baby aan de borst leggen? Misschien dat dat Zlata kan bewegen om te vechten voor haar leven, of dat wat er nog van over is? Het kind huilt zo hard. Ze veegt de tranen uit haar eigen ogen en neemt het meisje sussend terug in haar eigen armen.

Haar vader stopt met het duwen op de slappe buik en pakt geroutineerd Zlata's pols. Zijn hand verandert voortdurend van positie op zoek naar het laatste restje leven dat Zlata nog in zich heeft. Nee! Dit kan toch niet waar zijn. Dit mag niet gebeuren. Hij laat Zlata's hand vallen en legt twee vingers in haar hals. Hij wacht een paar seconden en gaat dan verslagen op de rand van het bed zitten. Alle energie lijkt in één keer uit hem weg te vloeien. Tijdens de bevalling was hij weer de vader zoals ze hem kende van vroeger. De krachtige man die in alle rust deed wat hij moest doen. Hem kreeg je niet gek, wat er ook gebeurde. Van de kracht die ze de afgelopen uren bij hem zag, is nu niets meer over. Hij lijkt nog tien jaar ouder geworden.

'Pap! Wat moeten we nou?' Haar stem slaat over. Ze gaat naast hem zitten en wiegt de baby zachtjes heen en weer. 'Weet je het zeker? Papa! Zeg iets!'

Hij zet zijn ellebogen op zijn knieën en leunt met zijn hoofd in beide handen. De baby huilt hard en hoog. Maurice komt binnen en kijkt eerst naar Zlata en dan naar haar en de baby. Hij loopt weg om even later terug te komen met een flesje warme melk. Ze staat versteld van de manier waarop hij voor alles heeft gezorgd en aan ieder detail lijkt te hebben gedacht.

Haar vader heeft nog geen woord gezegd en zit nog op precies dezelfde plek met zijn ogen dicht. Ze pakt het flesje van haar broer aan en laat het meisje drinken. De lipjes krullen zich om de speen heen, maar het meisje lijkt nog niet goed te kunnen zuigen. Ze knijpt in de speen en laat druppeltjes melk in het opengesperde mondje vallen. Ze smakt en slikt de melk door. Maurice kijkt naar het meisje, maar Magali kan hem door zijn gehavende gezicht niet lezen.

'Wat moeten we nou? Wat een drama dit. Papa zeg nou iets!' Haar tranen stromen vrijuit en ze kan niet stoppen met snikken.

Maurice gaat dichter naast hun vader staan en legt een hand op zijn schouder. 'Je hebt gedaan wat je kon, pa. Je hebt de baby gered. Zonder jou waren ze nu allebei dood.'

'Dit had nooit mogen gebeuren.' Haar vaders stem klinkt schor.

'Zlata wilde het zelf zo. Ze wilde onder geen beding naar het ziekenhuis.'

'Sinds wanneer ga jij af op het beoordelingsvermogen van een junk? Ze was duidelijk niet in staat om helder na te denken!'

Een kort moment staat Maurice bedremmeld naast het bed en staart naar Zlata. Het is voor het eerst dat ze enige emotie in zijn gelaatstrekken kan ontdekken. Dan gooit hij met een wild gebaar het dekbed op de grond en trekt een punt van het hoeslaken onder het matras vandaan. Hij legt het met bloed doordrenkte laken over Zlata heen en loopt naar de andere kant van het bed. 'Wil je opstaan, pap?'

Haar vader verroert zich niet.

Magali druppelt nog wat melk in het mondje en gaat met de speen van de fles langs de bovenlip van het meisje. 'Wat ga je met haar doen?'

'Ervoor zorgen dat ze niet wordt gevonden.'

Ze kijkt naar haar broer en naar zijn gejaagde handelingen. Waar heeft hij het over? Ging dat over Zlata? Wat speelt hier allemaal? Hij is gek geworden. Hoeveel heeft hij wel niet gebruikt vandaag? 'Ik bedoel de baby, Maurice. Weet je wie de vader is?'

Maurice trekt de molton los van het matras. 'Ja natuurlijk. Die meldt zich hier zo. Die was alleen nog bezig om de gordijntjes in het wiegje te hangen en dan komt hij haar halen.'

Haar vader kijkt naar Maurice met een blik zo vol minachting dat ze er bang van wordt. Maurice let niet op hem en vouwt de bovenkant van de molton over Zlata's magere en gehavende lichaam.

'Pa! Sta nou op. Ze moet hier zo snel mogelijk weg.'

Haar vader probeert op te staan, maar het lukt niet. Iedere keer dat hij bijna overeind is, zakt hij terug op het lage bed.

'Ik wil haar wel houden.' Magali zegt het voor ze er erg in heeft en terwijl ze de woorden uitspreekt, drukt ze het kleine meisje tegen zich aan. 'Ik kan prima voor haar zorgen.'

'Dat gaat niet.' Maurice gaat ondertussen door met zijn handelingen.

Een stoot adrenaline raast door haar lijf. 'Hoezo niet?'

'Kleed haar maar aan, ze krijgt het koud.'

'Ja maar...' Nog voor ze haar zin af kan maken, staat hij voor haar en houdt zijn met bloedkorsten bedekte gezicht vlak voor dat van haar.

'Ik heb een héle moeilijke avond, Magali, en jij gaat die niet nóg moeilijker maken. Die baby blijft níét bij jou en ik wil er niets meer over horen.'

Ze trilt over haar hele lijf. De angst voor haar broer en voor waar hij met zijn doorgesnoven hoofd toe in staat is, neemt de overhand.

Het lukt haar vader om op te staan en hij positioneert zich tussen broer en zus in. 'Zo praat je niet tegen je zus die er zojuist álles aan heeft gedaan om jouw problemen op te lossen.' Het kost hem duidelijk grote moeite om de kracht te vinden voor zijn betoog. 'We gaan een ambulance bellen en zorgen dat Zlata op een normale manier wordt begraven. Ik kan verklaren dat het al te laat was, dat het allemaal heel snel ging.'

Haar broer maakt zich groot en torent boven haar vader uit. Hij prikt hard met een vinger in de borst van haar vader, die wankelt door de beweging.

'Dat gaan we niet. Punt uit.'

Spuugvlokjes komen uit zijn mond. Haar vaders gezicht vertrekt van afschuw. Als in een reflex houdt ze de baby stevig tegen zich aan.

28
Magali

Magali heeft de baby op de zitting van de bank gelegd en hurkt er zelf op de grond voor. Voorzichtig wurmt ze het tere armpje in de romper waar ze daarstraks het prijskaartje van had afgetrokken. Nog een keer checkt ze of de luier goed zit voor ze de drukknoopjes van het pakje dichtdrukt. Alles is zo klein. De zwarte veter heeft ze vervangen door een navelklemmetje dat Maurice ook in het geboortepakket had zitten. Het meisje was rustig toen ze begon met aankleden, maar nu ze zo bloot ligt, begint ze weer te huilen.

'Stil maar, popje.'

Achter haar sleept Maurice Zlata over de houten vloer van het appartement. Ze wil niet kijken. Ze wil het niet zien, maar ze houdt zichzelf voor de gek. Ook zonder te kijken weet ze heel goed wat er gaat gebeuren. Maurice gaat Zlata wegwerken en dit kleine meisje zal nooit weten wie haar moeder was. Waar is ze in terechtgekomen? Met een luierdoekje veegt ze over haar gezicht waardoor er een plakkerig olielaagje op haar wangen achterblijft. Ze snuit haar neus. Ze moet praten met Maurice, hem tot inkeer brengen, maar ze durft niet. Ze weet waartoe hij in staat is en haar verzet zal Zlata niet meer helpen.

Haar vader zit uitgeput in een van de fauteuils. Zijn gezicht is bleek, zijn ogen bloeddoorlopen. De mouwen van zijn overhemd zitten onder de bloedvlekken. Ze moet hem naar huis brengen, hem wassen en zijn pyjama aandoen. Hij moet rusten.

Nadat ze de twee sokjes over de piepkleine voetjes heeft getrokken, schuift ze het mutsje over het kleine hoofdje. Klaar. Het meisje kalmeert door het warme laagje kleren. Ze wikkelt haar in een schone handdoek en gaat naast haar vader zitten. Samen kijken ze hoe de witte voeten van Zlata, die uit het laken steken, om de hoek van de voordeur van het appartement verdwijnen. Ze moet slikken om een golf van misselijkheid tegen te houden bij de aanblik en haar vader wendt zijn hoofd af.

'Wat moeten we nou?' fluistert ze, om het meisje dat inmiddels in slaap is gevallen niet wakker te maken.

Haar vader haalt zijn schouders op.

'Er valt niet met hem te praten,' zegt ze. 'Dat zie je toch nu zelf ook? Ik zeg al weken dat het niet goed met hem gaat. Hij gebruikt te veel en helpt het landgoed naar de verdoemenis.' Ze wacht even. 'Ik denk dat er meer aan de hand is. Het is erger dan anders. Hij lijkt onder grote druk te staan.'

'Ik ben te oud, Magali. Ik kan hem niet meer in toom houden.' Haar vaders stem breekt midden in de zin en zijn ogen worden waterig. 'Ik dacht dat het beter ging. Dat hij, nu hij het landgoed op de rit heeft, zijn leven zou beteren. Kennelijk heb ik me vergist.' Hij schudt zijn hoofd. 'Het is mijn eigen kind. Ik heb een monster gecreëerd.'

'Ga jezelf nou niet weer verwijten maken.' Dit gesprek hebben ze jaren geleden ook al gehad toen ze Maurice bij het afkickcentrum in Schotland afleverden. 'Jij hebt niets verkeerd gedaan.'

Weer schudt haar vader zijn hoofd en sluit zijn ogen. 'Te veel druk. Ik heb hem altijd te veel druk opgelegd om te presteren. Het was nooit goed genoeg. Ik wilde zo graag dat hij ook arts zou worden. Mijn teleurstelling in hem heeft hij altijd gevoeld en heeft uiteindelijk dit veroorzaakt.'

'Hou nou op papa, je bent een geweldige vader geweest.'

'Ik moet eerlijk zijn, Magali, ik ben te oud voor smoesjes. Op mijn leeftijd zie je in de spiegel geen gezicht meer, enkel de binnenkant van je ziel en de herinnering van alles wat je op je geweten hebt. Het is mijn straf voor alles wat ik heb gedaan.'

'Doe niet zo mal.' Waar heeft hij het over? Ze denkt aan de gevonden botten en rilt.

'Misschien helpt het om daar eens met iemand over te praten,' zegt hij. 'Om mijn hart te luchten.'

Magali kijkt hem verbaasd aan. 'Met een therapeut?'

Net als ze om uitleg wil vragen, komt Maurice de woonkamer binnen, pakt een glas uit de kast en vult het met water. Hij klokt het in één teug achterover. Hoe kan hij zo kalm ogen na wat er is gebeurd? Heeft hij geen enkel schuldgevoel over de gang van zaken? Hij hield toch van Zlata, in ieder geval in het verleden. Dit kan hem toch allemaal niet onberoerd laten, ook al is hij onder invloed van god mag weten wat.

'Gaat het?' vraagt ze.

'Breng jij papa terug? Ik ben nog wel even bezig.'

Ze knikt.

'Wat ga je met haar doen?' De absurditeit van het geheel overvalt haar weer.

'Laat dat nou maar aan mij over.' Maurice haalt zijn neus op die door de inspanning van het sjouwen weer is gaan bloeden, en houdt er een keukenhanddoek tegenaan. 'Maken jullie je nou maar geen zorgen. Ik zorg ervoor dat niets naar jullie zal leiden.'

Voeren ze dit gesprek echt? Straks wordt ze wakker in haar eigen bed en heeft ze alles gedroomd. Laat het alsjeblieft zo zijn.

'Je neus is gebroken,' zegt haar vader bars.

Maurice haalt zijn schouders op. 'Als dat mijn grootste zorg was, tekende ik ervoor.'

'Waarom vertel je ons niet gewoon wat er aan de hand is?' Haar vader lijkt iets van zijn krachten terug te vinden nu hij een tijdje heeft gezeten.

Maurice kijkt ze om beurten aan. 'Geloof me, jullie willen helemaal niet weten wat er allemaal speelt. Ik los het op, en daarna hoeven we het nergens meer over te hebben.'

Ze zal haar vader helpen de trap af te gaan en hem naar huis brengen. Dan komt ze terug om de baby op te halen. Ze heeft poppenwiegjes genoeg in haar atelier waar het meisje zolang in kan liggen. Dan zal ze haar eigen wieg uit de kelder halen en opknappen. Dit kindje gaat nergens heen, daar zorgt ze eigenhandig voor.

Magali staat op en legt de slapende baby, ingebouwd in kussens, tegen de rugleuning van de bank. Ze weet dat baby's op deze leeftijd nog niet kunnen rollen, maar ze wil geen enkel risico nemen. Ze drukt een kus op haar hoofdje en snuift haar geur op. Als ze straks terug is, gaat ze Maurice overtuigen van het feit dat de baby prima bij haar kan blijven.

Ze steekt een arm uit naar haar vader. 'Kom, ik breng je naar huis.' Ze helpt hem uit de stoel en begeleidt hem naar de trap. Ze wil zo snel mogelijk terug zijn.

Wanneer ze terugkomt in het appartement, is Maurice nergens te bekennen. De kussens die ze zo zorgvuldig op de bank had neergelegd om te voorkomen dat het meisje van de bank zou rollen, liggen op de grond. Ze vliegt op de bank af en kijkt in paniek om zich heen. Geen baby. Waar is ze? Het afgekoelde flesje met melk staat nog op de salontafel.

'Maurice!?'

Geen antwoord. Ze stormt de slaapkamer in. Als aan de grond genageld blijft ze staan. Al het beddengoed is weg, net als de spullen die ze voor de bevalling had uitgestald op het nachtkastje. Het matras, met in het midden een uitgewaaierde rode vlek, is het enige dat nog herinnert aan de tragedie die zich hier vanavond heeft afgespeeld. Ze draait zich om en kijkt de lege woonkamer in. Waar kan hij haar naartoe gebracht hebben? Ze belt hem meerdere keren, maar hij neemt niet op. Ze haalt diep adem en denkt zo goed mogelijk na. Dan appt ze Maurice.

Waar zijn ze?

29
Rixt

Met een luizenkam maakt Rixt banen in haar halflange haar terwijl ze voorover boven het bad hangt. Ze is de hele avond bezig geweest haar gezin in de olie te zetten en te kammen. De meiden zijn het meeste werk, met hun lange haren.

Het geluid van haar telefoon die op de badrand ligt, galmt door de ruimte. Ze veegt haar hand af aan een handdoek en drukt op de speaker. Haar wijsvinger maakt een vettige streep op haar scherm.

'Frank, zeg het eens.'

'We hebben een situatie bij het landgoed dus ik wil even overleggen.'

'Vertel.' Bij iedere haal van de kam druipt de olie in het bad.

'Tijdens de observatie is iets verdachts opgemerkt en nu is de vraag of we moeten ingrijpen of dat we het houden bij observeren.'

'Wat is de situatie?'

'Er werd door de eigenaar een pakket ingeladen in de bus van het landgoed. De collega's stonden niet heel dichtbij en het was donker, dus ze konden niet goed zien wat het was. Het leek langwerpig, maar ook dat is niet zeker.'

Rixt stopt met kammen, vouwt een handdoek om haar haar en gaat op de rand van het bad zitten. 'Maar je belt niet voor niets. Wat is het vermoeden? Gaat het om een lichaam?'

'Het leek een zak, maar ze kunnen het niet zeggen.'

'Drugs? Geld? Moeten we niet weten wat erin zit?'

'In theorie kan het alles zijn. Als we ingrijpen maken we de zaak stuk.'

Natuurlijk wil hij de zaak niet stuk hebben, zij ook niet, maar het moet juridisch wel kunnen.

'Er werd ook nog een doos ingeladen voor in de bus en toen reed hij met grote snelheid het terrein af. Nu volgen ze hem en het lijkt erop dat hij in de richting van het Gooimeer gaat. Wat zullen we doen? Als we hem nu aanhouden en het blijkt om drugsafval te gaan, is alles voor niets geweest.'

'Hm.'

'Eerder op de avond zijn twee mannen gezien die zeker horen bij de groep van Mohammed Sahin. We zijn echt iets groters op het spoor.'

'Die mannen hebben jullie herkend en goed in beeld?'

'Ja, ik zal je de namen en foto's mailen.'

Rixt knoopt haar badjas dichter om zich heen en kijkt in de spiegel naar haar vette hoofd. Als dit de groep rondom Mo betreft, is de zaak veel omvangrijker dan ze nu dachten.

'Heb je ze binnen?'

Ze logt in via haar telefoon en bekijkt de twee gezichten. 'Ja.' Die ene is bepaald geen loopjongen, die herkent ze uit de zaak Scylla. De tweede man herkent ze met een schok. Dit is die jongen die in de auto zat bij het gezondheidscentrum en met zijn vinger zijn keel doorsneed. Zonder enige twijfel.

'Dus, wat doen we?' vraagt Frank. 'Je moet nu beslissen. Hij heeft sowieso een tracker, dus we kunnen precies zien waar hij heen gaat, ook als we hem niet met een auto volgen.'

'Leg alles vast, voor zover mogelijk. Volg hem alleen als het ongezien kan.' Ze moet nu een beslissing nemen. 'We maken de zaak niet stuk.'

'Duidelijk. Dan nog iets, nu ik je toch aan de telefoon heb. We hebben een vrouwelijke rechercheur gevonden die morgenavond kan bedienen tijdens de pokeravond in het casino. Het zou het onderzoek ontzettend helpen als je hierop akkoord zou willen geven.'

'Ik weet helemaal niets van een pokeravond?'

'Ik stuur je alles toe, dan kan je ernaar kijken.'

'Dat zal ik doen, maar ik beloof niets. We hebben helemaal nog niet duidelijk in beeld hoe hoog het risico is en bovendien kunnen we via de camera's toch meekijken?'

'Wel met beeld, maar niet met geluid. Ik denk dat dit een kans is om meer te weten te komen over wat er speelt.'

'Ik zal kijken. Je hoort van me.'

Pieter komt de badkamer in en gaat zitten op de kruk die op de badmat staat. Heeft hij nou weer gehuild? Dat kan niet meer om haar bedreiging zijn. Ze moet met hem praten, maar dit moet eerst.

'Ik moet heel even bellen,' zegt ze.

'Jezus, waarom moet ik nu dan al komen. Ik heb ook dingen te doen.'

'Ik ben zo klaar, dit is belangrijk.'

Ze belt het nummer van rechercheofficier Peter-Paul en legt de situatie uit. Ze zwijgt over de jonge man die ze herkende. Als ze vertelt dat de dreiging aan haar adres nog niet weg is en bovendien uit de hoek van Mohammed Sahin komt, wordt ze meteen weer van deze zaak gehaald.

Met haar telefoon tussen haar oor en schouder ingeklemd pakt ze het olieflesje van de wastafel. Ze hangt een handdoek om Pieters schouders en druppelt de olie tussen zijn halflange haar. Peter-Paul vraagt of ze konden zien wat voor pakket het was.

'Nee, ze weten niets zeker, het was te donker om iets te kunnen zien. Ze leggen sowieso alles vast, dus later weten we misschien meer.'

'Laten gaan dan maar, het is te onzeker om anders te beslissen,' zegt Peter-Paul.

'Oké, dan zijn we het daarover eens. Dank je wel, ik hou je op de hoogte.' Fijn dat ze wordt gesteund in haar beslissing de boel niet stuk te maken, want er was niet echt een weg terug geweest in dit geval.

Rixt haalt de kam door Pieters haar en geniet even van het lichamelijke contact met haar oudste. Pieter is verdiept in een game en reageert niet op haar uitroep dat hij ook luizen heeft. Met een tissue veegt ze de luizen van de kam.

'Gaat alles goed op school?'

'Hoezo?' zegt Pieter zonder op te kijken van zijn telefoon.

Ze weet dat ze het voorzichtig moet aanvliegen. 'Ik heb het idee dat je de laatste tijd niet zo lekker in je vel zit.'

'Vind je het gek?'

Schuldgevoel trekt zich samen in haar buik. 'Nee, dat niet. Maar daarom wil ik ook graag weten hoe het met je gaat.'

Hij haalt zijn schouders op. 'Begin jij nou ook al? Papa zat ook al te zeuren.'

Ze is blij te horen dat Victor ook een poging heeft gedaan hem uit te horen. 'Heb je ruzie met je vrienden? Word je gepest?'

'*What the fuck* mam, doe even normaal.'

'Het zou toch kunnen?' Ze legt de kam weg. 'De olie moet nog even intrekken, dan kam ik je zo verder.'

'Moet ik per se hier blijven zitten?'

'Liever wel, anders heb ik dat spul straks door het hele huis zitten. Morgenochtend breng ik jullie trouwens weer naar school.'

'Waarom? Alles is toch veilig?' Hij kijkt haar nu peilend aan. Ze wil niet liegen, maar ze wil hem ook niet ongerust maken.

'Dat vind ik gewoon een fijn idee. Heb je zin in het weekendje Zwitserland bij opa en oma?'

Hij haalt zijn schouders op, buigt voorover en verdiept zich opnieuw in zijn game.

'Je weet toch dat je overal met me over kan praten?' Ze legt een hand op zijn schouder.

Hij kijkt naar haar op met een waterige blik en lijkt een kort moment te aarzelen. Ze hoort hem slikken. 'Alsof jij alles aan mij vertelt.' Dan schudt hij haar hand met een bruuske beweging van zich af en verliest ze hem weer aan de wereld van *Fortnite*.

30
Maurice

Hij smijt de achterdeuren van de bus met daarop het logo van Landgoed Serafijn dicht, veegt de tranen uit zijn ogen en kijkt nogmaals om zich heen. De Gooimeerdijk is volledig verlaten. Hij stapt in en gaat achter het stuur zitten. In de verte razen de auto's over de Stichtse Brug en de A27. De snelwegverlichting is uit en het enige licht in de omgeving komt van zijn eigen koplampen die op het water schijnen.

Aan het wateroppervlak is niks vreemds te zien. Het water stroomt alsof er nooit iets is gebeurd. Door de bakstenen die hij bij haar voeten in de lakens heeft gestopt zonk ze sneller en stiller dan hij had verwacht. Ze gleed met een kleine plons het water in, werd een stukje meegenomen door de sterke stroming en voor hij het doorhad, was ze in de diepte van het Gooimeer verdwenen.

Hij blaast uit met bolle wangen en doet zijn ogen dicht. Hij probeert de Zlata van vroeger voor zich te halen, maar het lukt niet. Het enige dat hij voor zich ziet, is hoe de natte lakens zich langzaam vastzogen aan haar lichaam waardoor de contouren van haar uitgemergelde lijf steeds zichtbaarder werden. Had hij haar kunnen redden door bij haar te blijven? Door niet terug te gaan naar het Gooi, door voor haar te blijven zorgen? Hij kon amper voor zichzelf zorgen. Toen hij uit de kliniek kwam, moest hij alle banden met zijn verslavingsverleden verbreken en daar hoorde Zlata ook bij.

Hij schudt zijn hoofd, steekt een joint op, kijkt naast zich naar de passagiersstoel en doet zijn raampje open. De rook die hij inademt, houdt hij zo lang mogelijk vast. Met zijn mond voor de smalle kier in het raam ademt hij uit. Ook de joint zelf houdt hij voor de opening in het raam. Het verzachtende effect waar hij op hoopte, laat op zich wachten. Het liefst zou hij Zlata achternagaan in het koude water, afzinken en nooit meer wakker worden. Dan is hij overal vanaf. Of zouden ze het geld dan bij zijn zus terug gaan halen?

Vier *fucking* miljoen. Maanden heeft hij zichzelf wijsgemaakt dat hij het geld alleen maar van ze leende, dat hij iedere cent zou terugbetalen. Er was zoveel, ze zouden het niet eens missen. Hij had toch ook genoegen kunnen nemen met het percentage dat hij zelf mocht houden. Dat was al prachtig. Maar nee, hij moet altijd meer.

Een volgende diepe hijs laat hem hoesten. Het duizelt hem. Die pokeravond móét goed gaan, dan is hij gered. Even volhouden nog.

Een zacht babyhuiltje, dat uit de kartonnen doos komt die op de passagiersstoel staat, haalt hem uit zijn overpeinzingen. Nadat hij de bovenste flap van de doos heeft opengevouwen, voelt hij voorzichtig met een hand onder de dekens. Ze heeft het niet koud. Voor de zekerheid zet hij de verwarming wat hoger. Hij moet door. Deze hobbel heeft hij nog te nemen, zoals hij dat met Zlata heeft afgesproken.

Zijn telefoon trilt op zijn dashboard. Vier gemiste oproepen van Magali en het berichtje waar hij op wachtte. Het geld is binnen. Nadat hij het bericht gelezen heeft, dooft hij zijn lichten en geeft hij rustig gas met zijn hand op de doos om te voorkomen dat die naar voren schuift.

'Stil maar, kleintje.'

Zijn ogen moeten wennen aan het donker, maar al snel vindt hij zijn weg langs het water. Nog even en alle sporen die leiden naar Zlata zullen voorgoed zijn uitgewist.

Maurice rijdt zijn landgoed op en parkeert de bus voor de oude dienstwoningen. In zijn hoofd, dat bonkt van de koppijn, maakt hij een lijstje van wat hij vannacht allemaal nog moet regelen. Hij zal beginnen met het schoonmaken van het appartement en daarna de bus vanbinnen helemaal uitboenen. Halverwege de trap naar het appartement komt Magali hem tegemoet. Ze is in alle staten.

'Waar is de baby?'

Zonder haar aan te kijken probeert hij haar te passeren op de trap. 'Ga eens aan de kant. Ik moet het matras nog opruimen.'

Ze duwt met beide handen tegen zijn borst om hem tegen te houden. 'Zeg me waar ze is.'

'Hou je bek!'

'Nee!' Tranen stromen nu over haar wangen. 'Wat heb je gedaan?! Klootzak!'

Hij krimpt ineen door de pijnscheuten die door zijn ribbenkast trekken en pakt ruw haar polsen vast die uit alle macht op zijn borst slaan.

'Godverdomme! Ga opzij!'

'Hoe kon je!? Een baby!'

Beneden gaat de buitendeur open. Meerdere voetstappen klinken in de hal. Als hij omkijkt, verstijft hij. Wat hebben ze opgevangen van zijn gesprek met zijn zus? Als ze erachter komen wat er is gebeurd zullen ze nog meer hebben om hem mee af te persen. De paniek beneemt hem de adem, maar hij probeert zich stoer en kalm voor te doen.

'Jullie zijn er sneller dan ik dacht.'

'Het leek ons goed om meteen te komen.'

Hij kijkt snel naar zijn zus, maar die kijkt nog steeds woedend naar hem.

'Ik loop met jullie mee, het ligt in de auto.'

Als hij de doos van de passagiersstoel pakt, kijkt de oudste van de twee er kort in.

'Hoe weten we zeker dat dit veilige waar is?'

'Dat garandeer ik je. Honderd procent veilig. Niemand komt zoeken.'

'Fijn dat jij garant staat. Staat genoteerd.'

Ze kijken elkaar betekenisvol aan. De oudste gaat tegenover hem staan en maakt een gebaar alsof hij hem, net als bij de vorige ontmoetingen, in zijn maag wil stompen.

'Nee!' Maurice krimpt ineen, maar de man houdt net op tijd zijn vuist in en lacht hard om zijn reactie. Hij voelt zijn hoofd rood worden en wordt teruggeslingerd naar zijn middelbareschooltijd waar hij altijd de pispaal was. Adrenaline stroomt door zijn lijf en het liefst zou hij ze met hun koppen tegen elkaar slaan. De andere man lacht luid met zijn voorman mee en ze stappen, nog steeds lachend, en met de doos op hun schoot, in de BMW. Als hij zich omdraait, staat zijn zus met een verwilderde blik in haar ogen in de deuropening naar hem te kijken.

Hij zal haar heel snel en op zijn manier uitleggen dat zij hem geen strobreed in de weg moet leggen.

31
Rixt

Rixt komt aan bij het politiebureau aan de Groest in Hilversum en heeft meteen spijt dat ze met de auto is gekomen. Wat is het toch een drama om hier te parkeren. Nu ze weet dat haar bedreiger nog vrij rondloopt, is met het openbaar vervoer komen geen optie, bovendien moest ze de kinderen vanmorgen naar school brengen. Victor had gelukkig geen vragen gesteld over haar plotselinge chauffeursdiensten. Ze belt aan bij de parkeergarage onder het bureau en hoopt dat ze nog gebruik kan maken van de parkeerplaats van de officier van dienst. Ze heeft geluk en wordt zonder problemen binnengelaten.

Ze neemt de trap omhoog in het nog smetteloze trappenhuis. De nieuwe lift heeft nog last van kinderziektes, dus die neemt ze liever niet. Bij het koffiezetapparaat staan al verschillende rechercheurs te kletsen. Als zij erbij komt staan, valt het gesprek stil. Ze zal nooit helemaal onderdeel van het team worden.

Rixt houdt haar koffiemok omhoog naar de groep. 'Is er nou nog steeds geen barista aangenomen op dit bureau? We zitten toch in het Gooi hier? Ik had me verheugd op een lekkere havermelkcappuccino met een dubbele shot espresso.'

Iedereen lacht en de spanning die ze net voelde is verdwenen. De koffie is vreselijk en bij alle medewerkers een geliefd onderwerp om over te klagen. Ze kijkt op haar telefoon. Drie minuten voor elf, tijd om te beginnen. Rixt neemt haar koffie mee en loopt demonstratief de vergaderruimte in. Ze groet Frank en gaat zitten. Het geroezemoes in de vergaderruimte verstomt meteen.

Frank steekt zijn hand op. 'Goedemorgen allemaal.' Hij wacht tot de laatste mensen zitten. 'Er is een hoop gebeurd vannacht. Het verslag van het observatieteam zit inmiddels in het dossier voor wie het wil nalezen. De eigenaar van het landgoed werd rond een uur vannacht gezien bij het inladen van een pakket in zijn bus. Er is overleg geweest en besloten niet in te grijpen in het belang van het onderzoek.'

Frank kijkt naar haar en Rixt knikt ter bevestiging.

'Hij is gevolgd via zijn tracker en voor het eerste deel van de route ook met een volgauto. Op het moment dat hij de A27 af ging en de N305 op reed, hebben ze hem moeten laten gaan, omdat volgen te veel zou opvallen. Het is daar uitgestorven. Uit de gegevens blijkt dat hij twintig minuten met de auto heeft stilgestaan op de Gooimeerdijk-Oost, dus officieel aan de kant van district Flevo.'

Rixt vult hem aan. 'Ik heb al contact gehad met de recherchecoördinator van Flevo, Chris Jansma, en alles is afgestemd. Voorlopig hoort dit bij onze zaak.'

Frank gaat verder. 'Het vermoeden is dat wat achter in de auto is geladen daar is gelost. Maurice is op de terugweg nog kort gestopt op het bedrijventerrein aan de Binnendelta in de Blaricummermeent en vervolgens zonder tussenstops via de Le Coultredreef en het oude dorp van Blaricum teruggereden naar de Houtweg in Laren.

'Wat ook goed is om te vermelden is dat deze twee mannen...' Hij opent een bestand op zijn computer en op het bord verschijnt een foto van twee gezichten. '... vannacht op het landgoed waren en bij terugkomst van Maurice een doos hebben meegenomen die uit de bus van Maurice kwam. Het OT kon niet zien wat er in de doos zat. Magali Bulouw stond erbij, dus we hopen via haar meer informatie te kunnen krijgen.'

'Deze mannen zijn uiteraard eerder gezien in zaken rondom Mohammed Sahin. Zoek uit wat je kan vinden over deze mannen. Alle informatie is welkom. Er wordt ook druk gewerkt aan een overzicht van de geldstromen tussen de verschillende bv's van het landgoed.'

Iris knikt. 'We zijn ermee bezig, maar ik kan nog niets concreets melden. Wel is duidelijk dat de uitgaven van de verschillende ondernemingen op het landgoed enorm zijn toegenomen het laatste jaar, zonder dat daar hogere inkomsten tegenover lijken te staan.'

Frank scrolt ondertussen op zijn laptop. 'We hebben vernomen dat er vanavond een groot evenement is in het casino. Een van onze vrouwelijke rechercheurs van het OT zal vanavond in de bediening werken en alles observeren.'

Natasja steekt haar hand op. 'Gaan we duiken op de plek waar Maurice vannacht is gestopt?'

'Goede vraag,' zegt Frank. Hij kijkt Rixt aan, die antwoord geeft.

'We hebben besloten om in het belang van het onderzoek te wachten met duikwerkzaamheden. Als we dat nu op touw gaan zetten en Maurice daar lucht van krijgt, is de zaak stuk. Dat willen we voorkomen.'

Natasja knikt.

Frank gaat verder. 'Voor wat betreft vanavond staat er heel wat op de planning. Naast de dame in de bediening bij het casino zullen twee leden van het OT ook aanwezig zijn als gast in het restaurant. Het is gelukt om via via binnen te komen als introducé, dus we hebben behoorlijk wat oren en ogen. We staan met nog een team standby voor eventuele calamiteiten. Hopelijk kunnen we genoeg informatie verzamelen om wat mensen op te pakken.'

Hij kijkt de ruimte rond. 'Aan het werk dan maar.' Terwijl hij de laatste zin uitspreekt gaat zijn telefoon.

'Oké, duidelijk. Wie is de zaaksofficier?' Hij kijkt Rixt aan. 'Die zit hier net bij me,' hoort ze hem zeggen terwijl hij naar haar gebaart.

Ze gaat naast hem zitten en wacht tot zijn gesprek klaar is en kijkt hem vragend aan.

'Er is een verontrustende melding binnengekomen van een kinderarts van de eerste hulp in het Ter Gooi-ziekenhuis. Er is zojuist een baby binnengebracht met duidelijke en heftige afkickverschijnselen. Ze zijn nog wat tests aan het doen, maar hij twijfelde niet en heeft daarom direct een melding gemaakt.'

'Oké. Naar, maar nog geen zaak,' zegt Rixt droog.

'Het probleem zit hem erin dat de ouders die het kind gebracht hebben er keurig en totaal niet verslaafd uitzien. Moeder is een gezonde vrouw, woonachtig in Blaricum. Ouders weten nog niets van de melding en zitten in de wachtkamer.'

Rixt fronst en kijkt hem verbaasd aan. Dat is wel heel vreemd. 'Stuur maar een team naar het ziekenhuis voor een praatje.'

'Lijkt me ook. Ik zal meteen een auto sturen,' zegt Frank. 'Hoe laat ben jij weg? Zwitserland toch?'

Rixt knikt. 'Ik vlieg aan het einde van de middag.'

'Ik heb het gevoel dat het een rommelig weekendje gaat worden. Zorg dat je bereikbaar bent.'

32
Liselotte

Op het terras bij Blushing in Blaricum is de sfeer uitbundig. Het loopt tegen vieren en de meeste bezoekers zitten aan een cocktail of een wijntje. Liselotte heeft afgesproken met Magali, maar die appt net dat ze iets verlaat is. Ze heeft speciaal een tafeltje aan de rand van het terras uitgekozen. Achter haar zit een groepje vrouwen uit het dorp die allemaal naar haar zwaaien als ze zich omdraait. Ze lacht hartelijk terug en scant de rest van het terras op mogelijke klanten waar ze even een praatje mee kan maken. Niemand. Ze kan natuurlijk naar het toilet lopen en zo kijken of binnen nog iemand zit waar ze wat aan heeft. Ze is er nu toch. Eerst wat drinken.

Ze schenkt alvast een half glas chardonnay voor zichzelf in en nipt aan de koude wijn. Haar telefoon gaat over en in haar scherm verschijnt de naam van roddeljournalist Stefan Bouwman. Ze waardeert het dat hij zelf belt, en niet een of ander grietje van de redactie. Toch twijfelt ze of ze op zal nemen, iedereen kan meeluisteren. Aan de andere kant is dit het best bekeken roddelprogramma op de vroege avond.

'Met Liselotte Kemper.'

'Hi, wij hebben elkaar al veel te lang niet gesproken. Ik dacht, ik bel even om te vragen of je nog nieuws hebt over de verkoop aan dat topmodel.'

Ze kijkt om zich heen en praat zacht. 'Dat hangt ervan af wat dat nieuws jou waard is.'

Hij lacht. 'O, schat, héérlijk je te spreken. Zoals gebruikelijk zal je in ons item genoemd worden als makelaar van de sterren en hebben we het nieuws natúúrlijk niet van jou.'

Ze kijkt nogmaals om zich heen. 'Het zou kunnen dat er een tweede bezichtiging is geweest, dit keer met man.'

'Kijk, daar hebben we nou iets aan. Zeg nou zelf, het zou toch fantastisch zijn voor Nederland als ze weer hier komt wonen. Ik maak ervan dat ze samen zijn gespot en dat we uit privacyoverwegingen niet zeggen waar het huis in het Gooi ligt, maar dat het heel mooi en groot is, dat we jou hebben gebeld en dat je geen commentaar had. Uiteraard.'

'Prima.' Ze glimlacht.

'Heb je wel een bedrag voor me?'

'Van de woning? Nee, absoluut niet.'

'Maar jij deed zelf de bezichtiging?'

'Natuurlijk.'

'Dan weet ik genoeg, we maken er wel iets van. Dag schat, spreek je later.'

Zodra ze Stefan heeft weggedrukt, ziet ze Magali aan komen lopen. Ze draagt een sjaal in haar wilde grijze krullenbos en heeft een grote zonnebril op. Haar kleurige gewaad valt wijd om haar lichaam. De vele gouden armbanden om haar pols rinkelen zachtjes bij iedere pas die ze zet. Liselotte kan nog steeds niet geloven dat dit haar halfzus is. Ze staat op om Magali te begroeten en schrikt van de rode sporen die, nu ze zo dichtbij staat, duidelijk zichtbaar zijn in haar hals.

'Hi, fijn dat je er bent.' Ze vraagt zich meteen af of het nou wel zo handig was om in het openbaar af te spreken. Het voelde als een veilige optie voor een eerste afspraak, maar nu voelt ze zich kwetsbaar.

Magali lacht minzaam en gaat tegenover haar zitten. Haar bovenlip is dikker dan haar onderlip en duidelijk bedekt met een stevige laag foundation.

'Gaat het wel? We kunnen ook gaan wandelen op de hei, als je dat liever hebt.'

Magali slikt en kijkt schuchter om zich heen. 'We zitten nu al, laten we maar blijven. Ik heb een… allergische reactie.'

Zonder te vragen of Magali wijn wil, schenkt ze haar glas vol en zet het voor haar neer. Ze ziet eruit of ze het kan gebruiken. Wat een vreemde situatie, ze weet helemaal niets van deze vrouw, en toch voelt ze heel vertrouwd.

Magali neemt een grote slok en lijkt iets te ontspannen.

'Heb je het allemaal een beetje kunnen laten bezinken?'

'Nou, het was nogal druk, dus ik heb niet heel veel tijd gehad om erover na te denken.' Magali lacht verontschuldigend. 'Maar ik wil je heel graag beter leren kennen, daarom ben ik ook hier. Heb je met je moeder gesproken?'

'Nee, nog niet. Ik weet niet hoe ik het aan moet vliegen. Jij met je vader?'

Magali schudt haar hoofd en lijkt geëmotioneerd.

'Wat ik vanmorgen wel heb gedaan, is kijken in mijn moeders administratie.' Liselotte fluistert en verzekert zich ervan dat niemand meeluistert. Als jouw vader mijn biologische vader is, moet mijn moeder toch íéts van hem hebben bewaard? Een liefdesbrief, een foto, iets waaruit blijkt dat ze elkaar gekend hebben. Ik heb alles doorzocht toen ze naar haar bridgeclubje was, maar ik heb niets gevonden. Nu wilde ik aan jou vragen of jij misschien een foto voor mij hebt waarop je vader jong was. Misschien dat ik dan in de oude fotoboeken kan kijken of ik hem ergens herken.'

Magali knikt.

'Ik ben echt vastbesloten om uit te vinden hoe het zit. We hebben er toch recht op om het te weten?' zegt Liselotte vastberaden. Magali frunnikt met het hengsel van haar handtas en slikt weer. Is ze er verdrietig van?

'Wat vind jij dan?' Ze wil niet drammen en haar zeker niet onder druk zetten, maar ze wil wel dat de waarheid boven tafel komt.

'Ik snap heel goed dat je wil weten of mijn vader jouw biologische vader is, en ik vind ook dat ieder kind recht heeft om te weten wie zijn of haar biologische ouders zijn.' Haar stem hapert, dan herpakt ze zich. 'Het is alleen zo dat wij op dit moment... als gezin door een nogal... lastige fase gaan.'

Liselotte legt haar hand op die van Magali.

'Mijn vader is al oud en ik ben bang dat het nieuws dat hij nog een kind heeft hem misschien te veel wordt, en ik kan hem nog niet missen, met alles wat er nu speelt. Als hij wegvalt, sta ik er helemaal alleen voor en... dat zou ik nu echt niet trekken.'

Magali huilt nu stilletjes. Liselotte kijkt om zich heen, niemand let op hen, godzijdank. Ze pakt een servet van een leeg tafeltje naast hen en geeft dat aan Magali.

'Hé, stil maar. Het is ook veel allemaal. Ik ben er ook behoorlijk van slag van.' Ze pauzeert even. 'Ik was gek op mijn vader en het voelt zo oneerlijk naar hem toe dat mijn moeder al die tijd heeft verzwegen dat ze zwanger zou kunnen zijn geweest van iemand anders.'

Deze gedachte heeft haar nog het meest beziggehouden. Hoe kan je zoiets voor iemand verzwijgen?

De zon is inmiddels achter de bebouwing gezakt, maar Magali heeft nog steeds haar zonnebril op. Liselotte zegt er niets van.

'Misschien kunnen we het voorlopig wel beter stilhouden voor iedereen?' zegt Magali.

Liselotte fronst. 'Ja? Denk je?'

'Het is nogal wat.'

'Voor óns, ja!' zegt Liselotte opeens fanatiek. 'Zíj weten het al hè? Ze weten toch dat ze een relatie hadden? Jouw moeder leeft niet meer en mijn vader ook niet. We hebben er toch recht op om te weten hoe het zit? Als jouw vader wel mijn biologische vader is, kan ik hem nu in elk geval nog ontmoeten.'

Magali zucht. 'Misschien heeft jouw moeder nooit aan mijn vader verteld dat ze zwanger was van hem, of dacht ze zelf ook dat jij van je vader was.'

'Precies.' Liselotte klinkt vastberaden. 'En er is maar één manier waarop we daarachter komen. We moeten open kaart spelen met onze ouders.'

Magali zucht. 'Ik moet zo weg. We hebben een evenement vanavond op het landgoed.'

Ze laat zich niet zomaar afschepen door Magali. Ze snapt alle gevoeligheden, maar zij moet weten hoe het zit. Dat moet Magali toch snappen?

'Weet je wat we doen? Ik bestel lekker iets te eten, dan kunnen we het rustig doorspreken.'

Magali tilt haar zonnebril een stukje op om haar ogen te kunnen deppen met haar servet en een enorme zwelling rond haar linkeroog wordt zichtbaar. Liselotte weet niet waar ze kijken moet en verdiept zich snel in de menukaart. Wat is hier aan de hand? Heeft dit te maken met hun ontdekking? Is Magali daarom zo terughoudend? Dit vergt misschien toch een andere aanpak dan ze in eerste instantie had gedacht. Ze zal meer geduld moeten hebben en om te beginnen nog meer moeten graven in de spullen van haar eigen moeder. De waarheid moet boven tafel komen, dat is een ding dat zeker is.

33
Maurice

Maurice tuurt in zijn kantoor op de schermen van de verschillende camera's die overal in het casino hangen. De deur van het kantoor gaat open en zijn beveiliger Dennis, die voor de deur staat te posten, komt luidruchtig binnen om naar het toilet te gaan. Hij maant hem met een kort gebaar tot stilte. Hij wil niet gestoord worden, want hij heeft al zijn aandacht nodig bij wat er in zijn casino gebeurt.

De pokeravond is goed op gang gekomen en alles verloopt volgens plan. De tafels zijn gevuld met vaste gasten, maar ook met goedgekeurde introducés van vaste gasten, die speciaal voor deze avond ook mee mogen spelen. Vooral Charles heeft een heel gezelschap bij zich waar Maurice een heel deel niet van kent, behalve de advocaat die de hele avond al verliest. Die kent hij van tv en van de grote strafzaken waarin hij de verdediging voert.

De klink van de achterdeur gaat naar beneden en Maurice schiet overeind. Nog voor hij kan opstaan gaat de deur open en ziet hij zijn afpersers grijnzend in de deuropening staan. Hoe kan dit nou? Godverdomme, net als Dennis naar de wc is. Hij slikt en kijkt snel naar Tim die aan het bureau zit en naarstig meeschrijft met de verschillende spellen die worden gespeeld. Zijn notitieblok is volledig volgeklad met cijferreeksen waar Maurice geen wijs meer uit wordt. Tijdens het delen neemt Tim vlug een slok van zijn cola light om vervolgens, zonder acht te slaan op de bezoekers, weer door te schrijven.

Maurice gebaart naar de mannen dat hij meeloopt naar buiten en dat hij hier niet wil praten. Achter het kantoor is het donker. De straatverlichting die langs de paden van het landgoed is aangelegd, schijnt hier niet. Het enige licht komt vanuit het kantoor.

'Wat komen jullie doen?'

'O, heb je weer praatjes?' De mannen lachen tegen elkaar en eentje spuugt een grote fluim op het grind. Maurice balt zijn vuisten samen, maar weet dat hij zijn mond moet houden.

'Ik heb gisteren toch betaald? Ik heb het druk.'

'Heel goed, we kwamen even kijken of je die pokeravond ook echt organiseert. We zagen geen aankondiging, vandaar.'

Maakt hij nou een grap? Alsof hij deze avond in het openbaar zou promoten.

'We hebben achttien deelnemers vanavond. Maximale bezetting.'

De man met een petje op zijn hoofd prikt een vinger in zijn borst en Maurice krimpt ineen, maar wil dat niet laten merken. 'We blijven in de buurt, dus haal je maar niets in je hoofd met de winst. Daar helpt geen beveiliger tegen.'

Hij knikt. Hij heeft zijn eigen plannen gemaakt, maar dat hoeft hij deze gasten niet aan hun neus te hangen. 'Jullie krijgen wat we hebben afgesproken.'

De andere man haalt een tandenstoker uit zijn mond en glimlacht een rij gouden tanden bloot. 'Succes dan maar.'

Ze lopen weg naar de voorkant van het gebouw en Maurice haast zich naar binnen. Nog even en hij is van ze af. Tim kijkt nog steeds stoïcijns naar zijn aantekeningen en lijkt amper gemerkt te hebben dat hij even weg was. Maurice gaat weer naast hem zitten en volgt op het scherm een van de serveersters die vol in beeld staat.

De prachtige dames die vanavond serveren zijn voor deze speciale gelegenheid extra schaars gekleed. Maurice wrijft in zijn handen en als hij nadenkt over het bedrag dat deze avond hem zal opleveren, kan hij een flauwe glimlach niet onderdrukken. Na vanavond heeft hij voldoende financiële ruimte om maatregelen te nemen tegen deze gasten. Misschien moeten het wel verstrekkende maatregelen worden om voorgoed van ze af te komen. Eén ding is zeker, hij gaat zich niet langer onder druk laten zetten. De drie beveiligers die hij heeft aangenomen zijn een goed begin. Zijn vaste mannetje Dennis verlaat zijn zijde voorlopig niet en de andere twee staan bij het casino.

Als alles in rustiger vaarwater verkeert, zal hij zich weer bekommeren om zijn imago. Dat is een luxe die hij zich nu niet kan permitteren. Als deze afpersing achter de rug is zal hij aan iedereen, en vooral aan zijn vader en zus, bewijzen dat hij in staat is om op een succesvolle manier een business te runnen.

Nee, hij is geen arts geworden en heeft geen universitair diploma behaald, maar hij zal een voorbeeld zijn voor eigenaars van andere landgoederen. Iedereen zal bij hem langskomen om te zien hoe hij het aanpakt. De oude adel, die allemaal zitten te verpieteren in hun tochtige woonkamers en niet weten waar ze het geld vandaag moeten halen om hun lekke daken te repareren, zal zijn formule kopiëren. Hij zal worden geïnterviewd door Jort Kelder en geïnspireerd vertellen over de visie die hij heeft voor de nalatenschap van zijn familie. Hij zal een leuke vrouw vinden, en kinderen krijgen die op hun beurt weer het landgoed zullen erven en er nog jaren van zullen genieten. Zo zal het gaan, en niet anders, daar is hij van overtuigd.

Nog even en de avond nadert de ontknoping. Het moment suprême. De grote klap waar hij zo goed over heeft nagedacht. Na vanavond wordt alles anders.

'Ik ga zo weer terug naar de wijnkelder in het grote huis om alles aan te sturen. Red jij het hier?'

Tim knikt, maar zegt niets.

Met een tissue veegt Maurice zijn loopneus af. Hij heeft zin in nog een lijntje, maar hij wil ook helder blijven. Hij weet niet precies hoeveel hij al heeft gebruikt vanavond, maar zijn laatste lijntje nam hij zeker al ruim een uur geleden. Het plastic zakje brandt in zijn broekzak. Een lijntje kan geen kwaad, dat helpt hem juist om goed te kunnen focussen. Maurice draait zich weg van Tim en snuift een pinknagel coke op. Hij gooit zijn hoofd achterover en laat het spul zijn werk doen. Tim negeert hem volledig en blijft meeschrijven met alles wat hij ziet. Maurice wrijft over zijn gezicht en springt vol energie op van zijn stoel.

'Ik ga, Timmieboy.' Dan ziet hij het gezicht van Tim. 'Gaat alles nog volgens plan?'

De stilte die als antwoord volgt, bevalt hem niets. Tim schrijft mee en rekent iets uit op de rekenmachine van zijn telefoon. Dan slikt hij hoorbaar en schudt zijn hoofd.

'Hoe kan dat nou,' mompelt Tim, meer voor zichzelf dan tegen Maurice.

Maurice houdt zijn adem in. Er mag niets misgaan. Hij durft niet te vragen wat er is en probeert wijs te worden uit wat Tim opschrijft.

'Wat is er?' vraagt hij dan toch.

'Wacht heel even.'

Tim bladert haastig terug in zijn notitieblok. Zijn hoofd is rood en zweetdruppels parelen op zijn voorhoofd. Hij hijgt nu hoorbaar en bladert vooruit. Weer pakt hij zijn telefoon om iets uit te rekenen. Dan legt hij zijn telefoon neer en kijkt met grote ogen op naar Maurice die voorovergebogen over het bureau hangt en hem met open mond aankijkt. Tims gezicht spreekt boekdelen, maar hij wil het niet horen. Het mag niet misgaan. Het kán niet misgaan. Alles is tot in de puntjes uitgedacht. De spellen zijn van tevoren uitvoerig bedacht, geoefend en gecheckt. Het kan onmogelijk mislukken.

'Bij twee tafels gaat alles volgens plan, maar bij deze tafel loopt het sinds een paar spellen helemaal anders dan we hadden bedacht. Onze man verliest hier alles.'

Tim legt uit waar het volgens hem misgaat en Maurice probeert alles zo goed mogelijk te volgen, al dansen de cijfers in zijn hoofd. Maurice volgt ademloos de wijsvinger van Tim als die naar het scherm wijst. Hij voelt de aderen op zijn slapen kloppen en krijgt een droge keel. Hoe is het mogelijk? Zijn vuist slaat zo hard op het bureau dat de opgestelde schermen wankelen op hun standaards. Dit kan geen toeval zijn. Maurice vloekt hartgrondig en tuurt nogmaals naar het scherm.

Charles de Saussure lacht voluit en de hele tafel lacht met hem mee. Hij leunt achterover in zijn stoel, ordent ontspannen de enorme stapels fiches en kaartjes die voor hem op tafel liggen, wrijft een van de dames over haar onderrug als ze een nieuwe whisky voor hem neerzet en geeft vervolgens aan dat hij wel in is voor nog een spelletje.

Maurice grijpt de muis en klikt op het beeldscherm. Het beeldscherm laat in plaats van meerdere hoeken nog maar één camerabeeld zien. Hij zoomt in op het gezicht van de croupier die hij al jaren kent. Waar hij jaren geleden nog mee samenwerkte toen hij zelf nog croupier was.

Hij pakt zijn eigen oortje en stemt af op de frequentie die alleen voor deze croupier is bedoeld.

'Bart! Waar ben jij in godsnaam mee bezig?'

De man vertrekt geen spier en begint kalm te delen voor een nieuw rondje. Maurice' hart slaat zowat zijn borstkas uit bij de aanblik van het schijnheilige gezicht.

'Ik hoop dat je begrijpt dat je hier niet mee wegkomt. Al is het het laatste wat ik doe, dit zet ik je betaald.'

Weer geen enkele reactie. Maurice checkt het oortje, maar ziet geen defect. Het lampje brandt.

Dan geeft Bart een, voor omstanders nauwelijks zichtbaar, seintje richting de camera dat alles volgens plan gaat.

'Volgens plan? Waar heb jij het over?!' blaft Maurice terug in het oortje. Spuugvlokken vliegen in het rond. 'Kan je niet meer rekenen of zo?'

De man op het scherm verblikt of verbloost niet. De perfecte pokerface. Maurice loopt lang genoeg mee om te weten wat er hier speelt. Godverdomme! Hij wordt genaaid waar hij bij zit! Hij smijt zijn oortje op het bureau en stormt het kantoor uit.

34
Rixt

De taxibus die ze van het vliegveld naar het chalet in Gstaad brengt, heeft de snelheid er flink in zitten. De Zwitserse chauffeur zit druk te bellen en Rixt hoopt dat hij zijn handen aan het stuur houdt. De stoelindeling is drie tegenover drie en ze zit achteruit waardoor ze na de eerste paar haarspeldbochten al misselijk is. Victor zit tegenover haar met zijn ogen dicht. Ze bekijkt zijn gezicht. De donkere kringen om zijn ogen, de rimpels die allang niet meer alleen komen van het lachen.

Het is goed dat ze mee is naar het familiehuis van Victor, ook al is ze eigenlijk veel te druk. Als ze nog iets van haar huwelijk wil maken is dit de enige juiste beslissing. Haar schoonmoeder was duidelijk genoeg geweest: 'Dit traditionele familieweekend is voor iedereen belangrijk, ook voor de kinderen, zeker gezien de stressvolle omstandigheden.' Waarschijnlijk heeft ze gelijk. Ze moet ook veel meer aan de kinderen denken.

Er schijnt een flauw zonnetje en de weides langs de weg zijn nog groen in deze tijd van het jaar, maar in de bergen ligt al voldoende sneeuw om te skiën. Het grote gebouw van Gstaad Palace, dat meer wegheeft van een sprookjeskasteel dan van een hotel, torent hoog boven het dorp uit. Julia hangt met haar hoofd tegen haar schouder aan en kijkt een serie op haar telefoon. Zachtjes trekt Rixt Julia's duim uit haar mond terwijl ze langzaam met haar hoofd schudt als Julia haar geïrriteerd aankijkt. Saar en Pieter luisteren muziek met hun oortjes in. De ruzie over wie in het midden moest zitten was gelukkig snel beslecht.

Het huis van de Hertzhövells ligt net buiten het centrum van Gstaad, halverwege de berg, aan de skipiste en aan een prachtig wandelpad dat je tot midden in het mondaine dorp brengt. Ze stuurt haar schoonmoeder een berichtje dat ze er bijna zijn. Ze krijgt onmiddellijk een duimpje terug en glimlacht om de vlotte reactie. Haar schoonmoeder heeft nooit gewerkt, maar is thuis in alle technische snufjes en moderne ontwikkelingen.

'We zijn er bijna, jongens.' Niemand reageert. 'Kijk, er ligt meer sneeuw dan ik dacht. Misschien kunnen jullie toch naar boven morgen.'

De opwinding die de kinderen hebben als ze naar een nieuwe plek op vakantie gaan ontbreekt nu volledig, al waren ze wel blij dat ze vanmiddag niet naar school hoefden. Ze zijn hier al zo vaak geweest, het is hun tweede thuis. Iedere winter gaan ze minstens twee keer skiën, meestal rond kerst en dan in de voorjaarsvakantie nog een keer. Af en toe hebben ze een familieweekend tussendoor en vaak gaan ze in de zomer ook nog een weekje naar hun grootouders.

Victor opent zijn ogen om uit het raam te kijken. Inspecteert kort de bergtoppen en sluit zijn ogen weer. Hij komt hier al zijn hele leven. De taxi rijdt het smalle pad op dat uitkomt bij het grote chalet van de familie Hertzhövell. Haar schoonouders staan in de deuropening op ze te wachten en zwaaien uitbundig.

'Jongens, telefoons weg en even gezellig doen nu. Voor wie niet zonder z'n scherm kan, gaat de schermtijd erop dit weekend.'

'Gezellig, mam. Had je niet thuis kunnen blijven,' zegt Saar, terwijl ze haar telefoon wegstopt en haar rugtas dichtritst. De schuifdeur van de taxibus gaat open en Rixt besluit de opmerking van Saar te negeren en vrolijk lachend uit te stappen. Victor staat al bij zijn vader en kust hem op zijn wangen.

'Dank voor de ontvangst,' zegt hij liefdevol.

Olivier slaat hem hartelijk op zijn schouder. 'Heerlijk dat jullie er zijn.'

Delphine sluit haar kleinkinderen in haar armen en drukt een kus op hun wang. 'Het eten is al klaar en we hebben vanmiddag jullie ski's naar Tomasso gebracht om ze te laten waxen.'

'Aan de bagage te zien, blijven jullie drie maanden.' Haar schoonvader lacht naar haar meiden.

'We moeten er toch een beetje leuk uitzien, opa,' zegt Saar lachend, terwijl ze zelf haar koffer omhoog sleept.

Victor pakt hem van haar aan en tilt hem naar binnen. Dan loopt hij terug om Rixts koffer aan te pakken. Ze glimlacht naar hem om zijn galante gebaar en hij wisselt kort een blik met haar.

'Dag Rixt, fijn dat je tijd kon vrijmaken om ook mee te gaan.' Haar schoonmoeder geeft haar een korte omhelzing die obligaat aanvoelt. Alles wat Delphine zegt, heeft een dubbele lading. Rixt laat het niet binnenkomen, ze kent haar schoonmoeder langer dan vandaag. Al twintig jaar doet ze haar best om bij deze vrouw in de smaak te vallen. Dodelijk vermoeiend. Vroeger kon ze dagen van slag zijn van een vileine opmerking van Delphine, maar die dagen zijn gelukkig voorbij. Ze heeft zich erbij neergelegd dat ze niet past in het plaatje dat Delphine voor ogen had voor haar zoon. Een toegewijde vrouw die alles in dienst van het gezin stelt. Sinds Victor en zij kinderen kregen is het iets verbeterd, maar nog steeds kan ze niets goed doen. Zolang ze officier is en veel te hard werkt, zal het wel zo blijven.

Ze glimlacht vriendelijk. 'Uiteraard, ik zou het niet willen missen.'

Rixt loopt naar binnen en hangt haar jas aan de kapstok in de ruime hal. Hoewel Gstaad een van de meest luxe skidorpen ter wereld is, is het chalet van de familie sfeervol maar zonder poespas ingericht. Vanbinnen is het chalet nog origineel, met veel hout, witte muren en warm gekleurde stoffering. Ondanks de moeizame relatie met haar schoonmoeder voelt het chalet inmiddels ook voor haar als thuiskomen.

De kinderen gaan naar hun kamers om hun bagage uit te pakken.

'We gaan zo aan tafel,' roept Delphine ze na. Rixt loopt achter haar schoonmoeder aan de gezellige woonkeuken in. De tafel is al gedekt. Victor staat met een glas wijn in de hand al bij de open haard.

'Jij ook wijn, Rixt?'

Ze knikt. 'Graag.' Ze pakt het glas van haar schoonvader aan. Victor tikt zijn glas tegen dat van haar en kijkt haar betekenisvol aan. Hij doet echt zijn best en dat ontroert haar. Ze nipt van de wijn en gaat naast Victor voor het vuur staan om zich te warmen. In haar broekzak trilt haar werktelefoon. Shit. In haar hoofd gaat ze de lijst met zaken af waar dit over zou kunnen gaan. Ze is nu hier, als ze haar niet te pakken krijgen, bellen ze een andere officier. Het ding trilt nog steeds. Ze kan natuurlijk even naar het toilet lopen en kijken wie het is. Of toch even opnemen en horen waar het over gaat.

'Ben je een beetje bijgekomen, Rixt? Van alle hectiek?' Haar schoonvader kijkt haar vriendelijk aan. Ze heeft hem altijd gemogen. Toen hij nog werkte had hij een goede baan bij Unilever.

'Ja, het gaat beter. De dreiging lijkt een stuk minder te zijn dan ze in eerste instantie dachten.' Ze denkt aan de foto en probeert haar gezicht in de plooi te houden.

'Mooi, dus de kinderen kunnen weer naar school?'

Ze kijkt kort naar Victor. 'Inderdaad.'

Victor heft zijn glas. 'We zijn allemaal heel blij dat het achter de rug is. Rixt doet nu ook vooral kleinere zaken, dus hopelijk ligt dit soort bedreigingen in het verleden.'

Rixt slikt. Ze heeft hem nog niet verteld dat de zaak rondom het landgoed ook een omvangrijke zaak lijkt te worden, waar de organisatie van Mohammed Sahin ook bij betrokken lijkt te zijn. Weer trilt haar telefoon.

'Ik loop even naar het toilet voor we gaan eten. Roep ik meteen de kinderen.'

Ze haast zich de gang op en trekt de deur achter zich dicht. 'Frank, zeg het eens.'

'Die pokeravond is begonnen en het is een drukte van jewelste. We zitten erbovenop. Het zou fijn zijn als je paraat staat vanavond voor als ik je nodig heb.'

'Ik zit dit weekend in Zwitserland, dat had ik toch gezegd?'

'O shit, sorry, dat was ik helemaal vergeten.'

'Maakt niet uit. Ik zorg dat ik beschikbaar ben,' fluistert ze.

'Top. Ik heb twee handtekeningen van je nodig voor het observatieteam, dat is voor nu alles.'

'Regel ik. Bel me als je iets nodig hebt. Succes.'

Ze spoelt de wc door en roept onderaan de trap naar de kinderen dat ze moeten komen eten. Haar tas met laptop staat onder de kapstok in de hal. Ze moet dit zo onopvallend mogelijk zien te regelen. Als niemand ziet dat ze aan het werk is, heeft niemand er last van. Ze pakt haar tas, gaat in de woonkamer aan de tafel zitten en logt in op het systeem van het OM. In de keuken hoort ze stoelen schuiven en gelach. Heel even nog. Ze leest de stukken goed door. Het zou dramatisch voor haar zaak zijn als zij nu een fout maakt bij de beoordeling en dat op zitting voor haar voeten wordt geworpen. Ze stuurt alles naar haar secretaris zodat Tanja het kan afhandelen. Ze ademt uit, bergt de laptop weg in haar tas en loopt terug naar de keuken.

35
Maurice

Via de achterdeur, die uitkomt in de keuken van het restaurant, stormt Maurice het landhuis binnen. Dennis volgt hem op de voet. Het restaurant zit vol, dus het is een drukke bedoening in de keuken. Overal staan pannen op het vuur en koks lopen druk heen en weer. Zijn souschef blokkeert zijn weg naar de klapdeuren die uitkomen op de gang. Maurice pakt hem bij een schouder en duwt hem aan de kant, waarbij hij in de haast een stapel dessertborden van de roestvrijstalen werkbank stoot. Het lawaai van de uiteenspattende borden op de tegelvloer moet hoorbaar zijn tot in het restaurant. Maurice steekt in het voorbijgaan een hand op, mompelt een sorry en iets over dat hij haast heeft en verdwijnt door de klapdeuren richting de ingang van de wijnkelder.

Voor de deur naar beneden staan zijn twee ingehuurde beveiligers.

'Rustig vriend. Wat is er aan de hand?'

Twee handen pakken hem met een stevige greep bij zijn schouders en gek genoeg kalmeert dat hem. Ze hebben gelijk. Hij moet rustig nadenken voordat hij actie onderneemt. Weer bedenkt hij met spijt dat hij dat laatste lijntje niet had moeten nemen. 'Bart loopt te kloten.' Maurice is buiten adem, leunt voorover en komt nauwelijks uit zijn woorden. 'Ik weet niet wat er precies aan de hand is, maar hij doet niet wat we hebben afgesproken.'

De grootste van de twee uitsmijters masseert Maurice' schouders en sust: 'Kalm nou, man. Je weet helemaal niet waarom hij dat doet.' Hij kijkt de gang in en controleert of er niemand bij de toiletten staat, die op hetzelfde halletje uitkomen. Dan fluistert hij: 'Die gasten aan zijn tafel kunnen argwaan hebben gekregen en dan moet hij wel doen of er niets aan de hand is. Als wordt ontdekt dat jij de boel loopt te flessen, heb je pas echt de poppen aan het dansen.'

Maurice probeert zijn gedachten op orde te krijgen, maar dat valt niet mee. Natuurlijk. Dat is waar. Hij kan helemaal niet inschatten hoe de sfeer aan de tafel is. Hij ademt in door zijn neus en blaast in een lange teug uit. Zijn hartslag zakt en hij rolt met zijn schouders.

'Oké, je hebt gelijk.' Hij moet de boel sussen en wel meteen. Maurice veegt met de rug van zijn hand onder zijn neus. Hij zal rustig naar binnen gaan en bij het eerstvolgende nieuwe spel Bart aflossen als croupier. Dan heeft hij het in ieder geval zelf in de hand. Hij is niet voorbereid om de uitgedachte spellen te delen, maar in ieder geval zal hij dan niet door Bart in de zeik genomen worden.

Als hij de deur open wil doen om naar beneden te gaan, hoort hij meerdere voetstappen op de trap omhoogkomen, vergezeld van een hoop geschreeuw. Hij vangt iets op over het terugzien van camerabeelden en oplichting. Zijn hart raast weer in zijn keel. Hij heeft een grote fout gemaakt door hierheen te gaan. Hij moet zo snel mogelijk terug zien te komen naar zijn kantoor. De beelden wissen, Tim instrueren dat hij al zijn aantekeningen wist.

Nog voor hij zich kan omdraaien, wordt de deur opengesmeten en komt er een groep woedende mannen de hal in gerend. Dit zijn niet de mannen die bij Charles aan tafel zaten, dit zijn de spelers van tafel twee. Fuck! Hij probeert iets te zeggen, maar zijn zinnen vallen weg in een oorverdovend gebrul. Een van de bodyguards gaat voor hem staan, maar wordt al snel omvergelopen.

Hij moet nú beslissen wat hij doet. Dan draait hij zich om en zet het op een lopen. Hij rent door de keuken, springt over een keukenhulp heen die op haar hurken de scherven van de gevallen stapel borden aan het opruimen is, en vlucht naar buiten via de achterdeur. Het sprintje dat hij trekt om bij zijn kantoorruimte in de voormalige dienstwoningen te komen geeft hem het gevoel dat hij vliegt. Wow, wat een trip! Hij lacht hysterisch om zijn ontsnapping. Ze krijgen hem niet te pakken. *No way*. Hij is sneller dan het licht. Zijn voeten raken amper de grond, hij voelt zichzelf onoverwinnelijk.

Hij stormt het gebouw van de voormalige dienstwoningen binnen en draait de deur achter zich op slot. Wanneer hij zich omdraait om het kantoor binnen te gaan, wordt hij bruusk tegengehouden. Wel godver! Het euforische gevoel dat hij had tijdens het rennen is helemaal verdwenen. Hij zal ze eens precies vertellen hoe hij zich voelt. Gedachten aan vroeger en beelden van nu gaan door elkaar heen en hij heeft moeite te blijven staan. 'Jezus, daar hebben we de elitetroepen ook nog. Komen jullie checken of kleine Maurice het allemaal redt vanavond?' Zweetdruppels parelen op zijn voorhoofd. Hij knippert ongecontroleerd met zijn ogen. Maurice kijkt de ruimte rond. Wat gebeurt hier? Zijn hart bonst in zijn keel en hij hijgt als een paard. Droomt hij dit? Hij schudt zijn hoofd om wakker te worden, maar er verandert niets in zijn gewaarwording.

De stilte die in de ruimte hangt, valt als een zware deken over hem heen.

'Wat is er aan de hand, jongen?' De stem klinkt rustig.

De priemende ogen doorboren zijn ziel. Dit had hij niet verwacht. Hij wil niets uitleggen, hij wil alles goedmaken en het er dan nooit meer over hebben. Hij moet het klein maken. Buiten klinkt een hoop geschreeuw. Shit! Ze zijn achter hem aan gekomen. Zo klein mogelijk dan. 'Niks bijzonders. Een kleine drempel in mijn plannen voor het casino.' Hij hakkelt, komt niet goed uit zijn woorden.

Dan kijkt hij naar links. Waar is Dennis? Oké, andere tactiek. Hij houdt zijn armen omhoog. 'Het is mislukt, oké? Maar ik zet alles recht. Echt.'

Hij loopt achteruit. De deur naar de keldertrap staat open. Misschien kan hij nog een keer via de achterdeur proberen te ontsnappen. Het geschreeuw buiten klinkt steeds luider. Hij kijkt weer om zich heen. Hij zit als een rat in de val.

'Wat staan júllie daar nou? Ik werk me hier uit de naad, ook voor jullie.'

Hij zal iedereen eens even precies vertellen hoe de verhoudingen liggen. Hij raast door en gooit het ene na het andere verwijt voor hun voeten. Buiten adem hangt hij voorover. Als hij opkijkt, gelooft hij zijn ogen niet.

'Wat doe jíj hier?' Hij kan het allemaal niet meer volgen. Zijn hartslag is veel te hoog.

Wie heeft die gasten binnengelaten? Niet de deur opendoen! 'Godverdomme, Dennis! Laat ze niet binnen!' Zijn stem slaat over. Te laat, daar zijn ze. Hij moet hier zo snel mogelijk weg zien te komen. Het busje. Hij moet naar buiten naar de parkeerplaats.

'Het komt goed, echt. Ik betaal jullie alles terug. Het liep allemaal anders dan gepland, maar het komt goed.'

Ze schudden hun hoofd en grijnzen. Hoezo nee? Willen ze hun geld niet terug? Een fluim spat voor hem op de grond. Dit kan hij niet over zijn kant laten gaan.

'Je geeft bepaald niet de indruk dat je alles onder controle hebt, Maurice.'

'Rot op, jullie allemaal!'

Het duizelt hem en hij weet niet of hij wakker is of slaapt. Hij stormt naar voren. Dan wordt hij in zijn kraag gegrepen. De handen die krachtig tegen zijn borst duwen, komen onverwacht. Hij wankelt, verliest zijn evenwicht en tuimelt achterover de steile keldertrap af. Hij probeert zich uit alle macht vast te klauwen aan de trapleuning, maar krijgt geen grip. Hij vliegt. Hij vliegt nu echt. Even is daar het euforische gevoel van net weer, dan slaat zijn hoofd met een harde klap tegen de grond.

Hij was weg, maar komt weer bij. Met zijn wang op de koude betonvloer rust zijn blik op de oude wieg. Zijn wieg. De pijn die hij na de val verwachtte te voelen blijft uit. Hij voelt niets, helemaal niets. Dan ademt hij uit.

36
Rixt

'Zal ik er nog een blok op gooien of gaan we naar bed?' Haar schoonvader pookt in de open haard en praat met een licht dubbele tong, wat Rixt aandoenlijk vindt.

'De kinderen willen morgen vast vroeg skiën, dus ik denk dat we naar bed gaan.' Victor zit naast haar op de bank met zijn arm om haar schouders en kijkt haar vragend aan. Ze knikt en glimlacht. De telefoon in haar zak gaat de laatste twintig minuten onophoudelijk. Ze kan zich niet heugen dat Victor en zij zo naast elkaar zaten en wilde het moment niet verstoren door op te staan.

Victor leunt naar voren en pakt de lege wijnglazen van tafel. Zijn moeder loopt achter hem aan naar de keuken. Haar schoonvader staart naar het smeulende vuurtje. Nu kan het even. Snel pakt ze haar mobiel en leest haar berichten. Ze moet nú Frank bellen. Ze loopt naar de gang en pakt haar tas met laptop als ze een flard van een gesprek tussen Victor en zijn moeder opvangt. Rixt houdt haar hoofd vlak bij de keukendeur en kan nu precies horen wat er wordt gezegd.

'Ik weet het niet Victor. Je had toch een besluit genomen? Waarom zou je dat dan weer terugdraaien?'

'Het is niet zo makkelijk, mam.'

'Het lijkt mij anders zeer eenvoudig. Ik vond haar heel geschikt en zeer voorkomend.'

Haar maag trekt zich samen en ze laat de telefoon zakken. Niet waar. Het is niet waar. Is ze hier geweest of heeft Delphine Odette in Nederland ontmoet? En dan wel bij haar komen helpen in het huishouden en met de kinderen alsof er niets aan de hand is? Het liefst zou ze de keuken in stormen, maar Rixt blijft als aan de grond genageld staan.

'We hebben drie kinderen samen, mam.' Victor klinkt behoorlijk geagiteerd.

'Die snappen het heus wel. Die willen ook een moeder die er gewoon voor ze is.'

Ze hoort een klap op de tafel. 'Genoeg,' zegt Victor met ingehouden woede in zijn stem. 'Rixt is een fantastische moeder, ook al is ze druk. Dat is ook een voorbeeld voor onze dochters.'

Delphine is stil.

'Rustig maar... Ik vond haar gewoon erg aardig, dat is alles. We klikten, dat was fijn om te merken. Je weet dat ik dat met Rixt nooit heb gehad.'

'Ik wil er niets meer over horen, mam.' Victor klinkt nog steeds boos. 'Ik wil dat je je erbuiten houdt. Zonder jouw bemoeienis is het al lastig genoeg. En doe een beetje je best met Rixt.'

'Prima, ik zeg al niets meer,' zegt Delphine met een bibberstem.

Rixt staat te trillen op haar benen. Ze weet niet wat ze eerst moet voelen: diepe teleurstelling omdat Victor Odette aan zijn moeder heeft voorgesteld, of blijdschap omdat hij het nu duidelijk voor haar opneemt en met haar verder lijkt te willen.

'Niet huilen, mam. Zo bedoelde ik het niet. Ik weet dat je bezorgd bent om mijn gezin, maar het komt allemaal goed. Rixt gaat minder grote zaken doen en is dan vaker thuis.'

'Als jij het zegt.'

Haar telefoon trilt weer. Ze trekt haar jas aan en stapt naar buiten. Rixt huivert wanneer de koele avondlucht langs haar lijf trekt en knoopt haar jas nog wat strakker om zich heen. De buitendeur sluit ze zo zacht mogelijk achter zich. Het liefst zou ze een heel stuk wandelen, maar het is veel te donker op de berg.

'Frank, zeg het maar.'

Rixt loopt om het chalet heen en gaat op de veranda in een schommelstoel zitten. In het dal branden de lichtjes van het dorp. De kerk van Gstaad is prachtig verlicht, net als het enorme Palace Hotel.

'Sorry voor het storen. De pleuris is behoorlijk uitgebroken op het landgoed. Maurice Bulouw ligt hier dood onderaan de keldertrap. Ik heb een restaurant vol getuigen van een hoogopgelopen ruzie. Die wil ik allemaal niet laten gaan tot we iedereen hebben gesproken, en dan heb ik ook nog twee mannen uit de groep van Mohammed Sahin in een arrestatiebus zitten. Tot nu toe verklaart iedereen die erbij was dat het een ongeluk is en niemand heeft het zien gebeuren.'

Ze gaat rechtop zitten. 'Waren die mannen van Sahin erbij toen Maurice stierf?'

'Ja. Ze zeggen dat hij kennelijk net gevallen was toen ze binnenkwamen.'

Dat is wel heel toevallig allemaal. 'En die ruzie in het restaurant?'

'Vlak voordat de oproep voor een ambulance voor Maurice binnenkwam, was er al gebeld met de meldkamer in verband met een hoogopgelopen ruzie in het casino. Kennelijk was er een hele groep mannen over de zeik vanwege mogelijke oplichting door het casino.'

Rixt fronst haar wenkbrauwen. 'We hadden daar toch mensen van ons binnen vanavond?'

'Ja, in de bediening en als gast. Die verklaringen nemen we nog op.'

Haar gedachten razen langs alle stappen die juist moeten worden genomen. 'Doe dat zo snel mogelijk. Laat niemand in het casino, en neem voor de zekerheid alle speelkaarten in beslag. Ondervraag iedereen die erbij was vanavond. Mogelijk is er een verband tussen de dood van Maurice en wat er in het casino is gebeurd.'

'Forensisch is er al, alles is afgezet. We gaan nu praten met de vader en zus van Maurice voor een eerste verklaring.'

'Behandel ze als getuigen. Alles volgens het boekje, ik wil geen procedurefouten.'

'En die gasten van Sahin?'

'Dat zijn ook getuigen, vooralsnog. Als iedereen verklaart dat het een ongeluk was kunnen we niets, Frank. Let op de details. Kijk of ze elkaar tegenspreken.'

'Komt goed. Wanneer ben jij terug?'

Ze aarzelt. 'Zondagavond, maar ik ben bereikbaar.'

'Ik hou je op de hoogte.'

Ze drukt hem weg en legt haar hoofd achterover. Dit klopt allemaal van geen kanten. Hoe kan Maurice 'toevallig' doodgaan als er een ruzie uitbreekt in het casino én zijn vermeende afpersers aanwezig zijn?

'Hé, hier ben je. Ik dacht al dat ik wat hoorde buiten.'

Victor gaat naast haar in de grote schommelstoel zitten en legt zijn armen om haar heen. Ze doet haar ogen dicht en probeert te vergeten wat ze net allemaal heeft gehoord. Zou hij hier ook met Odette zijn geweest? Ze krijgt een knoop in haar maag als ze eraan denkt. Opeens ziet ze ze voor zich terwijl ze kaasfonduen bij hún restaurant en glühwein drinken bij hún après-skibarretje. Ze gaat er niet naar vragen, ze wil het niet weten.

'Prachtig hè, dit uitzicht,' zegt Victor. 'Dit went nooit.'

'Hm.'

Ze moeten vooruitkijken van de therapeut en dat is precies wat ze gaat doen. Als ze wil vechten voor haar huwelijk kan ze het beter goed doen.

Victor legt zijn hoofd tegen dat van haar. 'Denk je dat wij hier later ook onze kleinkinderen ontvangen?'

Ze zwijgt. Ze zou deze vraag zo graag bevestigend beantwoorden. Ze slikt.

'Ik hoop het.'

37
Magali

Over het lange grindpad loopt Magali naar het restaurant. Het lijkt alsof ze alle dienstauto's uit de regio hebben opgeroepen. Wat een kermis. De vele zwaailichten zetten het landgoed in een blauwe gloed. Bij de toegangspoort staan twee agenten. De gele strepen op hun uniform reflecteren in het donker. Ze is moe, maar moet haar hoofd erbij houden. Het krachtenveld waarin ze terechtgekomen is, is nieuw voor haar en behoorlijk overweldigend.

Langs het pad richting het restaurant branden fakkels en het landhuis is prachtig uitgelicht. Buiten op het terras hebben zich groepjes mensen verzameld. Een man in een neongroen hesje geeft aanwijzingen. Magali vangt hier en daar geklaag op dat niemand weg mag en dat het allemaal veel te lang duurt. Zonder oogcontact te maken en in de hoop dat niemand haar aanspreekt, passeert ze de groep.

Binnen heerst er een gecontroleerde chaos. De restaurantgasten zijn opgedeeld in verschillende groepjes en worden een voor een opgehaald voor een verklaring. Agenten in uniform zitten aan de eettafels en nemen verklaringen op. Ze scant de ruimte, maar haar vader is nergens te bekennen.

Dan loopt ze terug naar het atelier. De situatie die ze daar aantreft is haast surrealistisch. Het enige licht in het donkere atelier komt van een hanglamp boven de houten tafel. Haar vader ziet lijkbleek. Naast hem aan de tafel zitten twee rechercheurs. Om hen heen staan antieke poppen en beren. De poppenlijven zonder hoofd die aan het plafond hangen, geven de vertrouwde ruimte nu iets sinisters.

Een van de rechercheurs staat op wanneer hij haar ziet en schudt haar hand. Hij stelt zich voor als Frank.

Ze geeft de andere rechercheur een hand, wordt gecondoleerd met haar verlies en gaat naast haar vader aan de tafel zitten. Het is alsof er een filter tussen haar en de wereld zit. Ze ziet lippen bewegen, maar het meeste van wat wordt gezegd gaat langs haar heen. Ze moet zich focussen.

'Ik begrijp dat dit voor u een heel moeilijk moment is,' gaat Frank verder, 'maar het is belangrijk dat we uw verklaring zo secuur mogelijk opschrijven.'

De agent in uniform typt mee op de laptop. Op tafel ligt een mobiele telefoon die het gesprek opneemt.

'U vertelde dat u boven was en dat u een schreeuw hoorde. Hoe klonk die schreeuw?'

Magali fronst haar wenkbrauwen. 'Gewoon, zoals een schreeuw klinkt.' Ze kijkt naar haar vader, die naar het tafelblad staart.

'Was het een langgerekte schreeuw. Was het kort? Was het een woord of meer een geluid dat hij uitstootte?'

'Waarom is dat van belang?'

De rechercheurs kijken elkaar kort aan, en glimlachen dan vriendelijk naar Magali. 'Ik snap dat het lastig is om te herinneren,' zegt Frank, 'maar misschien wilt u het toch proberen? Riep hij misschien een naam?'

Magali zwijgt en zucht diep. 'Het was zeker niet een naam. Ik denk dat het gewoon een langgerekte uitroep was.'

'Kunt u het nadoen?'

Weer kijkt ze bedenkelijk en dept haar ogen. Wat is dit voor onzin?

'Sorry, het is ongemakkelijk, dat snappen we hoor,' zegt Frank. 'Wilt u misschien wat water?'

'Nee, bedankt.'

'Dus, wat denkt u?'

'Het was een soort "aaah!",' zegt Magali.

'En klonk die "aaah" boos, of juist eerder verdrietig of geschokt?'

'Ik zou zeggen... geschokt,' fluistert Magali.

De twee rechercheurs knikken. 'Dus een lange, geschrokken schreeuw met een "aaah"-geluid.'

Magali kijkt ze om beurten aan. Ze heeft geen idee wat ze hiervan moet denken.

'Waar was u precies toen u de schreeuw hoorde?'

'Boven in het appartement.'

Frank knikt begrijpend. 'Was u in de woonkamer, of in de keuken? Misschien in de slaapkamer?'

'Ik weet het niet precies. Ik denk in de... woonkamer.'

'En uw vader was bij u op dat moment?'

Ze knikt. 'Ja, we waren samen.'

'Uw vader zei net dat hij in de keuken was toen hij een duidelijke schreeuw om hulp hoorde.'

Ze verblikt of verbloost niet. Focus. 'Dat zou ook kunnen.' Ze wrijft over haar gezicht. 'Ik heb het allemaal even niet zo helder voor de geest. Het is zo heftig allemaal wat er gebeurt.' Ze zwijgt kort. 'Ik denk dat ik in de woonkamer was en mijn vader in de keuken.'

'En nadat u die schreeuw hoorde, waarbij we voor het gemak even in het midden laten of dat een hulpschreeuw was of een lange gil van schrik, kwam u naar de keldertrap gelopen?'

Magali knikt. Deze toon bevalt haar helemaal niet. Ze heeft verdorie net haar broer verloren.

'Toen u Maurice vond was hij al overleden? Hoe wist u dat?'

'U heeft zelf gezien hoe hij erbij lag. Je hoeft geen arts te zijn om te zien dat hij niet meer leefde.'

'U bent wel arts,' richt Frank zich tot haar vader. 'Zag u ook direct dat uw zoon dood was?'

Haar vader knikt nauwelijks zichtbaar.

'Hij was lijkbleek en ademde niet meer,' gaat Magali verder. 'Ik heb 112 gebeld en tegen de man van de meldkamer gezegd dat ik zeker wist dat mijn broer was overleden. Toen ik die man nog aan de telefoon had, kwam er al politie het kantoor binnen.'

'Dus er was al eerder met het noodnummer gebeld?'

'Kennelijk, anders waren ze er niet geweest.' Haar toon is scherp.

'Kunt u mij vertellen waarom u op dat moment met uw vader in het appartement was?'

Magali knijpt het verfrommelde zakdoekje in haar hand. 'Ik hoorde van een medewerker uit het restaurant dat het onrustig was rondom de pokeravond. Maurice was uitgevallen tegen personeel en leek opgefokt. Ik had er al geen goed gevoel over, dus het verbaasde me niets. Ik zat bij mijn vader thuis nog iets te drinken toen ik werd gebeld en toen zijn we samen naar het kantoor gegaan om Maurice aan te spreken op zijn gedrag. Toen we aankwamen bij het kantoor was hij er niet. We wilden Tim niet storen bij zijn werkzaamheden en zijn samen naar boven gegaan om op Maurice te wachten. We maakten ons allebei ernstige zorgen over zijn gemoedstoestand.'

'Dat is ook de reden dat u een aantal weken geleden contact met ons hebt opgenomen om over uw broer te praten.'

'Precies.'

'Was uw vader op de hoogte van uw gesprekken met de politie?'

Ze aarzelt. 'Eerst niet. Later heb ik het hem verteld. Hij maakte zich ook zorgen om de gezondheid van Maurice en om het landgoed. En nu is hij dood.' Ze snikt en grijpt een nieuwe tissue uit de doos die op haar tafel staat.

'Neem uw tijd, we hebben helemaal geen haast,' zegt de rechercheur rustig. Hij kijkt in zijn laptop en typt iets. Magali probeert haar ademhaling onder controle te houden en blaast langzaam uit na een diepe zucht.

'Werkt Tim al langere tijd voor u?'

'Ik bemoei me niet met de dagelijkse leiding van het landgoed, maar inderdaad. Tim loopt al een tijdje mee. Hij studeert nog. Voor de precieze datum zou ik in de loonadministratie moeten kijken.'

'Naast Tim waren er ook twee mannen in het kantoor aanwezig die u de laatste tijd vaker zag. U heeft ook een aantal keer gemeld dat u deze mannen verdacht gedrag vond vertonen. Waren zij al in het kantoor toen u uw broer vond?'

'Toen mijn vader en ik aankwamen bij de keldertrap, kwamen Tim en de beveiliger de hal in gerend. Wat logisch is, want zij zaten beneden in het kantoor. De twee andere mannen kwamen ook tegelijk aan. Ik was de eerste die daadwerkelijk de keldertrap af liep om bij Maurice te kijken. Mijn vader volgde mij naar beneden toen ik gilde.'

'Die twee andere mannen die ook aanwezig waren. Kent u die?'

'Het waren precies dezelfde mannen die steeds 's avonds laat op het landgoed liepen en voor Maurice kwamen.'

'U herkende ze van de keren ervoor?'

'Direct.'

'Wat kwamen ze doen?'

'Geen idee,' zegt ze resoluut. 'Ik heb nog nooit een woord met ze gewisseld, behalve een groet in het voorbijgaan. Ze zijn geen lid van de *Club*, dus ik zou niet weten wat ze op het landgoed te zoeken hadden. Behalve... dealen en mogelijk afpersing.'

Frank knikt. 'Kunt u dat uitleggen?'

'Mijn broer gebruikte de laatste tijd weer veel. We hebben hem al eens laten opnemen voor zijn overmatige gebruik. Hij had een volledige terugval de laatste weken. Hij moet die zooi toch ergens vandaag hebben gehaald? Hij werd ook onder druk gezet, dat heb ik al meermalen verklaard. Hij werd in elkaar geslagen en moest zo snel mogelijk aan geld zien te komen. Ik denk dat er een verband is tussen die druk en deze mannen. Als jullie meer hadden gedaan met wat ik jullie vertelde, had de dood van Maurice misschien voorkomen kunnen worden.'

De twee rechercheurs wisselen een korte blik van verstandhouding. 'Denkt u dat zij uw broer hebben geduwd?'

Magali schudt gedecideerd haar hoofd. 'Dat kan niet, want ze kwamen binnen toen wij net bij de keldertrap aankwamen en zagen dat Maurice daar lag.' Ze snikt weer en schudt haar hoofd. 'Ik geloof dat ik toe ben aan een pauze.'

De rechercheur kijkt haar vriendelijk aan. 'Dat kan zeker. Nog één vraag voor we kort pauzeren. Hoe komt u zelf aan de verwondingen op uw gezicht?'

Haar maag knijpt zich samen en ze moet haar uiterste best doen om uiterlijk zo kalm als ze kan rechtop te blijven zitten. Ze voelt haar vader naast zich verstijven.

'Dat heeft mijn broer gedaan.'

38
Max

Magali staat op. 'Ik kom straks graag nog terug om verder te praten, maar mijn vader heeft nu echt rust nodig.'

Ze ondersteunt hem bij zijn schouders en helpt hem uit zijn stoel. Alle kracht is uit zijn benen verdwenen.

'Moet iemand van ons assisteren?' vraagt de agent.

'Nee hoor, wij redden het wel. Tot zo.'

Zwaar leunend op de arm van zijn dochter loopt hij terug naar huis. Hij heeft moeite zijn ene voet voor de andere te zetten en kan nauwelijks rechtop blijven staan. Zodra hij binnen is, helpt ze hem op de rand van zijn bed te gaan zitten. Magali haalt een schone zakdoek uit zijn linnenkast en veegt er zachtjes mee over zijn ogen en wangen. Haar hand strijkt over zijn haar. Zijn armen hangen slap langs zijn lichaam. Ze trekt zijn schoenen uit en zet ze voor de kledingkast. Zijn sokken, broek en overhemd hangt ze over de stoel in de hoek van zijn slaapkamer.

Magali kijkt kort uit het raam en trekt dan de gordijnen dicht. Ze schudt zijn kussen op en hij laat zich achterover zakken. De deken komt tot onder zijn kin. Hij opent zijn hand en ze stopt de zakdoek erin. Haar warme lippen beroeren kort zijn voorhoofd. Wat zou hij moeten zonder zijn lieve dochter. Zodra ze het nachtlampje uitdoet, schijnen de zwaailichten door de stof van de gordijnen heen. Zijn zoon is dood. Zijn zoon, met wie hij zijn leven lang veel te veel ruzie heeft gemaakt, komt nooit meer terug. Hij heeft gedaan wat hij kon. Altijd. Maar het was niet genoeg. Het was nooit genoeg. Dan sluit hij zijn ogen. Nu heeft hij alleen zijn dochter nog die hij, zolang hij nog leeft, zal beschermen met alles wat hij in zich heeft.

Normaal gesproken pakt Max voor alle nachtelijke visites de auto, maar het is veel te glad. Alleen de grote wegen zijn door de hevige sneeuwval begaanbaar. Hij heeft voor zijn visites in Blaricum de auto vlak bij de Torenlaan geparkeerd en is te voet verdergegaan naar zijn patiënten. Het sneeuwt al weken zo hard dat heel Laren, Blaricum en Eemnes zijn ingesneeuwd. De sneeuwduinen die zich op straat hebben gevormd zijn zo diep dat hij zelfs te voet met moeite de afstand van een paar straten kan afleggen. Zijn leren schoenen zijn bepaald niet waterdicht en hij voelt nu zijn voeten al niet meer. Wanneer hij over de Noolseweg langs het Oranjeweitje terug naar zijn auto loopt, kijkt hij verbaasd naar de hoge bergen vers gekiepte sneeuw. Het is al bijna maart, hij mag toch hopen dat deze ellende snel afgelopen is. Nu zijn vader met pensioen is, draait hij de huisartsenpraktijk op het landgoed alleen.

De Saab 96 Sport, die zijn vader een paar maanden geleden bij zijn afscheid als huisarts van zijn patiënten kreeg, staat voor de grote kerk geparkeerd. Hij maakt de auto vrij van de vers gevallen sneeuw en stapt in. Het rode leer aan de binnenkant ruikt nog nieuw en voelt ijskoud aan. Hij zet de verwarming hoog en rijdt via de Torenlaan stapvoets naar Hilversum voor hopelijk zijn laatste patiënt van deze nacht.

Voor het grote huis op de Beethovenlaan 13 parkeert hij. Boven brandt nog licht. Hij kijkt om zich heen, maar er is niemand op straat die hem naar binnen ziet gaan. Voor hij kan aanbellen gaat de voordeur al open. Geertje, de directrice van het moederhuis, staat in de deuropening en stapt snel opzij om hem binnen te laten.

'Waar bleef je zo lang? Ze is al bijna zover.'

Hij geeft zijn hoed en jas af aan een jonge kinderverzorgster en loopt met de leren dokterstas achter Geertje aan naar boven.

'In Eemnes komen deze week militairen helpen om de wegen weer toegankelijk te maken.'

'Dat zouden ze hier ook wel mogen doen.' Hij komt op de koude overloop. 'Zet de verwarming maar wat hoger. Ik weet niet of ik het kindje meteen kan meenemen, door het weer.'

Geertje knikt. 'We hebben anders boven ook nog plek voor de baby. Ik zal vast een kruik warm maken.'

Uit een van de kleinere kamers boven klinkt zacht gekreun. Als hij de slaapkamer binnenkomt, kijkt een jonge vrouw hem met bange ogen aan. Ze zal een jaar of zestien zijn. Haar wangen zijn rood en haar haren nat van het zweet.

Hij zet zijn tas naast het bed en haalt er een houten stethoscoop uit. 'Ik ben dokter Bulouw en ik kom je helpen je kindje op de wereld te zetten. Probeer rustig adem te halen.'

Hij zet de toeter op haar buik en luistert naar de hartslag van het kindje. 'Alles daarbinnen gaat goed.' Hij glimlacht naar haar en heeft met haar te doen. Amper zestien jaar en moederziel alleen. 'Je hoeft niet bang te zijn. Ik ga even daar beneden voelen hoe ver je bent en of je al mag persen.'

Geertje komt binnen en hij knikt naar haar. Ze hebben dit al zo vaak samen gedaan dat ze precies begrijpt wat hij bedoelt. Ze pakt een nat washandje en legt dat op het voorhoofd van het meisje.

'Je mag persen.'

Vlak voor de baby wordt geboren legt Geertje de washand over de ogen van het persende meisje. Ze schrikt ervan en duwt in een reflex en met een woest gebaar de washand weg. Maar Geertje is geroutineerd, grijpt haar bij de pols en duwt de washand stevig terug. 'Het is beter als je het kindje niet ziet. Geloof me maar. Dat maakt het makkelijker.'

De jonge vrouw wil protesteren, maar wordt overspoeld door een wee, perst hard en een luide kreet van de moeder en een hoge huil van de baby klinken tegelijk in de kleine slaapkamer.

'Het is een meisje,' zegt hij, terwijl hij snel een eerste controle uitvoert.

Geertje neemt de baby direct mee naar beneden zodat ze weg is bij de moeder, maar het huilen klinkt door het hele huis.

De vrouw ligt uitgeput en met grote ogen op het matras.

'Rustig blijven liggen. Je bent nog niet klaar. Er komt nog een nageboorte,' zegt Max streng.

Ze begint hartverscheurend en met lange uithalen te huilen. 'Mag ik haar niet zien?'

'Het is beter zo, ook voor je kindje. Wil je haar zelf een naam geven?'

De jonge vrouw schudt haar hoofd. Als er weer een wee komt, duwt hij hard op haar buik. Hij controleert of de nageboorte compleet is en doet die in een emmer die naast het bed staat. Het meisje ligt verslagen achterover in haar kussen.

'Je ouders hebben veel geld betaald voor deze oplossing. Voeg je nou maar. Je kindje komt heel goed terecht, daar kan je zeker van zijn. Jij gaat terug naar je ouders in je eigen dorp en weer naar school. Je pakt je leven weer op of er niets is gebeurd. Als je later trouwt, zal je nog veel meer kinderen krijgen.'

Het is zijn vaste riedeltje om de jonge meisjes gerust te stellen. Geertje komt boven met schone lakens en een teiltje water.

'Ze drinkt goed hoor,' zegt ze geruststellend tegen de jonge vrouw. 'Janne de kinderverzorgster is bij haar. Ik zal je even lekker wassen, dan voel je je snel weer beter.'

Als Geertje de strakke windsels om de borsten van het net bevallen meisje bindt, loopt Max naar beneden om bij de baby te kijken. Janne zit met haar op schoot. Ze drinkt inderdaad goed. Hij luistert naar haar hartje en doet nog wat testjes. Helemaal gezond.

Met een opvallend wijze blik kijkt het kindje hem aan. Onmogelijk op deze leeftijd, denkt hij meteen. Toch volgt ze zijn blik, zo klein als ze is. Het beroert hem op een manier die hij nog niet eerder heeft mee-

gemaakt. Dit meisje is bijzonder. Hij denkt aan zijn vrouw. Ze hebben het er vaker over gehad. Zal hij...?

Hij slikt. 'Kleed haar maar aan.'

'Waar gaat ze heen?' vraagt Janne. 'Blijft ze in de buurt, of verder weg?'

Hij loopt naar het raam. Het is gestopt met sneeuwen.

Hij slikt nogmaals en kucht. 'Ze gaat naar een lieve familie waar ze welkom is. Is de reismand al klaar?'

'Die staat in de gang.'

'Ik loop nog even naar boven. Pak haar goed in. Het is koud.'

Als hij bovenkomt, loopt Geertje weg om de teil met water leeg te gooien. Hij gaat op de rand van het bed zitten. Het meisje huilt niet meer, maar snikt nog wat na. Ze kijkt hem dapper aan.

Max legt een hand op haar onderarm. 'Ik wil je iets vertellen dat je hopelijk helpt bij dit moeilijke moment. Ik zal jouw baby een handgemaakte pop meegeven naar haar nieuwe familie. Die pop kan ze haar hele leven bij zich houden. Als je wil kan ik jouw eigen haar gebruiken voor de pop, zodat ze altijd iets van jou bij zich zal dragen. Wil je dat?'

De jonge vrouw begint weer te huilen en knikt dan vastbesloten. Hij houdt haar vochtige haar bijeen in een hand en knipt met de andere hand een flink stuk van haar haar af. Hij glimlacht een laatste keer naar haar en loopt dan de kamer uit.

Geertje staat in de hal met de reiswieg en een dik ingepakte baby. Hij trekt zijn jas aan, zet zijn hoed op en stapt met de baby de koude nacht in. Haar naam valt hem in zodra de voordeur van het moederhuis achter hem dichtvalt. Magali zal ze heten.

39
Rixt

Rixt staat bovenaan de skilift te wachten op Victor en de kinderen die nog een keer de afdaling namen zodat zij kon bellen met Frank. Victor had zowaar alle begrip voor het werktelefoontje. Vanmorgen vroeg was ze meteen ingelogd om alle verslagen van de afgelopen nacht te lezen.

'Zijn alle contactgegevens van de restaurantgasten goed opgeslagen? Ik wil niets missen straks.'

'Ja, dat loopt allemaal,' zegt Frank. 'Wat denk jij van het verhaal van Magali?'

'Lastig. Er zitten duidelijke inconsequenties in de verklaringen van haar en haar vader.'

'Dat is misschien ook niet zo gek gezien de omstandigheden. Die man is kapot van verdriet.'

'Heb je al een eerste update van Forensisch?'

'Ja, die kwam net binnen. Wat houding en verwondingen van Maurice betreft, lijkt hij inderdaad te zijn gevallen, maar of dat een ongeluk was of niet kon de arts niet zeggen. Hij heeft een grote hoofdwond, voor de precieze oorzaak van overlijden moeten we wachten op de autopsieresultaten. Het tijdstip van overlijden lijkt wel te kloppen met het verhaal van de getuigen.'

Rixt knikt en zwaait enthousiast naar haar jongste in de lift. 'En verder?'

'Ze zijn nog wel even bezig met het veiligstellen van alle sporen. Er waren zoveel mensen aanwezig.'

'Nog iets gehoord over wat er in het casino aan de hand was?'

'Het lijkt erop dat Maurice de boel aan het flessen was. We werken eraan.'

'Mooi. Ik moet gaan, mijn gezin stapt nu uit de lift.'

'Er is nog een dingetje.' Frank is even stil. 'Ik heb de foto's binnen van het observatieteam die zijn genomen in de nacht dat ze Maurice dat pakket in zijn auto zagen laden.'

'Ja.' Julia en Saar komen lachend aangeskied.

'Bij nader inzien, en bij het zien van het beeldmateriaal vanuit verschillende hoeken, lijkt het er toch wel heel erg op dat het pakket... de vorm van een lichaam heeft.'

'Godverdomme, Frank,' fluistert ze, terwijl ze zich omdraait zodat haar kinderen haar niet kunnen horen.

'Ja, sorry. Ik weet het. Maar het was stikdonker en het observatieteam heeft het op dat moment zo goed mogelijk ingeschat.'

'Ik heb het je nog gevraagd.' Ze ziet al voor zich hoe ze op zitting met de grond gelijk wordt gemaakt.

Frank kucht ongemakkelijk. 'Nu we de infraroodbeelden hebben, zou ik het ook anders beoordeeld hebben. Gaan we duiken?'

Julia trekt ongeduldig aan haar jas. 'Kom nou mam, we gaan door.' Victor en de kinderen skiën richting het bospad, dat ze naar de andere kant van de berg brengt. Ze moet mee, anders haalt ze ze nooit meer in. Ze heeft toch al moeite iedereen bij te houden.

'Stuur me alles door wat je hebt. Ik kijk er zo snel mogelijk naar.'

Ze stopt haar telefoon terug in haar jaszak en trekt haar handschoenen aan. Dit kan niet wachten. Ze prikt haar stokken krachtig in de sneeuw terwijl ze met een schaatsende beweging afzet richting het pad. Nog één keer kan ze mee naar beneden en dan moet ze terug naar het chalet om in te loggen.

Rixt zet haar ski's in het skiruim onder het chalet en hangt haar skischoenen op het verwarmingsrek. Op haar sokken neemt ze de trap naar boven, pakt haar laptop uit haar kamer en gaat in de keuken aan de tafel zitten. Er is niemand thuis en de auto staat niet op de oprit.

Binnen een minuut is ze ingelogd en bekijkt ze de foto's van het observatieteam. Op een paar foto's is duidelijk te zien dat het pakket de vorm van een lichaam heeft. Ze bladert verder en komt ook foto's tegen waarop het veel minder goed zichtbaar is. Misschien is hun handelen om niet direct op te treden wel te rechtvaardigen bij de rechtbank, maar ze moet nu zo snel mogelijk inzetten op het opduiken van het mogelijke lichaam.

Ze stuurt Tanja een mail met alle specificaties en toestemmingsformulieren. Daarna mailt ze Peter-Paul om de situatie uit te leggen. Beter dat hij het van tevoren van haar hoort dan achteraf. Hier komt intern zeker gezeik van.

De auto van haar schoonouders komt de oprit op gereden. Ze heeft haar schoonmoeder niet meer een-op-een gesproken sinds ze haar met Victor heeft horen praten in de keuken en zit niet te wachten op een ontmoeting. Maar ze heeft ook geen zin om verstoppertje te spelen. Feitelijk is er niets veranderd, ze wist altijd al hoe Delphine over haar dacht, ze heeft het haar alleen niet eerder hardop horen uitspreken.

Haar telefoon trilt.

'Ja, Frank?'

'Heb je de foto's gezien?'

'Ja. Ongelooflijk. Ik ga proberen zo snel mogelijk een duikteam te regelen.'

'Oké.' Hij is even stil. 'Ik kreeg net ook wat resultaten terug van het NFI. Er is iets opvallends gevonden met de eerste luminoltest. Er loopt op het eerste gezicht een bloedspoor door het hele kantoor naar de achterdeur. Ze zijn het spoor gaan volgen en het loopt via de trap naar boven tot in de slaapkamer van het appartement op de eerste verdieping.'

Rixt fronst. 'Hebben ze Maurice versleept?'

'Als dat zo zou zijn hebben ze de boel wel heel goed schoongemaakt voor ze ons belden.'

In haar hoofd gaat ze het tijdspad na van de avond dat Maurice van de trap viel. 'Dat kan niet. Hij was kort daarvoor nog in het casino.'

'Ben ik met je eens. Heel onwaarschijnlijk. Het moeten eerdere bloedsporen zijn. Uit het onderzoek moet later meer blijken, maar ik dacht dat het goed was om dit alvast te melden. Het kunnen natuurlijk ook nog sporen van schoonmaakmiddelen zijn die vals oplichten bij de test, maar dat is dan ook verdacht, gezien het spoor.'

Dit moet haast wel verband houden met het pakket dat het observatieteam Maurice die avond in zijn bus heeft zien tillen. Dat zou betekenen dat onder hun ogen mogelijk een moord is gepleegd, het lichaam is versleept en is afgevoerd. 'Dit is heel slecht nieuws, Frank. Die twee mannen die bij de val aanwezig waren, waren dezelfde als die het pakketje die avond overhandigd kregen toch?'

'Ja, klopt. Dat ging om een doos. Die twee die zijn gelinkt aan Sahin.'

'Neem ze maar mee naar het bureau.'

'Als verdachten?'

Rixt gaat in haar hoofd alle opties na. 'Nodig ze maar uit als getuigen. Dat geeft ons de tijd om te gaan duiken in het Gooimeer en dan kijken we daarna verder. We vertellen ze tijdens het verhoor dat ze gezien zijn op die bewuste avond en dan kijken we of het via de taps wat oplevert. Misschien gaat het rommelen en horen we wat.'

'Wanneer ben je terug?'

Ze zucht en hoort de voordeur opengaan. 'Morgenavond…'

'Oké, het is niet anders. Ik hou je op de hoogte.'

'Ik sta stand-by.'

Frank spreekt het niet uit, maar ze weet zelf ook wel dat de timing van haar weekendje weg ontzettend slecht is. Rixt drukt Frank weg en legt haar telefoon op tafel. Delphine loopt de keuken in met twee volle boodschappentassen. Ze schrikt op als ze Rixt aan de keukentafel ziet zitten.

'Je hoeft niet te schrikken, ik ben het maar.'

Delphine lacht opgelaten. 'Ik had jullie nog niet thuis verwacht.' Ze zet de zware tassen voor het aanrecht en Rixt staat op om te helpen uitpakken.

'Ik ben alleen, de rest is nog op de berg.' Ze haalt wat spullen uit de tas en zet die in de koelkast. 'Je hebt nogal wat gehaald.'

Delphine lacht hartelijk naar haar. 'Ik dacht, ik ga eens uitgebreid voor jullie koken. Ik vind het zo gezellig dat jullie er zijn.'

'O ja?' Ze is klaar met toneelspelen. De waarheid moet maar eens boven tafel komen. Als ze verder wil met Victor moet ze ook verder met Delphine en ze gaat geen verstoppertje meer spelen. Haar schoonmoeder kan haar nemen voor wie ze is, en als het haar niet bevalt, vliegt ze vanavond nog terug. Net zo makkelijk.

Delphine verstijft onder haar cynische toon. Rixt pakt een bol knoflook en een fles olijfolie uit de tas en legt die op het aanrechtblad.

Haar schoonmoeder herpakt zich. 'Ja, natuurlijk vind ik dat leuk. Waarom zeg je dat zo?'

Rixt draait zich naar Delphine toe en kijkt haar nu serieus aan. Ook nu ze ouder is geworden, is het nog steeds een knappe vrouw. Haar grijze haar zit in een kunstig gedraaide knot en ze heeft zich mooi opgemaakt. Het is een echte dame en zo ziet ze er ook uit.

'Het is heel gek,' zegt Rixt, 'maar ik kreeg het gevoel dat je liever iemand anders met Victor had gezien dit weekend. En nu ik er zo over nadenk, misschien wel niet alleen dit weekend. Misschien had je hem sowieso wel liever met iemand anders samen gezien.'

De vriendelijke glimlach is op slag van Delphines gelaat verdwenen. Ze kijkt Rixt priemend aan en lijkt zich te bezinnen op haar repliek.

Adrenaline stroomt door haar lijf wanneer Rixt verdergaat. 'Ik ben het zat om de hele tijd de schijn op te houden, dus wat mij betreft hoef jij dat ook niet meer te doen. Lijkt me voor iedereen zeer bevrijdend.'

Rixt gooit de knoflook op de fruitschaal en zet de olie achter het fornuis. 'Helaas voor jou hebben Victor en ik besloten om ons huwelijk nog een kans te geven. Leuk als je dat steunt, maar ook meer dan prima als je dat niet doet. Mocht je iets over dit onderwerp kwijt willen, dan liefst recht in mijn gezicht, zodat ik er zelf ook nog iets over kan zeggen. Doe je het, zoals je tot nu toe gewend bent, liever achter mijn rug om, dan wil ik je vragen ervoor te zorgen dat mijn kinderen hier in ieder geval niets van meekrijgen.'

Delphine staat als aan de grond genageld.

'Mijn werk is belangrijk voor me,' gaat ze op uiterst kalme toon verder. 'Ik snap dat jij liever een schoondochter zou zien die hem in de watten legt en altijd voor hem klaarstaat, zoals je dat zelf ook je hele leven hebt gedaan voor Olivier. Mij past die schoen niet. Ik hou van mijn werk, ik hou van de spanning die het met zich meebrengt, het jagen op criminelen, het juridisch sluitend krijgen van een zaak, de opwinding voor een zitting. Als ik werk, draag ik bij aan de maatschappij op een manier die mij past. Daarnaast probeer ik er zo veel mogelijk te zijn voor de kinderen, want die zijn ook heel belangrijk. Maar op míjn manier, niet de jouwe. Ik hoop dat je dat begrijpt, en als dat niet zo is, is het ook goed. Het gaat niet veranderen. Voorlopig komt er geen echtscheiding, dus je zult het ermee moeten doen.'

Delphine vouwt haar handen samen, kijkt zuinig uit het keukenraam en zwijgt. Rixt laat de ongemakkelijke stilte bestaan zoals ze dat in een verhoor ook doen. In de stilte zit soms meer kracht verscholen dan in de hardste woorden.

Delphine schraapt opzichtig haar keel. 'Nou, dat was in elk geval duidelijk.'

Rixt knikt.

Haar schoonmoeder tilt een tas op het aanrecht. 'Als je het niet erg vindt, ga ik nu verder met de boodschappen en begin ik daarna aan de pastasaus.'

Oké, dan niet. Zij heeft gezegd wat ze wilde. Rixt klapt haar laptop dicht en pakt haar telefoon van de keukentafel. 'Prima. Ga ik boven nog even aan het werk.'

40
Liselotte

Liselotte neemt plaats in de woonkamer van de kleine cottage achter in haar tuin waar haar moeder nu alweer twee jaar woont. Vanaf hier heeft ze zo'n mooi zicht op haar tuin en haar eigen huis. Haar moeder schenkt thee in.

'Had je nog gezocht naar die fotoboeken?'

Haar moeder knikt. 'Zeker, ik heb ze hier liggen.' Ze wijst naar een stapel bruine leren boeken die Liselotte herkent vanuit haar jeugd. Liselotte pakt de bovenste en bladert erin. Herinneringen aan oude familiefeestjes en verjaardagen, vakanties en diploma-uitreikingen komen terug. Dit zijn niet de boeken waar ze naar heeft gevraagd en dat is vast geen toeval. Als ze een aantal boeken samen hebben doorgebladerd, legt Liselotte de stapel op de salontafel. Ze moet erover beginnen.

'Je hebt toch ook nog boeken van voordat ik werd geboren? Van jouw eigen jeugd?'

Haar moeder aarzelt. 'Die kon ik zo snel niet vinden.'

Haar moeder is slim en weet na haar vragen over de pop ongetwijfeld allang dat Liselotte ergens mee bezig is. Bovendien is ze pas twee jaar geleden verhuisd, dus weet ze precies waar ze die boeken heeft opgeborgen.

'O, jammer. Ik had graag die foto's van opa en oma gezien.'

'Ik zal nog wel verder zoeken voor je.'

'En heb je de fotoboeken van papa, van toen hij jong was?'

Haar moeder haalt haar schouders op. 'Dat weet ik zo niet hoor. Waarom ben je opeens zo geïnteresseerd in die oude boeken? Je kan je beter bezighouden met je eigen duizenden foto's op je telefoon waar je niets mee doet. Je hebt het babyboek van Laura nog niet eens gemaakt.'

Haar moeder heeft gelijk. Liselotte kijkt op haar telefoon. 'Ik heb straks een bezichtiging, dus ik ga zo. Hoe ziet jouw dag eruit?'

'Ik heb een alumnibijeenkomst van oud-wethouders en raadsleden, en daarna ga ik bridgen in de Blaercom.'

Dat is mooi. Dan heeft ze straks uitgebreid de tijd om zelf de kasten van haar moeder te doorzoeken naar de fotoboeken.

'Ik heb mijn oude pop trouwens weggebracht ter reparatie.'

Haar moeders wangen krijgen een blos en ze frunnikt aan haar armbanden. 'O ja? Waarheen?'

'Naar een officiële poppendokter. Ik wist helemaal niet dat dat nog bestond. Ze gaat de scheur in het gezichtje lijmen. Dan zie je er niets meer van.'

Haar moeder glimlacht, maar zegt niets.

'Die poppendokter zei dat het nogal een bijzondere pop is. Handgemaakt, hoge kwaliteit. Niet zomaar iets dat je in een winkel koopt. Moet een duur kraamcadeau zijn geweest. Van wie zei je nou dat ik die pop heb gekregen?'

Haar moeder kijkt haar nu strak aan. In haar blik zit een kilte die ze niet vaak bij haar moeder ziet. 'Daar heb ik nooit iets over gezegd, Liselotte. Dat weet je heel goed.'

Ze blijft haar moeder aankijken. Nu moet ze doorzetten. Nog voor ze zelf iets kan zeggen gaat haar moeder verder.

'Ik weet niet waar je mee bezig bent, maar sommige dingen uit het verleden kan je beter laten rusten.' Haar moeder staat op, pakt de fotoboeken en legt ze in de wandkast. 'Hou jij je nou maar bezig met je eigen leven in het hier en nu. Laura heeft je nodig.' Haar moeder aarzelt even en kijkt de tuin in. 'Ik denk dat ze zwanger is.'

'Zwanger!?' Liselotte kijkt haar moeder verbijsterd aan. Dit kan niet. Ze heeft niet eens een vriendje. Bovendien zou ze het daar dan toch met haar over hebben? 'Heeft ze jou dat verteld?'

'Nee, natuurlijk niet. Maar ik ben niet blind. Praat met haar. Ga daar je tijd aan besteden in plaats van te wroeten in het verleden.'

Probeert haar moeder haar nu te manipuleren? Als dit een afleidingsmanoeuvre is over de rug van Laura zou het wel heel erg laag zijn.

Ze kijkt haar moeder strak aan. Van een ontspannen sfeer is helemaal niets meer over. 'Ik weet niet precies wat er aan de hand is, maar het is duidelijk dat er iets speelt waar jij het niet over wil hebben.'

Haar moeder kijkt verongelijkt naar buiten. 'We hebben allemaal dingen waar we het liever niet over hebben.'

'Ken jij Magali Bulouw?'

Haar moeder kijkt haar verschrikt aan. Bingo. Ze blijft stil om haar moeder de kans te geven als eerste iets te zeggen, maar dat gebeurt niet. Haar moeder herpakt zich moeizaam en kijkt zo neutraal mogelijk naar haar. Wat is dit? Ze is behoorlijk aangedaan, dat is duidelijk. Doorpakken nu.

'Dat is de naam van die poppendokter waar ik was. Hele aardige vrouw.'

Haar moeder blijft kalm. 'Ik val in herhaling.' Ze loopt naar de kapstok en trekt haar jas aan. 'Laat het verleden rusten. Blijf rustig zitten om je thee op te drinken, maar ik ga.'

Liselotte blijft zitten als de deur in het halletje van de cottage dichtvalt. Heeft ze dit gesprek zojuist echt gevoerd? Ze kijkt haar moeder na die over het tuinpad richting de gezamenlijke carport loopt. Haar houding licht gebogen, maar nog fit en kwiek. Ze heeft haar moeder nog nooit zo gezien. Ze leek aangedaan. Vroeger als wethouder kon ze ook fel zijn als het over politiek ging, maar niet over persoonlijke dingen. Ze kijkt naar de wandkast. Als haar moeder haar niets wil vertellen gaat ze zelf wel op zoek. Eerst appt ze Laura.

Hi schat, hoe laat ben je uit? Samen lekker wat eten bij George L.A. na school? Ik kom je wel halen.

Dan appt ze een werknemer die de bezichtiging van haar moet overnemen. Ze heeft iets anders te doen. Als Magali van '63 is, moet ze op zoek naar fotoboeken uit die tijd.

41
Charles

Het is druk op de Blaricummerheide op dit tijdstip. Hardlopers, jonge kinderen en wandelaars met honden. Het witte hondje van zijn dochter springt vrolijk om hem heen en blaft uitgelaten tot hij de stok weggooit die hij in zijn handen heeft. Op het houten bankje tegen de rand van het bos, waar ze normaal gesproken zitten, ligt een verzameling voetballen en buitenspeelgoed. Onno stapt flink door.

'We kunnen ook bij de Eendracht gaan zitten?' zegt hij grappend. Hij lust wel een koffie na alle ophef van gisteravond.

'Absoluut niet. Veel te druk. We vinden wel een ander bankje.'

Charles kijkt opzij en gniffelt om de irritatie bij zijn vriend. Hij maakte een grapje, maar zijn vriend is duidelijk niet in de stemming.

Onno kijkt stuurs voor zich uit. 'Ik zei toch dat je niet had moeten gaan. Je had het mij moeten laten regelen. Nu ben je getuige en moet je verklaren.'

'Dat komt me juist heel goed uit. Ik heb een perfect kijkje in de keuken gekregen én mijn geld teruggehaald. Bovendien heb jij het toch geregeld? Heb je Mo nog gesproken?'

Daar gaat die hond weer. Hij springt luid blaffend op twee verzorgde jonge vrouwen af. 'Bobby, kom eens hier, niet springen. Excuus dames,' zegt hij zo charmant mogelijk. 'Hij is nogal enthousiast, en... ik geef hem geen ongelijk,' zegt hij met een knipoog. De vrouwen blozen en kijken hem flirterig aan. Hij ligt nog altijd goed in de markt, constateert hij tevreden.

Onno wacht tot de dames voorbij zijn gelopen. Hij kijkt om zich heen en praat verder.

'Ik heb Mo gezegd dat hij moet zorgen dat zijn familie stopt met het uitvoeren van hun hobby. Hij zou er met ze over praten zodra ze op bezoek komen.'

'Nou, dat was dus te laat. Ik zeg je: Mo is de controle kwijt, dat blijkt uit alles. Zorg dat je erbovenop zit en sta ze bij waar nodig.'

Charles knikt vriendelijk naar een voorbijganger en wacht met praten tot ze buiten gehoorsafstand zijn. 'Maurice was dusdanig in paniek dat het wel om veel geld moet gaan. Ik wil precies weten hoe het zit.'

'Die gast was volledig doorgesnoven.'

'Dat kan zijn, maar hij heeft een interessant bedrijf opgebouwd. Zeer interessant.' Charles tuit zijn lippen.

Onno kijkt bedenkelijk. 'Ik heb er al wat mannetjes op gezet, laten we nou niet langs elkaar heen werken. Ik weet het allemaal liever van tevoren, dan kan ik nog bijsturen. Ik ben niet voor niets je advocaat.'

'Heb je die ouwe nog gesproken?'

Onno knikt. 'Heel kort. Ik heb hem stof tot nadenken gegeven, maar hij is niet voor één gat te vangen.'

'Dat hoeft ook niet. Rustig aan, dan breekt het lijntje niet. Hij heeft nu ook iets anders aan zijn hoofd. En het papierwerk?'

'Dat is allemaal geregeld.'

Charles glimlacht. 'Mooi. Dan kunnen we nu nadenken of we nog iets moeten aanpassen aan mijn getuigenverklaring.'

Onno kijkt op zijn telefoon. 'Ik ben blij dat ik die avond zelf op tijd weg was. Mijn ding is het niet, gokken.'

Charles lacht zijn bulderende lach en slaat zijn vriend op de schouder. 'Omdat je altijd verliest. Je kan niet alles winnen, Belinfante.'

42
Rixt

Rixt neemt plaats in de ruimte naast de verhoorkamers en zet haar cappuccino naast haar laptop. De grote schermen waarop ze kan meekijken en luisteren bij het verhoor staan al aan, maar er zit nog niemand. Ze wrijft in haar ogen. Het was een heel kort nachtje door een vertraagde vlucht. Zo meteen begint de briefing over het onderzoek op het landgoed en de dood van Maurice Bulouw, voor die tijd kan ze mooi meekijken met dit verhoor van de vader van de verslaafde baby. Een rare zaak. Ze leest het verslag en de verklaring van de arts over de baby met ontwenningsverschijnselen.

De baby wordt door de ouders binnengebracht om 09:20 uur nadat ouders hadden gebeld met de Huisartsenpost. Het kindje zou thuis onafgebroken hysterisch huilen, dit was ook hoorbaar aan de telefoon, en na triage door de telefoniste en overleg met een dienstdoende huisarts is besloten dat ouders naar de spoedeisende hulp konden gaan.

Bij aankomst op de SEH in Hilversum wordt een pasgeborene aangetroffen met een laag geboortegewicht en het vermoeden van een premature bevalling. De baby is goed en verzorgd aangekleed maar vertoont symptomen van hypothermie. De baby heeft last van tremoren en een onregelmatige en versnelde ademhaling en niest regelmatig. Daarnaast is er sprake van een voortdurende, hoog krijsende huil die zeer specifiek voorkomt bij baby's met het neonataal abstinentiesyndroom (NAS). Ouders geven aan dat het huilen en trillen de reden is om naar het ziekenhuis te komen. Ook wil de baby maar moeizaam drinken.

Volgens de ouders is de baby de avond ervoor om 22:30 thuis geboren na een vlotte bevalling en probleemloze zwangerschap. Vader heeft vanmorgen om 08:10 uur de baby aangegeven bij de burgerlijke stand op het gemeentehuis in Eemnes. Er was geen verloskundige bij de bevalling aanwezig en de ouders hebben geen behoefte aan kraamhulp.

Er wordt direct besloten tot opname van de baby op de intensive care en er wordt gebeld met het AMC voor intercollegiaal overleg. Om 14:15 uur is de baby in stabiele toestand per ambulance overgebracht naar het Emma Kinderziekenhuis in Amsterdam.

Rixt kijkt op. Er is beweging op het scherm. De deur van de verhoorkamer gaat open en een man stapt zelfverzekerd de verhoorkamer in, gevolgd door zijn advocate en twee rechercheurs. Ze kijkt in haar dossier. Robert de Graaf, zesenveertig, woont in Blaricum. Medeeigenaar van een grote investeringsmaatschappij. Hij komt haar niet bekend voor.

'Het is prima dat u een advocaat heeft meegenomen,' zegt de rechercheur. 'Ik wil u er wel op wijzen dat we nog steeds gewoon praten over wat er aan de hand is. U bent niet aangemerkt als verdachte, we willen graag een verklaring horen omtrent uw baby, omdat de arts een melding heeft gemaakt naar aanleiding van zijn bevindingen. We volgen nog steeds de standaardprocedure na een zorgmelding vanuit het ziekenhuis, maar de omstandigheden zijn dusdanig ongewoon dat ik u wel de cautie wil geven, wat betekent dat u niet verplicht bent om te antwoorden op onze vragen.'

Rixt glimlacht. Fijn dat de rechercheur hem op z'n gemak stelt. De man oogt zeer gespannen.

'Ik begrijp niet waarom ik hier nu moet zitten, terwijl ik in het ziekenhuis alle vragen al heb beantwoord en ik nu ook bij mijn vrouw en onze baby had kunnen zijn. Had móéten zijn.'

De rechercheur knikt begripvol. 'Dat snappen we volledig en we zullen u ook zo snel mogelijk laten gaan. We waarderen het dat u de tijd heeft genomen om langs te komen. Hoe is het nu met...' De rechercheur kijkt snel op een papier. '... Robine?'

'Ze heeft vannacht rustiger geslapen en ze drinkt al iets beter door de speciale medicijnen die ze nu krijgt. Maar ze ligt nog wel op de intensive care.'

'Die speciale medicijnen, welke zijn dat precies?' vraagt de andere rechercheur.

Rixt trekt haar wenkbrauwen op. Dit is wel meteen een pittige vraag. Ze scrolt in het dossier op zoek naar het verhoorplan, maar kan het niet vinden. Kennelijk hebben ze de koetjes en kalfjes gisteren in het ziekenhuis al besproken.

'Ik ben geen arts,' zegt de man. 'Dat moet u in het ziekenhuis opvragen.'

'We hadden nog wat vragen over de bevalling. U gaf aan dat u vanwege geloofsredenen heeft gekozen voor een bevalling zonder hulp. Uw vrouw heeft tijdens de zwangerschap ook niet onder begeleiding van een verloskundige gestaan. Mag ik u vragen welk geloof u aanhangt?'

'Dat is persoonlijk. Wij hebben daarin onze eigen keus gemaakt, we zijn ervan overtuigd dat een zwangerschap iets natuurlijks is en geen medische aangelegenheid.'

'Hoe heeft u zich voorbereid op die thuisbevalling? Heeft u veel gelezen? YouTube?'

Rixt maakt een aantekening dat ze dit checken als ze zijn computer in beslag nemen.

'Wat zijn dit voor belachelijke vragen? De bevalling is probleemloos verlopen, net als de zwangerschap. Ik snap totaal de relevantie van deze vragen niet.' Hij kijkt naar zijn advocate, die meteen het woord neemt.

'Mijn client heeft gisteren al uitvoerig verklaard. U zult begrijpen dat hij graag terug wil naar zijn vrouw en kind.'

'Zeker, zeker. We zijn bijna klaar.' De rechercheur laat een pauze vallen. 'Hoe verklaart u dat uw vrouw een verslaafd kind op de wereld heeft gezet?'

De man staat op van de tafel en schuift wild zijn stoel achteruit. 'Ik laat mijn kind niet verslaafd noemen! Zijn jullie helemaal gék geworden?' De advocate maant hem tot kalmte, maar hij weigert te gaan zitten. 'Wat zijn dit voor beschuldigingen? U denkt dat mijn vrouw drugs heeft gebruikt in de zwangerschap? Dat zou ze nooit doen.'

De rechercheur blijft uiterst kalm. 'Dat is precies waarom we van u zouden willen weten hoe het kan dat de artsen in het ziekenhuis zeggen dat uw baby Robine verslaafd ter wereld is gekomen.'

'Ik ben klaar hier. Ik heb mij tot nu toe heel coulant opgesteld, maar dit laat ik me niet zeggen. Ben ik verplicht te blijven?' vraagt hij aan zijn advocate. Ze schudt haar hoofd.

De rechercheurs staan allebei op. 'U mag gaan, dank voor uw tijd. Zorgt u dat u beschikbaar blijft voor verdere vragen?'

Zonder iets te zeggen loopt Robert de Graaf met zijn advocate de deur uit. Een kort moment later komen de twee rechercheurs bij Rixt de kamer binnen. Ze zien er verhit uit.

'En nu?' vraagt de ene rechercheur. 'Je voelt toch aan alles dat er iets niet klopt?' De andere rechercheur knikt fanatiek. 'Ik heb er heel veel moeite mee hem te laten gaan.'

Rixt kijkt ze beurtelings aan. 'Ik voel hetzelfde. Is die behandelend arts er al?' vraagt ze.

'Ja, die was er net al.'

'Laat Robert de Graaf hier nog even wachten,' zegt Rixt. 'Verzin maar iets. Formulieren of zo. We laten de arts verklaren en ondertussen stem ik met Peter-Paul af wat mogelijk is.'

De rechercheurs lopen de kamer aangrenzend aan de verhoorruimte uit en even later verschijnen ze op het scherm, met de arts.

Rixt belt de rechercheofficier en wordt meteen doorverbonden. Ze kent Peter-Paul al jaren, dus ze voelt zich vrij genoeg om te overleggen.

'Het probleem is,' zegt Rixt, 'dat ik niet weet wat ik hier strafrechtelijk van moet maken. Het is niet verboden om drugs te gebruiken tijdens de zwangerschap. Maar alles wijst erop dat het niet hun kind is. Mag ik bloed laten afnemen voor een DNA-test omdat we die verdenking hebben? Het is nogal wat.'

'Beide ouders verklaren dat het kind thuis is geboren en vader heeft aangifte gedaan bij de burgerlijke stand?'

'Dat klopt,' zegt Rixt. 'Ik heb de arts van de Spoed Eisende Hulp hier zitten en die verklaart dat dit kindje moet zijn blootgesteld aan zware verdovende middelen wanneer er dusdanig snel ontwenningsverschijnselen optreden na de geboorte.' Rixt scrolt door het medisch rapport. 'Uit de bloedtest blijkt dat het gaat om heroïne en cocaïne. Moeder verklaart dat ze geen drugs heeft gebruikt. Daarover liegen is geen strafbaar feit. Misschien gebruikt ze wel en wil ze dat verborgen houden. Dat is ook geen strafbaar feit. Het klópt gewoon niet.'

'Je zou dan een verdenking hebben van kinderhandel op grond van de symptomen van NAS bij de baby die niet overeenkomen met de medische staat van de moeder?'

'Ja, daar komt het op neer. Heel lastig.'

'Ik denk dat je moet proberen vrijwillig bloed af te nemen bij de moeder. Dan weten we zeker of het haar kind is.'

'Mag dat onder valse voorwendselen? Dat de artsen zeggen dat het is om de baby te helpen om te zoeken naar de oorzaak van de ziekte? Zoiets? Ik zou ook heel graag een medisch onderzoek laten doen om vast te stellen of ze echt recent is bevallen.'

'Dat kan alleen met vrijwillige medewerking. Je kan het alleen afdwingen als er een verdenking van een ernstig strafbaar feit is, en die verdenking heb je nog niet.'

Rixt tuurt naar het scherm waarop te zien is hoe de arts zijn verklaring geeft.

'Zorg voor een volledig medisch rapport van de baby,' gaat Peter-Paul verder.

Rixt maakt een aantekening dat ze ook nog belt met haar collega officier van mensenhandel.

'Als we de ouders aanhouden heeft dat kindje niemand,' denkt ze hardop.

'Hm. Dat is jouw afweging, Rixt. Succes en laat me weten hoe je vordert.'

Rixt hangt op en neemt een slok van haar koud geworden cappuccino. Ze moet de ouders zien te betrappen op een kennelijke leugen. Als ze aantoonbaar ergens anders over liegen heeft ze grond genoeg om alle andere verklaringen in twijfel te trekken.

Ze belt de leidinggevend rechercheur. 'Hi, Rixt hier. Nog nieuws over die baby?'

'Nee, behalve dat de moeder weigert borstvoeding te geven terwijl de artsen daarop aandringen en hebben verteld dat dat juist bij zieke baby's heel belangrijk is.'

Rixt ijsbeert door de kamer. 'Omdat ze geen borstvoeding kán geven. Het is haar kind helemaal niet, ik voel het aan alles. Vraag bij buurtonderzoek over haar zwangerschap, check social media, werk, vriendinnen. Ik wil alles boven tafel hebben. Vraag ook rond naar dat bijzondere geloof waarbij je als vrouw zonder medische hulp moet bevallen. Gaan ze naar een kerk? Wie zitten daar nog meer bij? We moeten alles weten. En het zou heel mooi zijn als de artsen vrijwillig bloed kunnen afnemen bij de moeder.'

'Mogen we huiszoeking doen?'

'Nog niet, ze zijn nog niet aangemerkt als verdachten. Ik laat het je meteen weten als dat verandert. Doe wat je kan binnen wat mag.

Zorg dat de ouders nergens heen gaan. En stem met het ziekenhuis af dat de ouders de baby in geen geval mee naar huis mogen nemen.'

43
Liselotte

Liselotte bladert in de fotoboeken en slaat een bladzijde terug als ze een gezinsfoto ziet van zomer 1961. De foto is genomen in de tuin van de pastorie, waar haar moeder haar hele jeugd heeft gewoond. Haar moeder staat tussen haar ouders in en kijkt lachend in de camera.

Liselotte heeft haar grootouders maar een paar keer in haar leven ontmoet. Haar moeder had een moeizame relatie met haar ouders. Van de keren dat haar grootouders op bezoek waren, herinnert Liselotte zich vooral de ongemakkelijke sfeer.

Iets dat helemaal niet strookt met de uitstraling van deze foto's. Ze staan er allemaal vrolijk op en haar moeder heeft haar armen om beide ouders geslagen. Ook als ze verder bladert naar eerder genomen foto's lijkt alles gemoedelijk. Verjaardagsfoto's met taart. Een oude schoolfoto van haar moeder als kleuter. Wat kan er gebeurd zijn dat hun relatie heeft verstoord? Ze bladert weer vooruit. In dit boek kan ze niet vinden wat ze zoekt, het loopt maar tot 1964.

Ze pakt de fotoboeken van haar vader erbij. Er zijn maar weinig foto's uit zijn jeugd. Een paar oude schoolfoto's en wat familieportretten, genomen tijdens wat lijkt op een huwelijksjubileum van zijn ouders. De hele familie staat er in zijn beste kleding op. Jammer dat het zwart-witbeelden zijn. Magali is van maart 1963. Ze zoekt een foto waarop hij met een meisje staat dat de moeder van Magali zou kunnen zijn. Ze vindt een paar foto's die genomen zijn in zijn studentenwoning, wat vakantiefoto's met vrienden. Dan ziet ze een foto waar hij met een meisje op staat. Ze hebben duidelijk lol en hebben allebei een biertje in hun hand. Zomer 1968. Het zou kunnen, dan was Magali al vijf en hadden ze nog steeds contact? Dit schiet niet op zo. Ze pakt haar telefoon.

Hi Magali, was zo gezellig je gisteren op het terras te zien. Ik zou je op de hoogte houden van mijn kleine onderzoekje ;-) Ik heb inmiddels fotoboeken gevonden uit 1963 en 1977 en vroeg me af of jij een foto van je vader en je moeder hebt uit die tijd. Die kan ik dan vergelijken met de gezichten die ik hier op verschillende foto's zie staan. Ik hoop snel van je te horen. Zo bijzonder dat we elkaar hebben ontmoet, ben met niets anders meer bezig. Liefs, LK

Ze had er meteen aan moeten denken om foto's te vragen, al was het maar om ze te kunnen vergelijken met haar eigen jeugdfoto's zodat ze punten van herkenning zou kunnen vinden. Nog voor ze haar telefoon weg kan leggen heeft ze al een berichtje terug.

Hi Liselotte, ik ben op het moment even heel druk. Mijn broer is gisteravond onverwacht overleden. Het was een noodlottig ongeval en we zijn er allemaal kapot van. Ik hoop dat je snapt dat ik mijn vader nu niet ga lastigvallen met onze bevindingen. Ik neem contact op zodra ik weer wat meer lucht heb. Hartelijke groet, Magali

Overleden? Jemig.

Lieverd, wat vreselijk voor jullie. Van harte gecondoleerd. Alle begrip uiteraard. Laat me weten als ik iets voor je kan doen. We spreken elkaar later. LK

Ongelooflijk. Net nu ze mogelijk een halfbroer heeft, zal ze hem nooit leren kennen. Ze slaat het fotoboek van haar vader dicht. Zonder oude foto's heeft deze zoektocht niet zoveel zin. Dan bedenkt ze dat er op de website van het poppenatelier een foto stond van Magali en haar vader. Ze scrolt op haar telefoon en vindt de foto. Haar moeder is in 1977 van haar bevallen, dus dan moet haar moeder Max Bulouw voor die tijd al hebben ontmoet. Misschien is hij wel te gast geweest op het huwelijk van haar ouders.

Ze pakt het trouwboek van haar ouders erbij. Haar ouders zijn getrouwd in mei 1973. Het was een stralende dag en haar ouders zien er zeer gelukkig uit. Er staan veel foto's in van gasten die op de bruiloft waren. Liselotte houdt haar telefoon met de foto van Max Bulouw naast de verschillende foto's en dan stokt haar adem. Niet te geloven. Daar zit hij. Een stuk jonger dan op de foto op de website, maar het is hem. Max Bulouw was een bekende van haar ouders en hij maakte de pop die ze bij haar geboorte kreeg. Ze slikt. Max Bulouw is haar biologische vader.

Haar telefoon trilt.

Waar zit je?

Shit! Is het al zo laat? Ze is de lunch met haar dochter helemaal vergeten.

Ik kom eraan, ben er bijna. Bestel maar vast een drankje.

Ze legt het trouwboek open op de salontafel, bergt de rest van de fotoboeken op en haast zich naar George L.A. Als haar moeder is vreemdgegaan tijdens haar huwelijk, moet ze daar maar eens eerlijk voor uitkomen. Ze gaat haar moeder zo snel mogelijk confronteren met wat ze heeft ontdekt.

44
Rixt

Ze loopt de vergaderzaal in en gaat als laatste zitten aan de ovale tafel. Frank staat te bellen bij het raam. Ze opent haar laptop en gaat naar het dossier van Landgoed Serafijn. Frank gebaart naar haar dat hij bijna klaar is, dus wacht ze nog even met het openen van de briefing. De zaak van de baby blijft maar in haar hoofd zitten. Ze opent een mail van het wijkteam en scant het verslag van het buurtonderzoek. Er is met verschillende buren gesproken en het was niemand opgevallen dat de vrouw zwanger was. Wel was bekend dat het stel al langer bezig was met een vruchtbaarheidstraject en meerdere mislukte IVF-pogingen heeft ondergaan. Een andere buurvrouw verklaarde dat ze wist dat het stel bezig was met buitenlandse adoptie, maar dat dat door de aangescherpte wet- en regelgeving heel lastig was geworden.

Rixt trommelt met haar vingers op de tafel en bekijkt wat foto's die van Instagram zijn geplukt door de afdeling Digi. Zeer recente foto's waar geen dikke buik op te zien is. Dit moet toch voldoende bewijs zijn om ze als verdachte aan te merken. Frank staat inmiddels naast haar en alle ogen van het team zijn op haar gericht. Ze heeft helemaal niet doorgehad dat ze al begonnen waren.

'Sorry, ik was even verdiept in een andere zaak. Geef me twee minuten.'

Rixt loopt de gang op en belt de zaakcoördinator. 'Hi, Rixt hier. Even over de zaak van die baby. Heb je de aanvullingen in het dossier gezien?'

'Nog niet, ik sta op een plaats delict.'

'De moeder is nergens zwanger gezien en de omgeving weet niets van een zwangerschap. Laat allebei de ouders maar aanhouden op verdenking van illegale adoptie en kinderhandel, en meenemen naar Houten voor verhoor los van elkaar.'

'En de baby dan?'

'Die ligt voorlopig nog op de intensive care, dus daar wordt goed voor gezorgd. Ik vorder een bevel van de rechter-commissaris voor lichamelijk onderzoek van de moeder. Dan zullen we zien of ze net bevallen is.' Ze hangt op en loopt terug de vergaderruimte in.

Frank staat voor het whiteboard en op het scherm is een foto te zien van Maurice die, met zijn hoofd in een plas bloed, onderaan de trap ligt.

Frank ijsbeert door de ruimte. 'De grote vraag is dus, was het een ongeluk?' Hij kijkt betekenisvol naar het team. 'Uit de eerste bevindingen van Forensisch wordt in ieder geval duidelijk dat Maurice aan de verwondingen aan zijn hoofd is overleden. Die verwondingen zijn waarschijnlijk veroorzaakt door de klap op zijn hoofd door de val van de trap. Niets wijst erop dat hij eerst op zijn hoofd is geslagen en toen van de trap is geduwd. De positie van het lichaam wijst ook op een val bij leven.' Er ontstaat wat geroezemoes onder het team.

Frank wacht even en gaat dan verder. 'Uit het rapport blijkt ook dat het slachtoffer veel bloeduitstortingen op zijn lijf had die er al gezeten moeten hebben voor hij overleed. Hij is behoorlijk toegetakeld in de dagen voor zijn overlijden. Dit komt overeen met de bevindingen van mij en Justin toen we hem spraken naar aanleiding van de gevonden botten in de tuin. Hij had toen een gescheurde wenkbrauw en liep wat moeilijk. Het toxicologisch rapport laat zien dat hij de avond van zijn dood behoorlijk onder invloed is geweest van in ieder geval cocaïne en alcohol. Dit zou een val van de trap kunnen verklaren. Volgens de arts is dat in ieder geval zeker niet uit te sluiten.'

Frank laat nog wat foto's zien van de plaats van de val en van de ruimte bovenaan de trap, vanwaar je het kantoor bereikt.

'Wat we nu weten is dat er behoorlijk wat mensen aanwezig waren tijdens of kort na zijn val. Volgens de verklaringen zat er zeer korte tijd tussen en hebben ze hem ongeveer gelijktijdig onderaan de trap aangetroffen. Niemand heeft het zien gebeuren, maar iedereen heeft Maurice horen schreeuwen toen hij viel. Ook Tim heeft de dreun op de grond gehoord. Naar aanleiding daarvan is hij direct opgestaan en naar de keldertrap gerend. De zus van het slachtoffer en de vader van het slachtoffer kwamen door de schreeuw die ze hoorden naar beneden rennen. Zij waren samen in het appartement boven het kantoor en kwamen gelijktijdig aan met Tim bij de keldertrap. Op dat moment kwamen er ook twee mannen via de achterdeur binnen. Zij hebben de schreeuw niet gehoord, maar hebben wel Tim en de familie gelijktijdig zien aankomen bij de keldertrap.'

Frank zucht en bolt zijn wangen. 'Direct daarna kwam er een beveiliger de ruimte binnen met behoorlijk wat boze mensen achter zich aan. Die zijn kort in de ruimte geweest, maar al snel naar buiten gewerkt.'

'Wie heeft 112 gebeld?'

'De zus, Magali Bulouw, heeft de hulpdiensten gebeld en gevraagd om een ambulance voor haar broer. Uit de verslaglegging van de meldkamer blijkt dat er toen al politie onderweg was naar het landgoed vanwege een melding over onregelmatigheden in het casino. Tussen die twee meldingen zit minder dan tien minuten. Maurice is vlak voor zijn dood door meerdere getuigen gezien in de hal voor de keuken van het restaurant en is door de keuken naar het kantoor gerend, waarschijnlijk op de vlucht voor een boze menigte die uit het casino kwam. Het onderzoek naar wat er in het casino is voorgevallen loopt nog, dus wat er daar is gebeurd hebben we nog niet precies in beeld.'

Hij klikt met zijn muis op een bestand in zijn laptop en op het grote scherm verschijnen meerdere donkere foto's met daarop duidelijk oplichtende puntjes. 'Dit zijn foto's genomen in de hal voor het kantoor, de kelder, de trap naar het appartement, de hal van het appartement, de woonkamer en de slaapkamer.'

Hij klikt rustig verder en geeft iedereen uit het team ruim de gelegenheid om de foto's te bekijken. 'Uit deze foto's blijkt dat er naar alle waarschijnlijkheid meerdere bloedsporen zijn aangetroffen of schoonmaakmiddelen zijn gebruikt waar de testkit ook op reageert. De analyse van de foto's is nog lang niet klaar, daar wordt hard aan gewerkt. Ook is het sporenonderzoek nog niet afgerond. Er lijkt dus een spoor van bloed te zijn dat is schoongemaakt, maar uit de voorlopige bevindingen van de arts lijkt Maurice pas te zijn gaan bloeden na de val van de trap. Hier zit dus nog een grote onduidelijkheid. We denken dat er een mogelijk verband is met het pakket dat de dag ervoor is ingeladen in de bus van het landgoed en mogelijk is verplaatst naar het Gooimeer. Dat onderzoek is in volle gang.'

Hij kijkt Rixt vragend aan.

'Daar wordt aan gewerkt,' zegt ze. 'Het kan nog wel even duren, want het duikteam zit tot over z'n oren in het werk.'

'Ik denk wel dat hier haast achter gezet moet worden. Kan je nog iets aan de prioritering doen?' Frank klinkt kribbig, en ze snapt zijn frustratie.

Rixt knikt. 'Ik ga kijken wat ik kan doen. Ik denk dat we de directe betrokkenen allemaal sowieso nog een keer moeten horen, maar nu op het bureau. Maak met elkaar een duidelijk verhoorplan waarbij je vol inzet op inconsistenties in de verhalen. Ook moeten we zien te achterhalen wat de rol van die twee mannen van Mohammed Sahin is in dit verhaal, en onderzoek welke rol het casino speelt.'

'En die botten?' vraagt Justin.

Rixt haalt een hand door haar haar. 'Die vader moet ook gehoord worden op het bureau. Over de botten die zijn gevonden, maar ook over de val van zijn zoon. Stem het verhoor goed met elkaar af, zodat we hem aan het einde van de dag weer kunnen laten gaan. Denk aan het meenemen van medicijnen en dergelijke, een duidelijk tijdstip, een gewone auto om hem op te halen en weer thuis te brengen. De man is tweeënnegentig.'

Weer geroezemoes. Het is een bak werk, daar is ze zich van bewust. Deze zaak is veel groter geworden dan ze in eerste instantie dachten.

'Ik zal vragen om opschaling om iedereen wat te ontlasten,' zegt ze. 'We missen een aantal verbanden. Als blijkt dat die mannen rondom Sahin hiermee te maken hebben, gaat het extra budget wel lukken. Focus daar dus ook op. Succes iedereen.'

Haar telefoon trilt.

Ouders van de baby zijn aangehouden en onderweg naar Houten. Kijk jij mee met het verhoor? Even afstemmen met tactische recherche over aanpak.

Ze stuurt een duimpje terug.

'Ik moet gaan.'

Frank knikt en kijkt bedenkelijk. 'Het bevalt me helemaal niet dit,' fluistert hij. 'Jij lijkt met je gedachten ergens anders en ik probeer met een half team een zaak te doen waar ik veertig man voor nodig heb om het allemaal rond te krijgen.'

'Ik weet het.' Ze legt een hand op zijn schouder. 'Ik beloof je dat ik mijn best ga doen.' Ze glimlacht naar hem en loopt dan haastig richting de parkeergarage.

45
Max

Magali loopt achter Max aan de gang in van het politiebureau aan de Groest in Hilversum. Het liefst zou zijn dochter hem een arm geven, maar hij heeft duidelijk aangegeven dat hij op eigen kracht wil lopen. Hij wil niet als kwetsbaar gezien worden. Al ziet hij zelf ook wel dat er nog maar weinig over is van die sterke man die hij ooit was.

Magali was het niet eens geweest met zijn wil om te verklaren, maar hij stond erop naar het bureau te worden gebracht.

De agente wijst Magali een wachtruimte. 'Wacht u hier, dan wordt u zo ook opgehaald.'

Max kijkt om en glimlacht naar zijn dochter. 'Geen zorgen.'

Hij loopt de verhoorkamer in en gaat zitten aan de enige tafel die in de ruimte staat. Het ziet er precies zo uit als hij zich had voorgesteld. De twee rechercheurs gaan tegenover hem zitten.

'Meneer Bulouw, nogmaals gecondoleerd met het verlies van uw zoon.'

De man die het woord voert, heeft hij ook in het atelier gesproken. De donkere kringen om de ogen van de rechercheur verraden een korte nachtrust. Zelf heeft hij ook nauwelijks een oog dichtgedaan.

Max kijkt beurtelings naar de rechercheurs. 'Ik wil graag een verklaring afleggen. Het is tijd dat de waarheid boven tafel komt. Het heeft lang genoeg geduurd.'

De twee rechercheurs kijken elkaar kort aan. 'Heeft u het over de dood van uw zoon?'

'Nee,' zegt Max met waterige ogen. 'De dood van mijn zoon was een ongeval, zoals ik u dat eerder ook heb verteld.' Hij pauzeert en ziet zijn zoon weer onderaan de trap liggen. 'Ik wil verklaren over de gevonden menselijke resten.'

De rechercheurs wisselen een blik van verstandhouding.

'Ik heb de baby's daar begraven.'

Twee verbaasde blikken aan de andere kant van de tafel. 'U heeft ze begraven, zegt u?'

'Inderdaad. Zo'n zestig jaar geleden.'

'Oké.' De rechercheur fronst en slaat zijn laptop open. 'Omdat u zojuist heeft bekend dat u de baby's heeft begraven, bent u nu aangemerkt als verdachte in deze zaak. Ik wil u erop wijzen dat wat u zegt tegen u kan worden gebruikt en dat u het recht heeft om te zwijgen. Ook heeft u recht op een advocaat.'

'Dat is niet nodig.'

'Weet u dat zeker?'

'Heel zeker. Wat ik te vertellen heb is niet strafbaar en als het dat ooit wel was, is het nu verjaard.'

De rechercheur knikt langzaam. 'Het is aan de rechter om te beslissen of u strafbaar bent of niet.'

'Wilt u horen wat ik te zeggen heb?'

'Zeker. Ga uw gang, meneer Bulouw.'

'Dokter Bulouw.' Max kijkt de rechercheurs beurtelings aan. 'In de jaren zestig was ik werkzaam als huisarts. In die hoedanigheid hielp ik bij thuisbevallingen die in en rondom het Gooi plaatsvonden en soms op de kraamafdeling in het ziekenhuis. Ook werkte ik vanuit huis en in moederhuis Huize de Hoeksteen in Hilversum.'

Hij pauzeert en schraapt zijn keel. 'U moet begrijpen dat seks voor het huwelijk in die tijd taboe was. De seksuele revolutie was nog niet geweest, vrouwen gebruikten geen anticonceptie en abortus was nog niet gelegaliseerd. Als je als vrouw toch zwanger werd, werd je gezien als een gevallen vrouw. Ik stond ze bij. Ik hielp ze met hun… probleem.' Hij kijkt de rechercheurs aan. 'Ik was, zoals je dat toen noemde, een engeltjesmaker.'

De rechercheur stopt met typen. 'En… wat hield dat dan precies in?'

Max zet zijn ellebogen op tafel en legt zijn vingertoppen zachtjes tegen elkaar aan. 'De schande die die vrouwen voelden en opgelegd kregen door de maatschappij en hun familie was enorm. Vrouwen verzonnen de meest vreselijke maatregelen om van hun ongewenste zwangerschappen af te komen. Door mijn hulp als arts aan te bieden, kon het in ieder geval hygiënisch en meestal zonder complicaties of risico op onvruchtbaarheid gebeuren. Je had ook veel kwakzalvers in die tijd, dan gingen vrouwen gewoon dood na een abortus.'

Beide rechercheurs zijn stil en kijken elkaar nadenkend aan. De ene man typt iets op de laptop en wacht een moment. Dan laat hij iets lezen op zijn scherm en de andere rechercheur knikt. 'Goed, we gaan verder. Hoe zit het met de menselijke resten die wij gevonden hebben? Volgens het NFI zijn dat resten van nagenoeg volgroeide baby's.'

'Dat klopt. Dat zijn baby's die voor of tijdens de bevalling zijn overleden.'

'Waarom heeft u die daar begraven?'

'Uit respect voor de moeders en de baby's. U moet weten dat doodgeboren baby's in die tijd begraven werden in ongewijde grond. In de praktijk kwam dat neer op een begrafenis achter de heg van een begraafplaats. In het ziekenhuis werden doodgeboren kindjes weggegooid bij het medisch afval en meegegeven ter verbranding. Ik wilde de moeders dat besparen door ze bij mij op het landgoed een mooie plek te geven.'

De rechercheur haalt zijn hand door zijn haar en kijkt bedenkelijk. 'Meegegeven met het afval…' mompelt hij.

'Als u mij niet gelooft, kunt u dat bij ieder willekeurig ziekenhuis of begraafplaats navragen en zal mijn verhaal bevestigd worden.'

'Waarom heeft u dit niet meteen verteld?'

'Ik probeer zo min mogelijk terug te denken aan die tijd. Het was in veel opzichten voor mij als arts een... traumatische aangelegenheid.'

'Kunt u daar iets meer over vertellen?'

'Nee, liever niet.'

De rechercheur knikt. 'Goed. Dan laten we het hierbij. Zouden we u dan wel nog een paar vragen mogen stellen over de avond waarop uw zoon van de trap viel?'

Max knikt.

'Zou u ons kunnen vertellen waarom u precies meeging met uw dochter die avond naar het kantoor?'

Max staart voor zich uit. Het knagende gevoel in zijn buik neemt weer de overhand en hij moet moeite doen zijn tranen te bedwingen.

'We wilden Maurice tot rede proberen te brengen. Kennelijk was hij doorgedraaid. Mijn dochter durfde niet alleen naar hem toe, daarom ben ik meegegaan.'

'Waarom was ze bang voor hem?'

Max ziet het gehavende gezicht van zijn dochter weer voor zich en huivert. 'Hun relatie was behoorlijk bekoeld de laatste tijd. Sinds hij weer drugs gebruikte ging alles bergafwaarts.'

'Was u trots op uw zoon?'

'Zeer.' Hij slikt. 'Als hij niet gebruikte. Hij had het bedrijf op het landgoed juist weer zo mooi opgebouwd.' Hij kucht en veegt een traan van zijn wang.

De twee rechercheurs kijken elkaar aan. 'Ik denk dat het goed is dat we dit verhoor stoppen.'

Max knikt en staat op. Hij zoekt houvast bij de tafel en loopt voorzichtig naar de deur.

'U mag gaan, en u hoort nog van ons als we meer vragen hebben.

De officier van justitie zal bepalen of ze in uw handelen een strafbaar feit ziet of niet.'

'U doet maar wat u goeddunkt. Kunt u mijn dochter halen? Ik zou graag een arm willen bij het lopen.'

46
Magali

Haar vader loopt zonder om te kijken de gang in op weg naar de verhoorruimte. Ze had gehoopt dat hij zich nog even naar haar zou omdraaien voor een kort moment van contact, maar hij zit in zijn eigen wereld. De dood van Maurice heeft hem gebroken. Ze heeft hem nog nooit zo gezien, zelfs niet na het overlijden van haar moeder.

Magali neemt plaats in de wachtruimte die ruikt naar verse verf en pakt een tijdschrift van de stapel waar ze gedachteloos in bladert. Een vrouwelijke rechercheur die zich voorstelt als Natasja komt haar halen. Ze krijgt een plastic beker met thee en gaat zitten in de verhoorruimte. In beide hoeken van de kamer hangt een videocamera aan het plafond.

De mannelijke rechercheur stelt zich voor als Justin en gaat recht tegenover haar zitten. Natasja neemt plaats aan de kop van de tafel.

'Nogmaals gecondoleerd,' zegt Justin als hij zijn laptop openklapt. 'Hoe gaat het met u?'

'Het gaat wel. Ik kan nog niet geloven dat mijn broer echt dood is.'

'U bent nog niet bij hem geweest na zijn overlijden?'

'Nee, dat ging niet. Zijn lichaam is nog niet vrijgegeven. Hopelijk gebeurt dat snel.' Ze haalt een tissue uit de doos die op tafel staat en snuit haar neus. Het deppen van haar linkeroog doet nog steeds pijn. Ze heeft de donkere verkleuring zo veel mogelijk met make-up weggewerkt, maar haar blauwe oog is overduidelijk en ze ziet de rechercheurs ernaar kijken. Met opgeheven hoofd kijkt ze terug. Ze heeft niets om zich voor te schamen.

Justin gaat ontspannen achterover zitten. 'De timing is vervelend, maar we hebben nog wat vragen over die avond waarop uw broer 's avonds laat nog met de bus wegging.'

Magali kijkt hem vragend aan. Haar gedachten gaan terug naar die dramatische avond met Zlata. 'Welke avond? Mijn broer reed geregeld in die bus.'

'Donderdagavond. Rond half elf 's avonds is uw broer weggereden en iets voor middernacht kwam hij terug. Toen overhandigde hij een doos aan de twee mannen die u in een eerdere verklaring heeft aangewezen als zijn afpersers. Wat was daar aan de hand?'

'Ik zou het niet weten.'

De rechercheur legt een foto op tafel. Er is duidelijk te zien dat Maurice een doos van de passagiersstoel van de bus haalt en dat een van de twee mannen die doos aanpakt. 'Zoals u op deze foto kunt zien stond u in de deuropening en u lijkt nogal... geëmotioneerd.'

Ze pakt de foto op en bekijkt hem van dichtbij. Haar aanwezigheid in de deuropening valt met geen mogelijkheid te ontkennen.

Magali fronst haar wenkbrauwen. 'Waarom is dat van belang?'

Justin en Natasja kijken elkaar kort aan, en glimlachen dan vriendelijk naar Magali. 'We onderzoeken van alles rondom de dood van uw broer en we proberen van zijn laatste dagen een zo goed mogelijk beeld te krijgen.'

Ze knikt. 'Ik was zeer van streek.' Ze wrijft nog een keer over haar gezicht. 'Ik had ruzie met mijn broer op het moment dat deze jongens de doos kwamen ophalen. Maurice was gespannen en niet voor rede vatbaar.'

'Waar ging de ruzie over?' vraagt Natasja op meelevende toon.

Magali wacht even voor ze antwoord geeft. Focus. Geen verkeerde afslagen nu.

'We begrijpen dat het moeilijk is. Wilt u misschien wat water?'

'Nee hoor, het gaat. Dank.' Magali schraapt haar keel. 'Zoals jullie weten probeerde ik erachter te komen waar mijn broer mee bezig was, ook voor jullie. Die avond confronteerde ik hem met mijn vermoedens dat hij werd afgeperst en hij... ontplofte.' Ze wijst naar haar gezicht. 'Dit is daar het gevolg van.'

'Hoe laat was dat?'

Ze kijkt de vrouw ijskoud aan. 'Sorry maar ik heb niet op mijn horloge gekeken terwijl hij mij in elkaar sloeg.'

Natasja houdt haar handen omhoog. 'Zo bedoel ik het niet, uiteraard. Weet u nog of het voor of na dit moment was?'

'Voor en na.'

De twee rechercheurs kijken elkaar kort aan. 'Dus u was al eerder in het kantoor aanwezig die avond?'

'Zeker,' zegt ze stellig. 'Ik was er eerder en mijn vader ook. We hebben beiden geprobeerd met Maurice te praten die avond.'

'Waarover?'

'Over het beheer van het landgoed, uiteraard, en over zijn drugsgebruik. We probeerden hem te laten vertellen over die jongens die er steeds waren. Hij wilde er niet over praten en vond dat ik mijn mond moest houden. Dat heeft hij flink duidelijk gemaakt.'

'Was uw vader daarbij?'

'Nee. Die heb ik naar huis gebracht. Maar dat zullen jullie ook gezien hebben? Toen ik terugkwam in het appartement was Maurice verdwenen.'

'Weet u waar hij naartoe was?'

'Geen idee, hij heeft mij dat niet verteld. Ik ben naar het restaurant gegaan en naar het casino om te kijken of hij daar was, maar niemand had hem gezien. Toen ben ik teruggegaan en heb in het appartement op hem gewacht. Toen hij terugkwam was hij helemaal opgefokt en... aangedaan.'

'Hoe bedoelt u dat?'

'Zoals ik het zeg. Hij was duidelijk ook flink te grazen genomen en had volgens mijn vader een gebroken neus. Hij bloedde flink in ieder geval.'

'Die had hij dus die avond al?'

Magali knikt. Goed opletten. Consequent, helder en niet te veel zeggen. 'Ook op de vloer, ik heb het zelf schoongemaakt met bleek.'

De vrouwelijke rechercheur maakt een aantekening. 'Kan het zijn dat uw broer die avond rond half elf iets moest wegbrengen voor iemand?'

'Geen idee. Ons gesprek liep hoog op. Op een gegeven moment is mijn broer naar beneden gegaan en ben ik met mijn vader boven gebleven. We hebben samen wat gedronken. Toen hoorden we buiten de bus van Maurice wegrijden. Daarna heb ik mijn vader naar huis gebracht. We dachten niet dat hij nog zou terugkomen en mijn vader was moe. Later ben ik Maurice gaan zoeken omdat ik me zorgen maakte over hem. Hij had die neus en leek zo van streek. Toen is die foto gemaakt. Die mannen kwamen een doos halen en zijn weer weggegaan. Ik weet niets van de inhoud en ik heb Maurice er ook niet naar gevraagd. Ik vroeg nooit naar dit soort dingen.'

De twee rechercheurs zwijgen allebei. Magali probeert haar ademhaling zo goed mogelijk onder controle te houden en vouwt haar vingers in elkaar zodat haar handen niet trillen. Het is genoeg zo. Ze moet naar huis en dit gesprek met haar vader herhalen. Zonder details te vergeten.

'Als u verder geen vragen heeft, zou ik graag naar mijn vader gaan. Het is vervelend als hij op mij moet wachten. Hij is zo oud.'

'Prima, natuurlijk. We lopen met u mee terug naar de wachtkamer. Houdt u zich beschikbaar voor verdere vragen?'

'Uiteraard. Ik doe alles om te helpen.'

Zo rustig mogelijk loopt ze de gang op. Als haar vader in godsnaam maar hetzelfde heeft verteld over deze avond. Daar komt ze snel genoeg achter.

47
Rashid

De rechercheur leunt over de tafel heen en kijkt hem recht aan. Hoelang moet hij hier nog zitten? En dat gezeik over hoe de schreeuw van Maurice klonk toen hij viel. Hij had veel beter met zijn neef moeten afstemmen wat ze zouden zeggen, nu is hij voortdurend bang dat hij de boel verkloot. Hij is moe en hij wil naar huis. Zijn advocaat ziet er onberispelijk uit. Hij hoefde Onno Belinfante niet eens zelf te bellen. Iedere keer verbaast het hem weer dat zijn oom Mo nog zoveel ogen buiten heeft en alles meekrijgt en regelt. Al zal hij wel klagen over de kosten.

'Goed, ik vraag het nog een keer.' De rechercheur kijkt hem indringend aan. 'Wat deed je midden in de nacht in het kantoor van Maurice Bulouw?'

'Gewoon, op visite.'

De rechercheur trekt zijn wenkbrauwen op. 'Want jullie waren beste vrienden?'

Rashid haalt zijn schouders op. 'Nee, ik was gewoon met mijn neef mee.'

Zijn advocaat kijkt de rechercheur met opgetrokken wenkbrauwen aan. 'Sinds wanneer is het verboden om bij iemand op bezoek te gaan? Ook al is het op een laat tijdstip.'

De rechercheur negeert de vraag en gaat over op een ander onderwerp. 'Dus jouw neef is een goede vriend van Maurice?'

Hij kijkt naar zijn advocaat, die naar hem knikt. 'Weet ik veel. Gewoon een vriend, denk ik,' zegt Rashid.

'Was je uitgenodigd voor de pokeravond?'

Rashid lacht. 'Nee man, wat denk je zelf? Zie ik eruit of ik binnen zou komen op zo'n avond?'

De rechercheur loopt rondjes door de ruimte. Rashid wordt er zenuwachtig van. 'Was je al eerder op het landgoed geweest?'

'Een paar keer.'

De twee rechercheurs kijken elkaar kort aan en Onno schrijft iets in zijn schriftje. Shit. Heeft hij nu iets verkeerds gezegd? Zie je wel, het duurt te lang, dan verliest hij zijn concentratie. Hij schuift op zijn stoel en schraapt zijn keel. 'Ik vind het wel mooi zo. Ik zit hier al een uur, man. Ik heb alles al twee keer verteld. Waar word ik eigenlijk van verdacht?'

'Dat is een uitstekende vraag van mijn cliënt. Ik had het zelf niet beter kunnen formuleren. En als er niet snel een antwoord komt, denk ik dat we zo onderhand wel klaar zijn hier.'

'Nogmaals, je bent géén verdachte,' zegt de rechercheur. 'We willen gewoon weten wat er precies is gebeurd. Er is iemand dood, dat is ernstig.'

Rashid zucht diep en demonstratief. 'Wij kwamen aan en toen lag die gast al dood onderaan de trap.'

De rechercheur leunt nog iets verder over de tafel. 'Hoe weet je zeker dat hij al dood was?'

Rashid fronst. 'Dat zag ik.' Ze kijken hem vragend aan. 'Hij zag er dood uit, laat ik het zo zeggen. Ik heb niet zijn pols gevoeld, als je dat soms bedoelt.'

'Het antwoord lijkt me duidelijk genoeg,' voegt Onno toe.

'Keek je van bovenaf naar hem, of liep je naar beneden de trap af, misschien de kelder in?'

Rashid is even stil. Goed nadenken nu voor hij wat zegt. Hij kan het zich niet permitteren om fouten te maken. 'Eerst keek ik van bovenaf en later ben ik naar beneden gelopen en in de kelder geweest om van dichtbij te kijken.'

'Wie ging als eerste beneden kijken?'

Weer denkt hij na. 'Die vrouw ging eerst, toen die ouwe. Toen ze beneden waren belde die vrouw 112.'

'En de avond voor de val?'

Hij fronst.

Onno gaat rechtop zitten en schuift zijn das recht.

'Toen zijn jullie ook gezien op het landgoed.'

'Ja, mijn neef kwam daar vaak en ik ging mee.'

'Zomaar?'

'Ja. Voor de... gezelligheid.' Hij doet of hij met zijn tong iets tussen zijn tanden vandaan haalt.

De rechercheur verblikt of verbloost niet. 'Jullie hebben toen samen een pakketje opgehaald. Wat zat daarin?'

'Ik weet niet wat daarin zat. Het was van... mijn neef.' Shit. Als hij zijn neef met deze verklaring in de problemen heeft geholpen, heeft hij zelf ook een probleem.

Onno steekt zijn hand omhoog. 'Dit klinkt mij toch iets te veel als een vraag die je aan een verdachte zou stellen en niet aan een getuige. Als mijn cliënt een doos ophaalt, is dat zijn zaak. Of is het opeens strafbaar om ergens een doos op te halen of te verplaatsen? Dan kunnen we alle pakketdiensten wel oproepen voor verhoor. Bovendien gaat dit niet meer om de avond van de noodlottige val van Maurice Bulouw. Ik denk dat we hier klaar zijn.'

De kaak van de rechercheur verstrakt. 'We zijn gewoon benieuwd wat er in die doos zat. Dat is alles.'

'En u heeft zojuist gehoord dat mijn cliënt dat niet weet. Was er verder nog iets?'

Rashid kijkt van Onno naar de rechercheur en is blij dat de advocaat hem bijstaat. Hoe kunnen ze weten van die doos? Heeft die zus van Maurice geluld? Weet zij ook van die twee ton cash die in die doos zat?

De rechercheur gaat verder. 'Het blijft een gekke tijd om langs te gaan, midden in de nacht.'

'Ik heb wel vreemdere dingen gezien,' zegt Onno droog.

Rashid kijkt de rechercheur strak aan en doet wat hem is geleerd. Niets meer zeggen nu. Er werd hem geen vraag gesteld, dus hij hoeft geen antwoord te geven.

Met een plotselinge beweging schuift de rechercheur zijn stoel naar achteren en staat op. 'Goed, dat was het voor nu. Je mag gaan. Blijf beschikbaar voor vragen.'

Rashid knikt en loopt nonchalant de verhoorkamer uit. Zodra hij op de gang staat, wil hij zijn advocaat een hand geven om hem te bedanken, maar die keurt hem geen blik waardig en stapt bij een andere verhoorkamer naar binnen. Hij heeft het verkloot, dat is duidelijk. Had hij niets over die doos moeten zeggen? Zijn neef is nu aan de beurt, maar daar gaat hij niet op wachten, hij wil zo snel mogelijk weg hier.

Als Rashid de centrale hal van het politiebureau in loopt, stokt zijn adem. Daar staat ze, die officier. Ze is zo dichtbij dat hij haar bijna aan kan raken. Ze heeft een telefoon aan haar oor, is druk in gesprek en let niet op hem. Zo zonder toga ziet ze er heel anders uit dan in de rechtszaal. Ze is best wel lekker voor haar leeftijd, maar zo moet hij niet denken, dat leidt alleen maar af.

Met zijn hoofd afgewend passeert hij haar. Hij snuift haar parfum op dat in de lucht blijft hangen als hij vlak langs haar loopt. Had hij nou maar een wapen bij zich, dan was het meteen klaar geweest met die bitch die op zijn oom jaagt.

Hij houdt zijn hoofd laag als hij langs de balie loopt. Geduld. Het goede moment is bijna daar. Hij heeft het plan al helemaal uitgedacht en hoeft alleen nog iemand te regelen om het samen mee te doen. Als het lukt, zullen ze nog eens zien wie er omhoogklimt op de ladder bij de organisatie van zijn oom.

Buiten haalt hij de zware ketting van het slot, zet zijn helm op en rijdt op zijn Yamaha de Groest in Hilversum af.

48
Rixt

De wind is koud en schuurt haar wangen als Rixt onder het viaduct op de Gooimeerdijk-Oost uit haar SUV stapt. Het is nog vroeg en boven haar hoofd raast het drukke ochtendverkeer over de A27. Ze ritst haar jas tot onder haar kin dicht en schudt de hand van de commandant. 'Rixt van Leeuwen, officier van justitie.'

Ze gaat naast het witte busje van het duikersteam staan zodat ze enige beschutting van de wind heeft. Ze is blij dat ze zelf het water niet in hoeft. De twee mannen in duikpak hebben geen oog voor haar en controleren hun apparatuur.

'We gaan zo beginnen,' zegt de commandant. 'Volgens onze gegevens is dit de plek waar we moeten zijn.' Tussen het water van het Gooimeer en het fietspad ligt een stuk berm, waar duidelijk bandensporen in te zien zijn. Hij kijkt op een scherm van iemand van de technische recherche, die samen met twee mensen van het NFI sporenonderzoek doet in het gras naast het fietspad. Ze nemen monsters en stoppen die in plastic potjes uit hun eigen grijze busje dat verderop geparkeerd staat.

Rixt wil niet in de weg lopen bij hun werkzaamheden, maar omdat deze zaak gevoelig ligt, wil ze per se zelf bij deze operatie zijn vanmorgen. 'Fijn dat jullie al zo snel konden, dat had ik niet verwacht.'

De commandant glimlacht. 'We hadden toevallig een gaatje. Je hebt geluk, want de duikteams zijn schaars tegenwoordig.' Hij kijkt haar met een serieuze blik aan. 'Hopelijk vinden we wat je zoekt.'

Ze knikt. Aan de ene kant hoopt ze zelf ook dat ze wat vinden, aan de andere kant brengt een eventuele vondst van een lichaam haar wel in een heel lastig parket. Twee doden tijdens hun observatie zal wel heel verkeerd vallen bij haar teamleider.

'Het is hier ongeveer tweeënhalve meter diep, dus dat is overzichtelijk. Het is zo'n graad of zeven, dus behoorlijk koud. Dat betekent dat een lichaam veel minder snel gaat drijven dan wanneer het warm weer is.'

'Hoe is de stroming hier?' Ze tuurt in de verte over het Gooimeer in de richting van de nieuwbouwwijk Blaricummermeent en het Stichtse Strand. De huizen die daar aan de rand gebouwd zijn, staan veel te ver weg. De kans dat iemand hier iets heeft gezien woensdagnacht is nagenoeg nihil.

'Valt mee, nauwelijks. Dat scheelt weer.'

De duikers zetten hun gezichtsmaskers op en testen of de communicatieapparatuur werkt.

'Als je bij mij blijft staan, kan je meeluisteren,' zegt de commandant, die zijn portofoon aanzet.

De duikers gaan een paar meter voorbij de bandensporen op de oever van het Gooimeer zitten. Langzaam laten ze zichzelf in het koude water zakken. Het geluid uit de porto klinkt helder en duidelijk.

'We hebben goed zicht, op deze plek zijn geen bijzonderheden te melden.'

Rixt merkt dat ze haar adem vastzet als de twee duikers dichter bij de plek komen waar de sporen van de banden uitkomen bij het water.

'Op elf uur ligt iets,' hoort ze de duiker zeggen. Ze zwemmen iets verder van de kant af en duiken zo diep dat ook de zuurstofflessen onder water verdwijnen. Even is het stil op de porto.

'Hier ligt een stoffelijk overschot. Geen twijfel mogelijk.'

De commandant kijk haar aan en knikt. 'Dat is snel. Wat voor zak wil je hebben?'

De duikers overleggen kort. 'Doe maar de octopus.'

De commandant loopt naar de bus en haalt er een zwarte kunststof ring uit met een witte zak langs de randen. Hij plaatst een lange stok in de ring en maakt het touw een stukje los. 'De lijkzak zit om deze ring heen en die trekken ze zo over het stoffelijk overschot heen en trekken hem met het touw dicht. Dan gaat er niets verloren, snap je. Meestal valt de boel nogal uit elkaar.'

Rixt knikt en huivert. Ze is blij dat ze op deze manier niets van het lijk hoeft te zien.

Een van de medewerkers van het NFI komt naast hen staan. 'Wil je dat we schermen plaatsen? Ik heb ze in de bus liggen.'

Ze kijken om zich heen. 'Nee, dat lijkt me niet nodig,' zegt de commandant.

De duikers nemen de kunststof ring mee onder water en even later verschijnt een witte zak met rode lussen aan de oppervlakte. De stok die eerst aan de ring vastzat steken ze in de lussen en zo tillen de andere medewerkers de lijkzak op de kant.

Op het moment dat de lijkzak op het gras ligt, stopt er bovenaan op het Stichtse Pad een grijze man in een leren jack op een fiets, die ze herkent als de nieuwsfotograaf uit het dorp. Hij haalt een camera tevoorschijn en maakt wat foto's. Zal ze naar hem toe lopen en vragen of hij de foto's verwijdert? Snel neemt ze een beslissing dat het voor de zaak geen kwaad kan. Er is een lijk geborgen in het Gooimeer en het onderzoek is in volle gang. Daar kan ze niets anders van maken.

'Nemen jullie het mee?'

De mannen van het NFI knikken bevestigend. 'Zodra we meer weten hoor je het.'

'Konden jullie nog zien of het om een man of een vrouw ging?'

Een van de duikers, die nog in het water ligt, geeft antwoord. 'Een vrouw. Honderd procent zeker.'

Rixt kijkt naar de lijkzak die voor haar ligt. Met alles wat ze in zich heeft, hoopt ze dat de vrouw niet meer in leven was toen ze werd meegenomen door Maurice en dat zij deze dood niet had kunnen voorkomen.

'Wij maken voor de zekerheid nog een rondje onder water.'

Rixt geeft de commandant een hand en stapt in haar Range Rover. De journalist is inmiddels dichterbij gekomen en wordt te woord gestaan door de commandant. Als bekend wordt dat ze op foto hebben dat deze vrouw werd ingeladen in een busje en dat ze niet hebben ingegrepen zijn de rapen gaar. Zodra ze wegrijdt, belt ze Frank.

'Rixt?'

'Lijk gevonden in het Gooimeer.'

'Shit.'

Ze zwijgt. Wat een blamage.

'Sorry, Rixt. We hebben het echt niet gezien. Het leek een pakket dat alles kon zijn.'

Ze perst haar lippen op elkaar. Als ze niet had staan luizenkammen had ze misschien wel de beelden opgevraagd en beter gekeken. De volgende keer zit ze er nog beter bovenop. 'Maar het was dus een vrouw.'

'En nu?'

'Nu gaan we alles op alles zetten om te achterhalen wie deze vrouw is en wie er verantwoordelijk is voor haar dood. Als we uitslagen hebben van het NFI over de gevonden bloedsporen in het appartement kunnen we misschien een link leggen.'

'En de vader en zus van Maurice nog maar een keer naar het bureau, denk ik?'

Ze denkt kort na. 'Die vader is hoogbejaard, daar wil ik geen risico mee lopen, straks valt hij dood neer in een verhoorunit.'

'Hm, en hij gaat sowieso nergens heen.'

'Precies. Laat Magali maar ophalen voor verhoor. Ik ben heel benieuwd wat ze over die nacht te zeggen heeft.'

'Op welke gronden?'

Ze tikt met haar nagels op het stuur. 'Doe maar op grond van het niet melden van een overlijden en het wegmaken of niet optreden bij wegmaken van een lijk. Iets anders kan ik er ook even niet van maken.'

'Ga ik regelen. Wil je nog een update over de baby?'

'Graag.' Rixt draait de A27 richting Utrecht op om naar haar kantoor aan de Herman Gorterstraat in Utrecht te gaan.

'De uitslag van het lichamelijk onderzoek is binnen. De moeder is nooit bevallen, zeker niet recent.'

Rixt slaat met beide handen op het stuur. 'Ik wist het.' Dat verklaart waarom niemand in haar omgeving haar zwanger heeft gezien.

'Beide ouders zijn naar het cellencomplex in Houten gebracht en inmiddels verhoord. Ze beroepen zich vooralsnog allebei op hun zwijgrecht. De recherchepsycholoog kijkt ook mee.'

Haar hoofd maakt overuren. 'Heel goed. Ze móéten gaan praten. Controleer alle meldingen van vermiste kinderen. We moeten weten waar de baby vandaan komt. Neem alles in huis in beslag. Computers, telefoons. Laat ook de financiële recherche meekijken. Mogelijk hebben ze voor het kind betaald.'

Frank is even stil. 'Rixt... ik snap dat je dit graag zelf wil doen, maar moeten we deze zaak niet overdragen aan het *human trafficking*-team van de nationale recherche?'

Frank heeft gelijk. Als er een grotere mensenhandelorganisatie achter zit moet het onderzoek naar het verhandelen van de baby naar het Landelijk Parket. Mogelijk kan ze de zaak van deze ouders zelf afdoen. 'Ja, zou kunnen. Ik zal het overleggen.'

Ze geeft gas en rijdt naar het OM in Utrecht. Ze is vastbesloten deze zaken rond te maken.

49
Charles

Izabel kneedt met een stevige greep zijn schouders en nek en Charles gromt luidruchtig. Zijn dochters mogen dan voortdurend commentaar hebben op hun leeftijdsverschil, hij is nog iedere dag blij met zijn Braziliaanse schone. Als zijn familie eens de moeite zou nemen om haar echt te leren kennen, zouden ze zien dat Izabel een bijzonder intelligente vrouw is die zich dan misschien niet conventioneel kleedt, gelukkig niet, maar ze heeft haar hart – en alles wat daarvoor hangt – op de juiste plek zitten. Ze is goed voor hem, en hij geniet van haar. Win-win.

'Je zit helemaal vast.'

Die zaak met Mo zit hem niet lekker. Hij werkt al jaren goed met hem samen en wil Mo's familie niet laten vallen nu hij vastzit, maar ze moeten wel luisteren. Hij moet erop vertrouwen dat Onno doet wat hij moet doen. Het is van de zotte dat hij zich hier zelf mee moet bezighouden, alsof hij geen belangrijkere dingen te doen heeft. Normaal gesproken blijft hij zo ver mogelijk weg van het micromanagement, maar nu begeven ze zich op zíjn terrein, en hij kan geen enkele reden bedenken waarom hij dat zou tolereren.

'Probeer te ontspannen.'

'Hm. Neem ook even mijn bovenarmen mee, als je toch bezig bent.' Jammer dat hij zich al heeft omgekleed, anders had ze nog wel meer mogen meenemen. Hij kijkt op zijn telefoon. Tijd om te gaan.

'Waar ga je eigenlijk naartoe?'

Zijn middag is voor de investeerdersgroep uit het dorp. Eerst naar café Nick Vollebregt, daarna een whiskyproeverij. Hapje, drankje.

Jammer dat ze niet bij Serafijn terechtkunnen, maar als het aan hem ligt, is die tent binnen *no time* weer *up and running*. Eerst nog even een signaal afgeven. Hij kijkt Izabel aan en hij weet dat ze onder de indruk is van zijn harde blik, maar ze geeft geen krimp.

'Sorry, zo bedoelde ik het niet,' zegt ze snel. 'Ik weet dat ik geen vragen moet stellen over je plannen. Ik dacht alleen, misschien ga je naar het centrum van Laren en kan ik gezellig mee om te winkelen.'

Ze pakt de spier die van zijn nek naar zijn schouders loopt flink aan. Hij grijnst. Dit is precies waarom hij haar graag mag. Izabel is anders dan al zijn andere scharrels. Zij begrijpt hem.

'Ik zet je wel even af, dan kom ik je na een uurtje of twee weer oppikken.'

'O, wat lief van je.' Ze kust zijn achterhoofd. 'Of ik kom naar jou…'

Heeft ze het toch voor elkaar. Hij grinnikt en voelt zich vereerd dat ze jaloers genoeg is om te willen weten waar hij heen gaat. 'Ik blijf vanmiddag in Laren, dus ik ben in de buurt. Vanavond slapen we in Amsterdam, dan weet je dat vast.' Hoeveel hij ook van het Gooi houdt, zijn penthouse in de binnenstad is hem zeer lief.

Hij staat op en trekt zijn colbertje aan. Ze geeft hem een zoen en hij pakt haar bij haar billen en trekt haar naar zich toe. Ze woelt met haar lange nagels door zijn haar en over zijn hoofdhuid en de rillingen lopen over zijn rug. Hij trekt haar jurkje omhoog en steekt een hand tussen haar dijen. Onmiddellijk zet ze haar voeten iets uit elkaar. Hij zoent haar uitbundig en vingert haar tot ze bijna door haar benen zakt en wiebelt op haar hoge hakken. Ze houdt zich stevig aan hem vast en zijn arm verkrampt. Dan stoot ze een korte hoge gil uit. Hij grijnst, kust haar uitgebreid en trekt haar jurkje over haar billen. Met zijn zakdoek maakt hij zijn vingers droog, daarna overhandigt hij haar zijn creditcard.

Ze doet of ze haar vingers brandt en stopt de kaart weg in het zijvakje van haar veel te dure handtas.

‘Leef je uit, snoes.’

Via de keuken loopt hij naar de garage, kiest voor deze gelegenheid de Bentley en houdt het portier voor haar open. Ze stapt in en werkt haar lippen bij in het spiegeltje met speciaal voor haar geïnstalleerde dimbare verlichting. Heerlijke vrouw. Ze is het allemaal waard.

50
Magali

Onno heeft haar uitvoerig geïnstrueerd en ze weet wat ze moet doen, toch voelt ze een knoop in haar maag als ze voor de tweede keer deze week plaatsneemt aan de verhoortafel. Ze vouwt haar handen in elkaar en legt ze op het tafelblad. Haar kleurige tuniek valt volledig uit de toon in deze kille omgeving. Haar hoofd loopt over van alles wat ze nog moet doen.

Ze wil haar internationale poppenbeurs voorbereiden, ze heeft nog zaken te regelen met gastsprekers uit het buitenland. Om over de begrafenis van Maurice nog maar te zwijgen. De kaarten voor de uitvaart zijn gelukkig verzonden en ze nemen komende week in kleine kring afscheid. Wel zo overzichtelijk.

Onno stalt zijn papieren uit op tafel en legt een mooie vulpen op een klein schriftje. Ze glimlacht kort naar hem en hij knikt haar bemoedigend toe. Wat een zegen dat deze man net op tijd in haar leven is verschenen, al is de druk enorm en voelt ze die constant op haar schouders. Zonder hem was alles anders gelopen en had ze absoluut niet geweten wat te doen.

De rechercheurs gaan tegenover haar zitten en openen hun laptop. 'Dit verhoor van Magali Bulouw start om 13:12 uur op het politiebureau aan de Groest in Hilversum.'

Ze zwijgt en bijt op haar lip.

'Mevrouw Bulouw, ik val met de deur in huis. Vanmorgen is het stoffelijk overschot gevonden van een vrouw en we hebben het sterke vermoeden dat uw broer daar iets mee te maken heeft.'

Haar ogen worden groot.

'U schrikt daarvan?'

'Ja, natuurlijk schrik ik van zo'n uitspraak. Wat zegt u precies?' Maurice had beloofd dat hij ervoor zou zorgen dat het drama van die avond nooit naar hen zou leiden. Zelfs dat is hem niet gelukt. Ze herpakt zich. 'Insinueert u dat mijn broer iemand heeft... vermoord?'

De rechercheur kijkt haar neutraal aan en zegt niets.

Onno breekt in. 'Mag ik vragen wat mijn cliënt hiermee te maken heeft? Het is heel vervelend, maar haar broer is overleden, dus deze zaak lijkt me daarmee afgedaan.'

De rechercheur glimlacht gemaakt naar Onno en richt zich weer tot Magali. 'We hebben beeldmateriaal van uw broer, die op woensdagavond een groot pakket zijn bus in tilt. Het heeft er alle schijn van dat het om een lichaam gaat. Ook hebben we bloedsporen aangetroffen, achter in de bus.'

Onno leunt naar voren. 'Zoals ik al zei, heel vervelend, maar je verdachte is dood. Graag ter zake wat dit voor mijn cliënt betekent.'

De rechercheur negeert Onno en blijft Magali strak aankijken. Van enige vriendelijkheid is niets meer over en de kilte in zijn blik bezorgt haar een rilling. 'Uit onze observaties blijkt dat u die avond, samen met uw vader, aanwezig was in het appartement. Toen uw broer terugkwam, stond u in de deuropening toen hij een doos overhandigde aan Rashid Sahin en zijn neef.'

'Ah, daar hebben we de doos weer,' zegt Onno laconiek. Magali kijkt hem niet-begrijpend aan, maar Onno zwijgt en schudt zijn hoofd.

De rechercheur gaat onverstoorbaar verder. 'Er zijn verschillende bloedsporen aangetroffen in het appartement. We hebben een lijk dat zeer waarschijnlijk die avond gedumpt is door uw broer, en u was op dat tijdstip aanwezig. Mijn vraag is simpel: wat deed u daar, en wat is er die avond gebeurd?'

Magali zwijgt en weegt haar woorden terwijl ze de blik van Onno op zich voelt branden. In wat voor wereld is ze terechtgekomen? Haar verhaal moet logisch en kloppend zijn. Focus.

Ze schraapt haar keel. 'Goed, ik zal u vertellen wat er die avond is gebeurd.' Haar handen trillen, dus ze vouwt ze weer in elkaar. 'Maurice had een gast te logeren in het appartement boven het kantoor. Het was zijn ex-vriendin, Zlata. Ik weet haar achternaam niet. Ze was hoogzwanger, verslaafd en had problemen met een... pooier.' Ongelooflijk dat ze dit moet verklaren over haar eigen familie. 'Maurice bood haar onderdak aan en ik heb af en toe wat maaltijden bij haar gebracht. Ik had met haar te doen, ze was er zeer slecht aan toe.'

'In welke zin?'

'Hoezo, in welke zin? Ze was een hoogzwangere, bedreigde en zwaar verslaafde, uitgemergelde prostituee? Moet ik nog verder uitleggen in welke zin ze er slecht aan toe was?'

'Het is duidelijk. Gaat u verder.'

Ze haalt een paar keer rustig adem. 'Die avond werd ik door Maurice geroepen om naar het guesthouse te komen, omdat Zlata aan het bevallen was. Toen ik bij ze kwam in het appartement had ze regelmatig weeën en heb ik gezegd dat ze naar het ziekenhuis moest. Dit weigerde ze omdat ze geen papieren had. Ik drong aan en Maurice werd boos en vertelde mij mijn mond te houden. U weet waar hij toe in staat was, dus ik hield mijn mond. De bevalling vorderde niet goed en Zlata verloor veel bloed.'

De rechercheur typt iets in zijn computer en ze wacht even. 'Gaat u verder.'

'Maurice is mijn vader erbij gaan halen en die heeft geholpen bij de bevalling. Er werd een meisje geboren dat gezond leek. Mijn vader heeft gedaan wat hij kon om te helpen.'

Weer typt de rechercheur druk mee en kijkt af en toe naar het spiegelraam aan de zijkant van de verhoorkamer.

'Na de bevalling heeft Maurice ons onmiddellijk weggestuurd en wij hebben geluisterd. Mijn broer kwam heel bedreigend over en we waren allebei bang voor hem. We zijn gegaan en dat hadden we nooit moeten doen. Nadat ik mijn vader naar huis heb gebracht, kwam ik terug en toen waren ze weg.'

'Wie?'

'Zlata, de baby en Maurice. Ik heb overal gezocht, ben naar het restaurant gegaan en weer terug naar het appartement, en stuurde een appje naar mijn broer met de vraag waar ze waren. Even later kwam Maurice terug met de bus en overhandigde hij de doos aan die jongens bij de voordeur. Toen ik vragen stelde waar Zlata en de baby waren gebleven heeft hij me... mishandeld en gedwongen de bevalling stil te houden. Anders zou hij mijn vader ook iets aandoen.'

De stilte die valt als ze stopt met praten hangt zwaar in de ruimte. Onno schrijft iets op in zijn notitieblok. De ene rechercheur vouwt zijn handen achter zijn hoofd, leunt achterover in zijn stoel en kijkt naar het plafond. De andere kauwt op een pen en kijkt haar onderzoekend aan.

'Ik heb geen idee wat Maurice met Zlata en de baby heeft gedaan.'

Onno zucht opzichtig. 'Het begeleiden van een thuisbevalling is niet strafbaar,' zegt hij vastberaden. 'Mijn cliënt kan ook niet verantwoordelijk worden gehouden voor wat haar broer al dan niet heeft uitgespookt.'

De rechercheurs zwijgen en kijken naar hun scherm. 'Waarom heeft u de politie niet gebeld? U heeft al eerder een melding gedaan.'

Ze kijkt de rechercheur ongelovig aan. 'Wat denkt u dat er met mij was gebeurd als Maurice erachter was gekomen dat ik met de politie over zijn dubieuze zaakjes sprak?'

Onno knijpt zijn ogen samen en noteert iets.

'U had ook 112 kunnen bellen voor een ambulance.'

'Dat wilde ik ook, en mijn vader ook, maar het mocht niet van Maurice en Zlata wilde dat zelf ook niet. Ze wilde thuis bevallen.' Ze moet zo snel mogelijk naar huis om haar vader te spreken om dit met hem af te stemmen.

'Ik hoor nog steeds niets strafbaars,' zegt Onno droog. 'Is er nog meer dat u van mijn cliënt wil weten?'

'U had moeten melden dat de baby weg was,' zegt de rechercheur.

'En hoe ziet u dat precies voor zich?' vraagt Onno op laatdunkende toon. 'U verwacht dat mijn cliënt een melding maakt omdat een pas bevallen moeder haar eigen baby heeft meegenomen?' Onno kijkt de rechercheur ongelovig aan. Die wendt zijn blik af naar het spiegelglas en bijt gefrustreerd op zijn lip.

Magali veegt een traan van haar wang. De rechercheur heeft gelijk, ze had het meisje nooit alleen bij Maurice achter moeten laten. Het beeld van het volmaakte kleine mensje staat weer levendig op haar netvlies. De kleine warme knuistjes die zich om haar vinger vouwden, de geur van haar haartjes. Met betraande ogen kijkt ze de rechercheur aan. 'Weet u… waar de baby nu is? Maakt ze het goed?'

De rechercheur klapt demonstratief zijn laptop dicht. 'Daar kunnen we in het belang van het onderzoek geen mededeling over doen.'

Onno legt een hand op haar schouder en ze staat met wankele benen op. Haar verdriet en spijt over het kwijtraken van dit meisje dat van haar had kunnen zijn, is de last die ze de rest van haar leven zal moeten dragen.

51
Rixt

Rixt kijkt op haar telefoon en staat op van haar bureau aan de Herman Gorterstraat in Utrecht.

'Zullen we gaan?'

Tanja, haar secretaris, knikt en pakt haar spullen bij elkaar. 'Ik heb de hele juridische casus uitgeschreven.'

'Mooi,' zegt Rixt. 'Ik ben benieuwd waar we in dit overleg op uitkomen. Ik heb geen zin in een eindeloze klachtenprocedure bij het gerechtshof.'

Wanneer Rixt en Tanja de vergaderzaal binnenlopen staat Peter-Paul bij het raam en lijkt diep in gesprek met Rutger, de kwaliteitsofficier.

'Goedemorgen.'

Peter-Paul steekt ter begroeting zijn hand naar haar op. Rixt haalt haar laptop uit haar tas. Ze leest de casus van Tanja nog kort door en scrolt door de jurisprudentie.

De deur van de vergaderzaal gaat open en Lilian, de advocaat-generaal, komt binnen. Peter-Paul en Rutger stoppen onmiddellijk hun gesprek en nemen plaats aan de vergadertafel.

'Laten we snel beginnen,' zegt Rixt. Ze legt het dossier voor zich neer en kijkt de tafel rond. 'Ik ga ervan uit dat iedereen de casus heeft gelezen. Ik zal het nog een keer kort uiteenzetten. Het komt erop neer dat Max Bulouw heeft bekend dat hij in de periode tussen 1960 en 1968, op verzoek van een onbekend aantal vrouwen, verschillende abortussen heeft uitgevoerd. Ook deed hij als huisarts bevallingen. De menselijke resten die op zijn terrein zijn gevonden zijn naar zijn zeggen van stilgeboren kinderen die vlak voor of tijdens die bevallingen zijn overleden. Om deze kinderen een waardige laatste rustplek te geven heeft de heer Bulouw ervoor gekozen de kinderen op zijn eigen landgoed te begraven. De vraag is of we voor het wegmaken van babylijkjes en het uitvoeren van illegale abortussen tot vervolging overgaan.'

Tanja neemt het woord. 'Ik heb verschillende artikelen gevonden die het verhaal van verdachte bevestigen dat doodgeboren baby's in die tijd bij het medisch afval van een ziekenhuis werden verbrand. Abortus was volgens de geldende wet in die tijd illegaal. De heer Bulouw gaf aan dat hij door zijn handelen in ieder geval steriel en kundig te werk ging, om complicaties zo veel mogelijk te voorkomen.'

Rixt gaat verder. 'De vraag is of de zaak inmiddels, zestig jaar na dato, is verjaard en of het nog verschil maakt dat het toenmalig handelen van de heer Bulouw binnen de huidige wet lijkt te vallen. De heer Bulouw is inmiddels tweeënnegentig, en zegt altijd gehandeld te hebben in het belang van zijn patiënten.'

'Weten we wie de moeders zijn van deze baby's?' vraagt Lilian.

'Nee, er is nog geen DNA-onderzoek gedaan naar de botten en de vraag is of we dat moeten opstarten,' antwoordt Rixt. 'De heer Bulouw vertelde dat het ging om vrouwen die in het moederhuis in Hilversum verbleven om te bevallen, en daarna onder druk van hun familie afstand deden van hun kindje.'

'Er is contact opgenomen met het Fiom over dit moederhuis,' zegt Tanja, 'maar die geven aan dat ze de administratie van dit huis nog niet hebben kunnen achterhalen. Bovendien zijn veel gegevens uit de geboorteregisters verwijderd, omdat de heersende opvatting was dat het het beste was voor de kinderen dat de band met de biologische moeders maximaal werd doorgesneden. Ongehuwd zwanger raken werd gezien als een psychische labiliteit.'

Rixt zet haar ellebogen op tafel en haar vingertoppen op haar lippen. 'Met alleen een bekennende verklaring van de heer Bulouw kan ik sowieso niet vervolgen. Ik heb meer nodig. De vraag is of we hier wel zoveel tijd aan moeten besteden. Hoe strafbaar en vervolgbaar is deze zaak?'

Ze pauzeert even. 'En eerlijk gezegd snap ik hem wel. Max Bulouw stond voor een dilemma, en wilde vrouwen helpen die anders niet geholpen zouden worden. De tijdsgeest was zo anders. Hoe moet je dat nu duiden? En als het al strafbaar is, is het dan vervolgbaar?'

Lilian knikt nadenkend. 'De kans is groot dat dit wordt opgepakt in het nieuws, zeker met dat rapport over de rol van de overheid bij verplichte afstand en adoptie in die tijd. We kunnen de maatschappelijke discussie afwachten en aankijken of er draagvlak komt voor deze zaak.'

'Het juridisch kader van de strafbaarheid moet eerst onderzocht worden, dat moeten we helder hebben,' zegt Rutger.

Peter-Paul knikt. 'De werkdruk is al zo hoog,' zegt hij. 'En er zit geen tijdsdruk op het onderzoek, behalve dat de enige verdachte hoogbejaard is. Zijn zoon is bovendien net overleden.'

'Dus wat doe ik met hem?' vraagt Rixt. 'Ik zou zeggen, hij blijft wel verdachte maar we houden hem niet aan. Hij mag wat mij betreft naar huis.' Ze telt op haar vingers. 'Hij loopt het onderzoek niet in de weg, kans op herhaling is nihil, er is geen vluchtgevaar en hij heeft bekend.'

'En van een geschokte rechtsorde is geen sprake,' zegt Lilian, 'al zullen we over de historie rondom verplichte afstand en adoptie nog heel wat horen, vermoed ik.'

Rixt is blij dat Lilian erbij zit. Mocht er ooit een klacht binnenkomen voor niet-vervolging, dan is die voor Lilian, en dan heeft ze in elk geval rugdekking voor haar beslissing.

'Of de heer Bulouw overlijdt en het wordt een sepot 03,' grapt Rutger.

Peter-Paul grinnikt. 'Ja, dan zijn we er ook vanaf. En niet onwaarschijnlijk, de man is tweeënnegentig.'

'Oké, dus we wachten het maatschappelijk draagvlak af,' zegt Rutger, nu weer serieus.

Iedereen knikt en Rixt zucht opgelucht. Deze zaak kan voorlopig van haar bordje af. 'Dank allemaal.'

52
Rashid

Ingespannen tuurt hij naar het scherm van de laptop en zoomt in op het gebied waar hij zijn slag wil slaan. Het is *fucking* moeilijk te zien allemaal en de paden staan niet duidelijk aangegeven, zeker die schelpenpaadjes niet.

'Rash, geef nou terug. Ik moet nog huiswerk maken.'

Hij checkt zijn aantekeningen. 'Heel effe nog, bijna klaar.'

'Dat zei je een uur geleden ook.'

De zeurderige stem van zijn zusje is niet te doen. 'Hou nou heel even je bek, alsjeblieft!'

Ze trekt een pruillip en gaat met haar armen om haar knieën geslagen op haar bed tegen een stapel knuffels zitten. Shit. Als ze gaat huilen gaat zijn oudere zus zich er straks mee bemoeien en daarna zijn moeder en zijn tante en voor hij het weet, wordt het een familiedrama waar iedereen weer iets van moet vinden.

'Oké, oké, sorry. Zo bedoelde ik het niet.' Hij haalt een briefje van twintig uit zijn schoudertasje. 'Hier, voor in de pauze. Tien minuten nog. Beloofd.'

Ze pakt het geld aan en lacht naar hem door haar tranen heen.

Goed, waar was hij gebleven. Hij gaat terug naar ruiterenenmennen.nl en klikt het gebied van de Blaricummerheide aan. Door het hele Gooi liggen ruiterpaden en het mulle zand is lastig begaanbaar met zijn motor. Het liefst staat hij bij een kruising met een verhard pad, en dan ook nog tussen de bosjes.

Het tijdstip moet precies kloppen. Hij schrijft nog wat dingen op. En hij moet zijn neef contacten, dit is geen soloklus.

‘Ga je een paard voor me kopen?’

‘Als je nu stil bent, misschien.’

‘Echt!?’

‘Ja, dan kan je hem op het balkon zetten met wat hooi.’ Hij lacht hard om zijn eigen grap en voor het eerst in tijden voelt hij zich ontspannen.

Ze pulkt aan haar sok en maakt het gaatje bij haar grote teen steeds iets groter. ‘Mama maakt zich zorgen om jou.’

‘Hm.’

‘Ze moest huilen.’

Ze krijgt meer mee dan hij denkt. Hij is van alle klussen gehaald en moet zich gedeisd houden. Een officiële waarschuwing, noemen ze dat. Hij mag niks, terwijl zijn neef nog lekker verdient. Waarom is het opeens allemaal zíjn schuld? Oké, hij had zijn neef niet moeten noemen in dat verhoor, maar wat moest hij dan?

Hij wist de zoekgeschiedenis, klapt de laptop dicht en geeft hem terug aan zijn zusje. ‘Hier. Doe maar je best.’ Hij legt even zijn hand op haar haren. Niemand hoeft zich zorgen over hem te maken. Hij is prima in staat om zijn eigen boontjes te doppen en dat zal hij ze laten zien. Als het allemaal lukt, en hij straks net zo rijk is als zijn oom en die advocaat, koopt hij dat paard voor zijn zusje.

53

Liselotte

'Ik wil gewoon de waarheid weten, mam. Daar heb ik recht op.' Nijdig trapt Liselotte haar hoge hakken uit. Haar glas witte wijn staat onaangeroerd op het kookeiland. Ze slaat een hand nootjes achterover en kauwt er hard op. Boven klinkt harde muziek.

Het glas van haar moeder is bijna leeg. 'Ik vertel je de waarheid, Liselotte. En hou eens op met op die toon tegen mij te praten. Het lijkt wel een kruisverhoor. Ik dacht dat we gezellig een drankje gingen doen.'

'Dat was ook de bedoeling, maar als jij gaat zitten liegen wordt het er niet gezelliger op.'

Haar moeder zucht demonstratief en slaat de laatste slok chardonnay uit haar glas achterover.

Liselotte tikt ongeduldig met haar strak gelakte nagels op het marmeren blad van het kookeiland. 'Dus jij houdt nog steeds vol dat je nooit bent vreemdgegaan?'

'Absoluut. Je vader en ik hadden een heel goed huwelijk.' Haar moeder kijkt haar vijandig aan. Ze is de hele tijd opvallend rustig gebleven, maar Liselotte merkt dat haar moeder haar geduld begint te verliezen. Heel goed, dan komen ze tenminste ergens.

'Jij weet dus heel zeker dat papa mijn biologische vader is?'

Haar moeder schenkt haar glas nog een keer vol en duwt de kurk in de fles. 'We vallen in herhaling Liselotte. Ik weet zéker dat hij jouw vader is. Honderd procent zeker. Kom op zeg, je zag toch zelf ook alle gelijkenissen tussen jullie?'

Haar moeder heeft gelijk. Ze leek op haar vader, maar dat kan ook toeval zijn. Ze moet nu doorzetten.

‘Het kán niet,’ zegt Liselotte uitdagend terwijl ze haar moeder strak blijft aankijken om haar reactie te peilen. ‘Hij kán mijn vader niet zijn.’

Haar moeder verslikt zich in een knoflookolijf en Liselotte wacht met praten tot ze is uitgehoest. Haar moeder maakt aanstalten om haar handtas te pakken die op de leuning van de barkruk hangt. ‘Ik ga naar huis.’

‘Even wachten nog.’ Met een triomfantelijk gebaar haalt Liselotte het trouwboek van haar ouders uit een grote tas en legt het op het kookeiland. Ze slaat het open op de pagina van het diner en wijst naar de foto waar Max Bulouw duidelijk aan tafel zit.

Haar moeder kijkt naar de foto en zegt niets.

‘Ik heb een aantal weken geleden een DNA-test gedaan en uit de uitslag blijkt dat Magali Bulouw en ik halfzussen zijn.’ Ze laat op haar telefoon de foto van Magali zien die ze van haar website heeft gehaald.

Haar moeders blik zuigt zich vast aan de foto en ze trekt wit weg.

‘Nu vond ik deze foto van jullie trouwdag. Als Max Bulouw op jullie trouwdag aanwezig was, dan moet je hem toch op z’n minst gekend hebben.’

Haar moeder doet kort haar ogen dicht en lijkt een afweging te maken. Ze bijt op haar lip. ‘Max Bulouw was inderdaad een kennis van ons,’ zegt ze kalm. ‘Ik werkte met hem samen toen ik nog in de zorg zat. Hij heeft jou de pop gegeven voor je geboorte. Meer valt er niet over hem te vertellen.’

‘Dat geloof je toch zelf niet,’ zegt Liselotte. ‘Kom op mam, het is zo duidelijk als wat. Papa is dood, dus hij kan het je niet meer kwalijk nemen. Vind je zelf ook niet dat ik recht heb op de waarheid?’

Haar moeder kijkt haar woedend aan en zwijgt. Prima. Ze wacht wel. Alle tijd. Liselotte pakt het fotoboek van haar moeders jeugd erbij en bladert er doorheen in de hoop dat haar moeder gaat praten.

Dan valt haar iets op dat ze eerder niet zag. Ze kijkt nog een keer goed. Er is een foto van kerst 1962, maar die is niet als alle andere kerstfoto's. Liselotte bladert terug. Op alle kerstfoto's staan ze met z'n drieën, maar op deze foto staan haar grootouders samen. Haar moeder is op geen enkele foto van kerst 1962 te zien. Was haar moeder niet thuis met kerst? Ze bladert verder terug. De laatste foto's waar haar moeder op staat, zijn genomen in de zomer van 1962. Haar moeder was toen zestien jaar. Magali is van maart 1963. Langzaam gaat haar iets dagen. Als het waar is wat ze denkt dan…

Liselotte legt het boek opzij en kijkt naar haar moeder, die haar nu bijna angstig aankijkt. 'Mam, waarom was je niet thuis met kerst in 1962?'

Haar moeder zucht diep voor ze met zachte stem begint te praten. 'Die winter woonde ik niet thuis. Ik logeerde in Hilversum, in een… moederhuis.' Ze perst haar lippen op elkaar. Ze heeft er duidelijk grote moeite mee dit verhaal te vertellen.

Dan kijkt ze Liselotte recht aan. 'Daar ben ik bevallen van een meisje dat meteen bij de geboorte bij me weggehaald is.'

Liselotte slaat haar handen voor haar mond. 'O mam, wat vreselijk.'

Haar moeder knikt. 'Het was een traumatische ervaring waar ik nooit overheen ben gekomen. Later heb ik in datzelfde huis gewerkt als verpleegkundige en kinderverzorgster en heb ik geholpen bij de bevallingen. Het was vreselijk. Als ik eraan terugdenk, schaam ik me voor hoe we die jonge en kwetsbare meisjes en jonge vrouwen hebben behandeld. En ik was nota bene een van hen.'

'Waarom heb je het niet gewoon gehouden?'

'Dat ging niet. De schaamte die je voelde, die de maatschappij je oplegde, was enorm. Daar kun je je niets bij voorstellen. Als je een onecht kind kreeg, was je uitschot en een schande voor je familie. Na de bevalling ging ik de verpleging in en ben ik intern gaan wonen. Ik ben nooit meer terug naar huis gegaan.'

'En dat meisje was… Magali?'

Haar moeder knikt en pakt de telefoon met daarop nog steeds de foto van Magali aan. Ze kijkt er aandachtig naar. 'Ik wist niet waar ze naartoe werd gebracht. Ik had geen idee dat Max Bulouw haar zelf zou adopteren. Hij heeft het me nooit verteld. Ook later niet, toen we samenwerkten. Hij zal het verzwegen hebben om mij te beschermen.'

'Ja, en omdat hij misschien bang was dat je haar zou terugvragen,' zegt Liselotte vinnig.

Haar moeder haalt haar schouders op. 'Misschien.'

'Ongelooflijk. Ze heeft al die tijd zo dichtbij gewoond,' zegt Liselotte. Het was niet in haar opgekomen dat ze een moeder zou delen met Magali in plaats van een vader.

Haar moeder bladert terug in het fotoboek naar een foto van zomer 1962 waar ze met een groepje vrienden en vriendinnen op het strand zitten en wijst een blonde jongen aan met een wilde bos krullen. 'Dat is de vader van Magali. Geen idee of hij nog leeft. Ik heb hem nooit meer gezien. Hij wilde niets meer met me te maken hebben toen ik vertelde dat ik zwanger was.'

'Die foto moet ik aan Magali laten zien.' Liselotte neemt een foto met haar telefoon.

Haar moeder zit er verslagen bij. 'Wat denk je nu van mij, nu je weet dat ik een kind heb afgestaan?'

'Doe niet zo gek, mam. Ik denk helemaal niets anders dan anders. Het was jouw keus niet, je bent gewoon gedwongen. Hou op zeg.'

'Het was een andere tijd.'

Liselotte springt op. 'We geven een groot feest voor de hele familie en dan nodigen we Max en Magali uit. Lekker gecaterd, dj erbij, écht gezellig.' Als ze haar moeders gezicht ziet, bindt ze in. 'Of wil je Magali eerst zelf ontmoeten?'

'Ik weet helemaal niet of zíj dat wel wil.'

Ze heeft haar moeder nog nooit zo kwetsbaar gezien en gaat weer zitten. 'Dat ga ik dan eerst wel uitzoeken.'

Laura komt de keuken in en werpt een blik op hen allebei. 'Wat een grafstemming hier beneden, ik ga wel weer.'

'Kan het een beetje minder? Kom maar even zitten, we moeten je wat vertellen en het is belangrijk dat je dat hoort.'

Laura schuift een barkruk naar achteren en gaat zitten. 'Ik ben trouwens ongesteld geworden,' zegt ze onverschillig. 'Dat jullie dat weten.'

Haar moeder slaakt een zucht van opluchting en slaat haar armen uitbundig om Laura heen. Ze besluit, in het licht van alles wat ze nu weet, voor de verandering haar mond te houden.

54
Rixt

Samen met Tanja loopt Rixt terug naar hun werkkamer. Ze heeft een goed gevoel over de bespreking. Ze zal Frank laten weten dat Max Bulouw voorlopig niet zal worden aangehouden.

Zodra Rixt weer achter haar bureau zit, logt ze in en leest ze het verhoorverslag van Magali Bulouw. De verklaring is geloofwaardig, ook volgens de recherchepsycholoog, toch voelt ze aan alles dat het niet goed zit. Helaas is een onderbuikgevoel niet genoeg om mee naar zitting te gaan.

Ze scrolt door het dossier. Hoe moet ze hier ooit een zaak van maken? De verklaring van Magali kan ze niet tegenspreken en Maurice Bulouw zelf is dood. Zelfs Magali's verklaring waarom ze de politie die avond niet heeft gewaarschuwd komt geloofwaardig over. En natuurlijk wilde Rixt zélf de witwas- en afpersingszaak niet stukmaken toen ze die avond zagen dat Maurice er met een pakket in de bus vandoor ging. Bovendien heeft Magali eerder wel de hulp van de politie gevraagd omdat ze de boel niet vertrouwde.

Ze schudt haar hoofd. Wat een slecht verhaal dit dossier. Er zit niets anders op dan Magali en haar vader in deze zaak voorlopig te schrappen als verdachten.

Op haar scherm verschijnt een melding dat de financiële recherche nieuwe gegevens heeft toegevoegd in het dossier van de ouders van de verslaafde baby. Ze opent de map en scrolt erdoorheen. Haar mond valt open van verbazing.

In de nacht waarin Maurice het lichaam in het Gooimeer heeft gedumpt, heeft de zogenaamde vader van het kind, Robert de Graaf, voor drie ton op de gokwebsite van Maurice Bulouw gespeeld en verloren. Uit verder onderzoek bleek dat Robert de Graaf het hele bedrag in één keer heeft ingezet bij roulette. Het was de eerste keer dat hij gebruikmaakte van de website, nadat hij vlak daarvoor een account had aangemaakt.

Ze kijkt naar buiten en volgt de trein naar Utrecht Centraal tot hij voorbij is. Was Robert Maurice geld verschuldigd?

Ze pakt haar telefoon. 'Frank? Rixt hier. Wil jij nagaan of Robert de Graaf lid was van Club Serafijn?'

'Wacht maar even, dat kan ik zo zelf zien.' Hij is even stil en op de achtergrond hoort ze hem typen. 'Hij en zijn vrouw zijn allebei lid, al vanaf het begin.'

Niet te geloven. Ze denkt hardop. 'We hebben dus een stel dat al jaren probeert zwanger te raken, een enorm, eenmalig gokbedrag, een bevalling van een junk met een vermiste baby, en een verslaafde baby die niet van Robert de Graaf is... Denk jij wat ik denk?'

Frank is stil.

'Frank?'

'Ja... dit klinkt bijna logisch.'

'We kunnen hier heel snel achter komen. Zodra het DNA van het opgedoken lichaam rond is, kunnen we het vergelijken met dat van de baby.'

'Ik ga er meteen achteraan. Je hoort van me.'

'Geen fouten nu, alles op scherp. We zijn heel dichtbij.'

'Komt goed.'

Tanja kijkt haar vanachter haar bureau glimlachend aan. 'Beet?'

'Dat zou zomaar kunnen...' Rixt kan met moeite een glimlach onderdrukken. Ze houdt zo van dit werk. Er gaat niets boven het gevoel dat je weet dat je goed zit en dat je mensen verantwoordelijk kunt gaan houden.

'Die Robert de Graaf zit klem, let maar op. Ik kan niet wachten op het verhoor. Hoe kun je het over je hart verkrijgen om een baby te kópen?' Ze trommelt met haar handen op haar bureau.

Tanja knikt. 'Dan ben je heel wanhopig.'

Rixt bijt op haar lip en denkt aan haar eigen drie kinderen en hoe ze die regelmatig achter het behang kan plakken. Ondanks alles zou ze ze voor geen goud willen missen.

Haar telefoon gaat over.

'Frank?'

'Ik heb de uitslagen van Forensisch binnen over het opgedoken lichaam.'

'Vertel.' Rixt kijkt Tanja aan en zet haar telefoon op speaker.

'Zlata Grigoryan. Ze zat al in de DNA-databank, dus ze konden haar makkelijk traceren. Ze was naar grote waarschijnlijkheid al dood voor ze in het water terechtkwam, al is het altijd lastig te beoordelen als iemand zo lang in het water heeft gelegen. Waarschijnlijke doodsoorzaak is bloedverlies, maar er zaten ook grote hoeveelheden drugs in haar bloed. En... er is een hit met de verslaafde baby. Zij is negenennegentig procent zeker de moeder.'

Ze slaat hard met haar vlakke hand op tafel. 'Ik wist het!'

'Ook blijken de sporen die we hebben gevonden in het appartement en in de bus van Maurice Bulouw overeen te komen met die van mevrouw Grigoryan.'

Rixt trekt wat pijlen en lijntjes in haar notities. Hij heeft haar die avond vervoerd, geen twijfel mogelijk. In haar hoofd zet ze al het bewijs tegen Maurice Bulouw op een rijtje. Keiharde zaak. Dan voelt ze een steen in haar maag. Onder hun ogen heeft Maurice het lichaam van een pas bevallen, doodgebloede vrouw weggemaakt, en ze hebben niets gedaan om hem te stoppen. Bovendien is de verdachte dood en kan ze hem niet vervolgen. Haar kortstondige gevoel van euforie is op slag verdwenen.

'Rixt?

Ze was zo in gedachten dat ze was vergeten dat hij nog aan de telefoon hing. 'Dank je wel voor je belletje, Frank.'

'*Anytime.*'

Ze legt haar telefoon weg en staart naar haar aantekeningen. 'Ik wil vanmiddag nog een vergadering met het team. Wil jij dat opzetten? Ik rij wel naar bureau Hilversum, dat is voor iedereen het makkelijkst.'

Tanja knikt.

Alles lijkt samen te hangen. Het kan toch niet waar zijn dat Max en Magali Bulouw van niets weten? Ze moet alles op alles zetten om de eindjes in deze zaak aan elkaar te knopen, dat is ze aan Zlata en de baby verplicht.

55
Charles

Met zijn handen in de zakken van zijn pantalon slentert Charles door de besloten beeldentuin van het Singer-museum. Onno loopt naast hem en praat hem bij over zijn werkzaamheden van de afgelopen dagen. Hij oogt vermoeid. Charles beseft dat hij veel van zijn beste vriend vraagt, maar daar wordt hij dan ook naar betaald. Hij neemt de serene omgeving in zich op en geniet van de kunstwerken. In hun tak van sport kan je maar beter je momenten pakken, voor het te laat is.

'Verder nog nieuws?'

'We moeten Magali in de gaten houden. Ze heeft bij de politie eerder al verklaard over haar broer. Die heeft meer door dan wij denken.'

'Een betere dekmantel kan ze niet hebben, toch? Er zijn instructies gegeven en die zijn duidelijk genoeg.'

Onno kijkt hem peilend aan. 'Eens, maar met het oog op de toekomst.'

Charles knikt en glimlacht. 'Zeker goed om in gedachte te houden.'

Ze blijven staan voor een kunstwerk in de vorm van een roeiboot met daarop een verzameling donkere glazen bollen. Het is een van zijn favoriete kunstwerken van de beeldentuin, niet in de laatste plaats omdat hij door de reflectie in de bollen precies kan zien wie er achter hem staat.

'Verder nog iets?'

'Dat neefje van Mo, Rashid, heeft een officiële waarschuwing gekregen. Als hij zich nog één keer misdraagt, laat Mo hem los. Dan staat hij alleen.'

'Dat punt hadden we toch al bereikt?' zegt Charles zuinig. 'Ik geloof dat ik heel duidelijk was.' Zijn toon is scherp. Ze moeten niet denken dat ze dit soort dingen buiten hem om kunnen beslissen. Hij had van Onno anders verwacht.

'Ik dacht dat je het er wel mee eens zou zijn,' zegt Onno defensief.

'Ik heb een heel slecht gevoel bij dat joch. Het is een ongeleid projectiel, en hij heeft de boel al een keer op scherp gezet door te verklaren.' Hij knakt met zijn vingers. 'Wie praat...'

Onno knikt en zucht. 'Goed, ik neem het nogmaals op met Mo. Het probleem is dat ik niet kan inschatten wat het bij hem losmaakt als we dit doorzetten. Hij heeft een grote familie, zal ik maar zeggen.'

Charles kijkt zijn vriend recht aan en trekt zijn wenkbrauwen minimaal omhoog.

Onno houdt zijn handen defensief omhoog. 'Prima, ik regel het. Jij bepaalt.'

En zo is dat.

56
Rixt

Iedereen praat door elkaar wanneer ze een van de grote vergaderzalen van politiebureau Groest in Hilversum binnenloopt.

Frank komt direct op haar afgestapt en kijkt haar pissig aan. 'Heb je meegekeken met het verhoor van Robert de Graaf?'

Rixt knikt.

Frank schudt zijn hoofd en kijkt haar fel aan. 'Dus ze bekennen dat ze de baby van Zlata via Maurice hebben aangenomen, maar níét dat ze ervoor hebben betaald. Dat kan hij toch niet blijven volhouden?'

Ze knikt rustig. 'Laten we het centraal houden,' zegt Rixt hard genoeg zodat iedereen het hoort. De leden van het onderzoeksteam nemen plaats aan de vergadertafel. De frustratie is van de meeste gezichten te lezen, dus moet ze de gemoederen zien te bedaren. Het afgelopen uur heeft ze haar hersens gebroken om te kijken wat ze juridisch van deze zaak kan maken, maar dat is niet eenvoudig.

Net wanneer Rixt iets wil zeggen, neemt Frank het woord. 'Goed. Voor míj is het zo duidelijk als wat. We hebben een pasgeboren verslaafde baby, we hebben een overleden verslaafde moeder, we hebben een verdachte van het wegmaken van een lijk, die is ook dood, en een ontzettend groot geldbedrag dat door de ouders is betaald, toevallig precies op de avond dat de baby wordt geboren en de moeder in het Gooimeer wordt gedumpt door Maurice Bulouw.' De leden van het team knikken instemmend.

Rixt snapt de frustratie, die voelt ze zelf ook. 'Ja, het heeft alle schijn van kinderhandel. Waar het lastige punt zit, is dat de ouders verklaren dat ze zijn overeengekomen met Zlata dat zij haar kind zouden adopteren. Hierdoor komt juridisch alles in een ander daglicht te staan.'

'Lekker makkelijk,' zegt een van de rechercheurs. 'Je vermoordt de moeder en zegt dan dat je samen hebt afgesproken om de baby te adopteren. Vervolgens geef je het kind bij de burgerlijke stand aan als van jezelf. Prima geregeld en niemand die erachter komt. Dat wordt dan wel de nieuwe modus operandi, denk ik.' Hij schudt zijn hoofd en er is geroezemoes in de vergaderruimte.

Rixt weet niet wat ze hierop moet zeggen. 'We moeten achterhalen of Zlata de afspraken ergens heeft vastgelegd. Per e-mail, WhatsApp, wat dan ook. Het kan ook via Maurice gegaan zijn. Hij had geld nodig.'

'Tot nu toe hebben we niets gevonden dat daarop wijst,' reageert Frank.

Rixt kijkt hem aan. 'Als we niets vinden, kan het ook niet als bewijs dienen. Het lijkt me alleen bijzonder vreemd dat je je kind afstaat zonder daar íéts over vast te leggen.'

Ze haalt even rustig adem. 'Die betaling, als het een betaling voor de baby is, is via de gokwebsite van Maurice gegaan. Het wordt lastig om de intentie van die betaling aan te tonen. Is er uit de financiële analyse al gebleken hoe zijn uitgavenpatroon was?'

Iemand steekt zijn hand op. 'Die drie ton is vrijgemaakt uit zijn eigen vermogen. Robert de Graaf heeft meerdere bedrijven, waar behoorlijk wat geld in zit, dus er lijkt geen sprake van witwassen of andere criminele activiteiten. Hij heeft vijf ton vrij opneembaar, zonder boetes.'

'Maar hij is wel een regelmatige bezoeker geweest in het casino van het landgoed, dus gokken is hem niet vreemd,' zegt Rixt. 'We kunnen hooguit zeggen dat dit onlinegokgedrag van Robert de Graaf zó atypisch is dat het niet anders uitgelegd kan worden dan als een betaling voor de baby. Zeker gezien het tijdstip.'

Frank schudt zijn hoofd. 'Ongelooflijk dit. We moeten kinderhandel hier toch aan kunnen tonen?'

Rixt tikt met haar pen op tafel en zucht. 'We kunnen hem sowieso pakken op het aangeven van een kind bij de burgerlijke stand als eigen kind. Valsheid in geschrifte, misschien illegale adoptie?'

'Jezus, Rixt, dat is voor de strafeis wel iets anders dan kinderhandel.'

'Dat klopt.' Ze denkt hardop. 'Ik ben benieuwd wat een rechter hiervan maakt. Is de baby afkomstig van een misdrijf? Kunnen we dat bewijzen? Zou het dan mogelijk zelfs om heling kunnen gaan? Juridisch gezien heel interessant.'

'Die vader en zus moeten hier toch iets van meegekregen hebben?' vraagt Natasja.

Rixt maakt een kort verontschuldigend gebaar met haar handen. 'Hun verklaringen kloppen precies met het tijdschema van het observatieteam. We kunnen daar niets mee.'

Alle ogen zijn op haar gericht.

'Ik verwacht dat de advocaat een schorsing van de bewaring zal vragen, daar zal ik niet tegen in verzet gaan,' gaat ze verder. 'Het is aan ons om zo veel mogelijk bewijs te verzamelen. Ik zal ook een casusbespreking bij de advocaat-generaal aanvragen. Zoals ik al zei, breng ik het in ieder geval voor de rechter, de vraag is nog even hoe.' Ze kijkt Frank en het team verontschuldigend aan. Ze had het zelf ook liever anders gezien.

'Wat gebeurt er met de baby?' vraagt Natasja.

'Die ligt voorlopig nog op de intensive care en daarna zal het wel crisispleegzorg worden. Als er plek is.'

Verschillende mensen schudden meewarig hun hoofd. Het is voor iedereen onbevredigend, maar ze moeten door.

'Laten we het ook hebben over de afronding van het onderzoek naar de moeder van de baby.'

Frank neemt het woord en kijkt de groep rond. 'Doordat Zlata Grigoryan in ons systeem stond, hadden we direct haar gegevens te pakken. Ze is een aantal keer opgepakt voor illegale straatprostitutie en wat kleine vergrijpen, winkeldiefstallen, drugsbezit, dat soort zaken. Ze werd vorige week door een bezorgde... collega... als vermist opgegeven. Magali en Max Bulouw hebben verklaard dat ze geassisteerd hebben bij de bevalling van Zlata en daarna zijn vertrokken. Alles wijst erop dat Maurice Bulouw Zlata in het water heeft gedumpt. Het bloed dat in het busje van Maurice is gevonden vertelt hetzelfde verhaal.'

Rixt neemt het over. 'Volgens Forensisch was het slachtoffer al overleden toen ze in het water terechtkwam. Of Maurice haar wel of niet heeft vermoord zullen we waarschijnlijk nooit achterhalen. Maurice kan niet meer worden vervolgd, dus deze zaak en dit deel van het onderzoek wordt dan ook gesloten.'

Rixt opent haar laptop en leest snel de samenvatting die Tanja van het laatste onderzoek heeft gemaakt. 'Dan rest nog het onderzoek naar de afpersing van Maurice Bulouw, de zaak waar het allemaal mee begon. Vanuit verschillende hoeken kregen we meldingen over een mogelijke afpersing van Maurice Bulouw door jongens uit de groep van Mohammed Sahin. De verklaringen van Magali Bulouw lijken deze gang van zaken te ondersteunen. Helaas hebben we ook hier het bewijs niet rond gekregen. Uit de verschillende taps die zijn geplaatst, hebben we geen bewijs voor afpersing gevonden. Magali wil niets meer verklaren.'

Twee rechercheurs praten het team bij over hun bevindingen in dit onderzoek, maar ze luistert maar half en leest nog een keer wat ze in de samenvatting ziet staan. Haar eigen naam is een aantal keer voorbijgekomen in de taps, maar de dreiging is niet concreet. Ze kijkt uit het raam. Waarom hebben die gasten van Sahin het over haar? Omdat zij als zaaksofficier aan het onderzoek naar de afpersing van Maurice verbonden is? Ze fronst. Dat weet toch niemand? Ze weet bijna zeker dat ze in plaats van met haar naam met een anoniem nummer op de zaak staat. Ze zucht. Het zit haar helemaal niet lekker. Na deze briefing zal ze contact opnemen met haar teamleider.

Frank praat verder. ‘Maurice Bulouw had snel geld nodig, daarom heeft hij die pokeravond georganiseerd en de boel daar opgelicht. Ook heeft hij willen cashen door een baby te verkopen aan een echtpaar dat wanhopig genoeg was om hieraan mee te werken. Alles om zijn schulden af te betalen. Zo zie ik het in elk geval,’ concludeert hij.

Ze bijt op haar lip. Ze is het helemaal met hem eens, maar ze krijgen het bewijs niet rond en moeten die jongens voorlopig laten gaan. Het is niet anders.

Haar telefoon trilt. Ze leest het appje van haar vriendin Jasmijn en typt snel een berichtje terug. *Ga graag mee rijden morgen, leuk! Rond de middag weer doen, en lunch bij de Eendracht?* Jasmijn stuurt een duimpje terug. Wat een heerlijk vooruitzicht.

Ze kijkt de groep rond.

‘Zullen we afronden? Ik denk dat we alles wel besproken hebben.’

Ze wil naar huis, naar haar kinderen. Vrijdagavond is pizza- en filmavond. Ze raapt haar spullen bijeen, wenst iedereen een prettig weekend en loopt naar de parkeergarage.

57
Max

Weer staat ze in zijn woonkamer, voor het schilderij van Magali.

'Jóúw dochter, zei je vorige week tegen mij.' Ze kijkt van hem naar het schilderij en weer terug.

Max sluit kort zijn ogen, er is geen ontkomen meer aan. Hij wist dat er een kans bestond dat hij ooit dit gesprek zou moeten voeren, en nu is het zover. Hij ademt langzaam uit. 'Er is een hoop te bespreken,' zegt hij zacht.

'Dat kan je wel zeggen, ja.'

Ze klinkt verongelijkt, maar niet boos. Ze kijkt hem indringend aan terwijl in haar hoofd duidelijk alle puzzelstukjes op z'n plek vallen. 'Waarom heb je het me nooit verteld?' Ze kijkt hem ongelovig aan. 'We hebben zoveel samengewerkt en meegemaakt. Er moet toch een moment geweest zijn waarop je het me had kunnen vertellen?'

Ze heeft gelijk, er waren tal van momenten geweest. Zeker toen Liselotte werd geboren en hij bedacht hoe leuk het voor Magali zou zijn om een zusje te hebben. Hij veegt met een zakdoek langs zijn ogen. 'Het is… Ik heb het mijn vrouw nooit verteld.'

'Hoe bedoel je? Ze wist toch dat Magali niet van háár was?'

'Uiteraard, maar ze wist niet dat ze van jóú was. Jullie hebben elkaar natuurlijk pas later ontmoet, toen je assisteerde bij de bevallingen. Magali was toen al… twee of drie?'

Hij had haar direct herkend toen ze als jonge verpleegster in het ziekenhuis kwam werken op de kraamafdeling, en later ook in het moederhuis waar ze een paar jaar daarvoor zelf bevallen was. Zij hem ook.

Ze knikt ongelovig. 'Al die tijd dat ik me afvroeg waar ze gebleven was, was ze gewoon hier. En ik heb er nog naar gevraagd.' Ze kijkt hem nu recht aan.

Hij weet precies waar ze het over heeft en voelt zijn wangen kleuren. Dat hij op zijn leeftijd nog kan blozen verbaast hem.

'Ik was bang.' Hij slikt. 'Bang dat je haar terug zou vragen, haar zou opeisen en haar mee naar huis zou nemen.' Met betraande ogen kijkt hij haar aan. 'Dan was ik haar kwijt geweest. Dat kon ik mijn vrouw ook niet aandoen. Ze was zo gelukkig met Magali.'

Verbouwereerd gaat ze tegenover hem zitten. 'Je had me in elk geval een band met haar kunnen laten opbouwen. Ervoor kunnen zorgen dat ik haar af en toe kon zien, dat ze met Liselotte kon spelen. Je was nota bene op onze bruiloft.' Ze schudt haar hoofd. 'Het voelt als verraad, ook al heb ik haar zelf… afgestaan.' Ze doet haar uiterste best om niet te huilen.

Hij knikt. 'Het spijt me.'

Ze staat op en ijsbeert door zijn woonkamer. 'Nu begrijp ik waarom we je na de geboorte van Liselotte niet meer hebben gezien.'

Hij knikt. 'Ik was bang dat de meisjes op elkaar leken en je Magali zou herkennen. Maar ik heb haar wel die pop gegeven voor haar geboorte.'

Ze veegt boos haar tranen weg en komt weer tegenover hem zitten. 'Ja… dus?'

'Dat is een exacte kopie van de pop die ik voor Magali maakte. De pruik is gemaakt van jouw eigen haren.'

Ze kijkt hem verbijsterd aan. Hij weet dat ze zich dat moment moet herinneren en laat het even bezinken.

Zacht gaat hij verder. 'Ik had nog haren over van de pop voor Magali.' Hij pauzeert even. 'In ieder hoofdje van de poppen die ik de afstandskinderen meegaf zit een briefje met de naam van hun biologische moeder en hun geboorteplaats, zodat ze ooit nog zouden kunnen achterhalen waar ze vandaan kwamen. Als er iets kapotgaat aan een pop is het vaak het hoofdje...'

Ze weet duidelijk niet wat ze moet zeggen, dus hij gaat door met zijn verhaal.

'In de pop van Magali zit ook zo'n briefje, met jouw naam erop. In de pop van Liselotte zit een briefje met de naam van Magali...' Hij kijkt haar aan. 'Dit was allemaal voor het DNA-tijdperk. Ik heb in mijn testament laten zetten dat Magali in het hoofdje moet kijken, als ik er niet meer ben.'

Ze zit zwijgend op haar stoel en kijkt naar haar handen die op haar schoot rusten. 'Ik weet niet wat ik moet zeggen.'

Hoe zal Magali reageren als ze dit hoort? Zal zij het hem vergeven? 'Ik heb me aan mijn belofte gehouden. Ik heb altijd heel goed voor Magali gezorgd, en dat zal ik blijven doen.'

Ze slaat haar betraande ogen naar hem op. 'En daar ben ik je eeuwig dankbaar voor. Maar je hebt ook mijn kind afgepakt toen ik op mijn kwetsbaarst was. Dat zal ik je nooit vergeven.'

Net als jij, denkt hij. Wij hebben er allemaal aan meegewerkt, het hele systeem was verrot.

Ze staat op, pakt haar jas van de kapstok en trekt, zonder te groeten, de voordeur achter zich dicht.

Wanneer hij wakker schrikt, legt zijn verzorgster een hand op zijn schouder. Naast haar staan twee rechercheurs.

'Sorry dat we u hebben wakker gemaakt.'

Hij gaat rechtop zitten. 'Ik sliep niet, hoor.'

De verzorgster glimlacht. 'Tuurlijk niet.' Ze knipoogt naar de rechercheurs. 'Ik maak even koffie.'

Max' vuisten klemmen zich om de leuning van zijn fauteuil en zijn hart raast als een dolle. Komen ze hem halen? Hij dacht dat het afgerond was. Hopelijk is het niet aan hem te zien hoezeer hij zich opwindt. Als het erop aankomt, neemt hij alle schuld op zich, dat staat vast. Wat er ook gebeurt, Magali blijft hier op het landgoed om de boel te runnen.

Hij knikt vriendelijk naar de twee rechercheurs die tegenover hem zitten. Maar wat ze zeggen gaat grotendeels langs hem heen. Is dit nou goed of slecht nieuws? Is hij nou wel of niet verdacht?

'Begrijpt u wat we zeggen, meneer Bulouw?'

'Niet geheel,' zegt hij naar waarheid.

'U heeft bekend over de opgegraven botten op uw landgoed, maar voorlopig wordt u daar niet voor vervolgd. Daarvoor moet er eerst meer onderzoek worden gedaan om te kijken of u wel strafbaar bent.'

Max knikt. Oké, dat is duidelijk.

'En wat betreft uw verklaring over de noodhulp die u heeft verleend bij die bevalling vorige week...'

'Ja...'

'De officier heeft besloten u ook daarvoor niet te vervolgen. U heeft gedaan wat u kon, gezien de omstandigheden en de bedreigingen door uw zoon.'

'Juist...'

'Laat het maar even rustig op u inwerken allemaal. We wensen u veel sterkte met het verlies van uw zoon.'

Hij knikt. 'Dank u.'

Ze staan op, schudden zijn hand en laten zichzelf uit. Zodra ze weg zijn, laat hij zijn adem los en laat hij zijn hoofd achterover tegen de stoel zakken. Hij wil zijn dochter bellen, maar weet niet zeker of dat wel veilig is. Die advocaat was duidelijk: niets inhoudelijks over de gebeurtenissen bespreken over de telefoon.

Hij wrijft met zijn zakdoek in zijn ogen en vervloekt zijn emotionaliteit. Kan hij dan tegenwoordig geen gesprek meer voeren zonder te huilen? Hij snuit zijn neus, zucht diep en sluit zijn ogen.

58
Rixt

Het is druk bij restaurant de Eendracht. Rixt zet haar lege cappuccinokop resoluut op de tafel. ‘Zullen we weer opstappen voor het laatste stukje? Ik heb wel zin om nog even te knallen, en de paarden zijn nog lang niet moe.’

Jasmijn knikt bedachtzaam. ‘Is er nog iets dat je kwijt moet? Je doet zo opgewekt, maar volgens mij ben je dat helemaal niet.’

Rixt weet niet wat ze moet zeggen. Ze heeft geen zin om te praten over Victor, over haar werk kan ze het niet hebben zonder uit de school te klappen, en over de kinderen hebben ze het net uitgebreid gehad. ‘Ik ben een beetje moe van alles. Het komt wel goed.’

In haar ooghoek ziet ze twee mannen op een zwarte motor stilstaan op de parkeerplaats voor de Eendracht. De bestuurder is klein van postuur, de persoon achterop iets groter. Kijken ze nou haar kant op? Ze is blij dat ze haar zonnebril op heeft, hierdoor kan ze doen of ze naar Jasmijn kijkt, maar prent ze ondertussen de details in haar hoofd. Allebei zwarte glimmende jassen op een spijkerbroek, allebei een schoudertasje, de motor een Yamaha, de bestuurder heeft rode duivelsoortjes op zijn helm. Jammer dat ze het kenteken niet kan zien.

‘Hoor je me wel?’ Jasmijns stem klinkt geïrriteerd.

‘Blijf praten tegen me.’ Het klinkt scherper dan Rixt het bedoelt, maar ze kan zich daar nu niet druk om maken. Die lichaamshouding van die jongen komt haar bekend voor.

‘Wat is dit, Rixt?’ Jasmijn verstijft.

‘Doe alsjeblieft gewoon of er niets aan de hand is. Lach maar een beetje.' De motorrijders kijken nog een keer in haar richting en rijden dan langzaam de parkeerplaats af. Loos alarm.

Jasmijn kijkt haar met grote ogen aan.

'Sorry, Jas.' Rixt wrijft met haar handen over haar gezicht. Haar hart raast in haar borstkas. 'Ik zie spoken sinds die aanslag.' Rixt ademt nogmaals diep uit. 'Laten we lekker rijden, dan kan ik alles even loslaten. Ik betaal de koffie.'

Jasmijn is duidelijk niet gerustgesteld en kijkt om zich heen als ze bij de paarden aankomen die braaf staan te wachten bij de waterbakken. De zwarte vacht van Joost glanst in het zonlicht en hij schraapt met zijn voorbeen over de bodem. Het is een prachtig sportpaard met als officiële naam *Yosemite's Pride*, maar iedereen noemt hem Joost. De wat oudere merrie van Jasmijn staat rustig naast hem en is niet onder de indruk van zijn onrustige gedrag. Rixt geeft Joost een snoepje uit haar jaszak en stapt op bij het houten paaltje langs het pad.

'Hoe hou je dit vol?' vraagt Jasmijn. 'Ik krijg steeds meer begrip voor Victor.'

Rixt bijt op haar lip maar houdt zich in.

'Je kan toch niet normaal leven als je voortdurend over je schouder moet kijken?' gaat Jasmijn verder. 'Ik snap niet dat je daar nog zin in hebt en voor het geld hoef je het ook niet te doen. Ook een echte crimefighter kent toch grenzen?' Ze schudt nadenkend haar hoofd.

Rixt slikt. Niemand begrijpt dat haar motivatie voor haar werk veel verder gaat dan dat. Het is een missie waarmee ze is vergroeid. Ze heeft geen zin om het uit te leggen en haalt haar schouders op. Jasmijn zwijgt. Zouden al haar vriendinnen er zo over denken? Denkt iedereen om haar heen dat ze gek geworden is omdat ze doorwerkt onder deze druk? Ze neemt zich voor om deze week te gaan lunchen met haar vriendin en collega-officier van ZwaCri. Met haar kan ze altijd goed sparren en zij zit in hetzelfde schuitje.

Joost stapt stevig door en wil zoals altijd per se vooroplopen. Jasmijn zit vlak achter haar. Al snel galopperen ze over het ruiterpad van de Tafelbergheide. Haar haren wapperen onder haar cap vandaan en de wind striemt haar wangen. Het geluid van de hoeven en de cadans van de galop maken haar rustig. Zodra ze op haar paard zit, vergeet ze alles om zich heen. Dit is precies wat ze nodig had.

Ze galopperen een stuk door het bos als Rixt opeens een hoge gil achter zich hoort. Jasmijn! Rixt draait zich om in het zadel en kijkt over haar schouder. Dezelfde motor die ze net op de parkeerplaats zag staan raast met hoge snelheid vanuit een zijpad vlak naast Jasmijn het ruiterpad op. De rode puntjes op de helm van de voorste man zijn duidelijk herkenbaar. Godverdomme! Dus toch!

Rixt spoort haar paard nog harder aan om de motor voor te blijven. Ze laat de teugels iets vieren om haar paard alle ruimte te geven en grijpt met beide handen de onderkant van zijn wapperende manen stevig vast.

'Toe maar jochie, rennen!'

Rixt kijkt over haar schouder.

De motorrijders zitten nu vlak achter Jasmijn en geven gas. Door het gierende geluid van de motor steigert de oudere merrie. De motor moet inhouden en de voorste man probeert uit alle macht om het paard heen te manoeuvreren. Jasmijn verliest haar beugels en hangt onstabiel aan de sterke hals van haar paard.

'Hou je vast!' Rixts uitroep verdwijnt in de wind. Het zal haar toch niet gebeuren dat haar vriendin straks het slachtoffer wordt van deze gasten? Moet ze omdraaien? De afstand tussen haar en Jasmijn wordt groter. Ze spoort haar paard nogmaals aan. Ze kan niet terug. Die gasten komen voor háár, hoe verder ze bij Jasmijn vandaan is, hoe beter.

De motorrijder stuurt behendig langs de boomwortels die uitsteken over het verharde bospad. Jasmijn probeert uit alle macht haar voeten terug in de beugels te krijgen en hangt gevaarlijk naast haar zadel als de merrie weer gaat rennen. De losse beugels aan het zadel slingeren alle kanten op.

De motor zit vlak achter Jasmijn en de bestuurder geeft extra gas. Als in een trance probeert Rixt te bedenken waar ze het beste heen kan om de motor af te schudden. Ze moet bij het mulle zandpad proberen te komen. Ze spoort Joost aan, maar die kan niet harder. Weer kijkt ze vlug over haar schouder. De man achterop haalt iets uit zijn jaszak. Haar adem stokt een moment, dan gaat alles in een stroomversnelling. Ze heeft geen tijd om na te denken en stuurt haar paard het mulle ruiterpad op. Tot haar verbazing heeft de motor geen enkele moeite haar bij te houden. Nogmaals kijkt ze over haar schouder. De motor zit nu vlak achter haar. De achterste man heeft het vuurwapen op haar gericht en leunt op de schouder van de bestuurder. Ze gilt en duikt voorover op haar paard. Haar wang ligt tegen de dampende hals van Joost.

De knal die volgt is zo hard dat Joost opzij springt en ze moet zich uit alle macht vastklampen aan zijn hals om haar evenwicht niet te verliezen. Ze voelt niets, hij moet haar gemist hebben.

'Goed zo, braaf.'

Weer een knal. Haar oren dreunen en haar paard schiet vooruit. Dan ziet ze een smal bospad waarvan ze weet dat het verderop wordt geblokkeerd door verschillende boomstammen. Ze stuurt Joost in volle vaart het paadje op. Hij kent de weg en volgt haar hand. Wandelaars springen aan de kant. Ze doet haar best om niemand omver te lopen, maar alles gaat als in een waas aan haar voorbij. Ze moet door. Ze moet blijven leven.

Zodra ze de boomstammen ziet, zet ze extra aan en haar paard springt eroverheen. Verderop liggen nog drie boomstammen.

'Toe maar, je kan het!'

Met een krachtige afzet vliegt hij over de boomstammen heen en rent verder. Ze kijkt over haar schouder en ziet dat ze de motor eindelijk heeft afgeschud. Ze rent nog een heel stuk verder. Ze is nu zo diep in het bos, hier zullen ze haar niet vinden. Hijgend en volledig buiten adem neemt ze Joost terug naar een draf en dan naar stap. Zijn neusgaten sperren zich open en dicht als hij briesend tot stap komt. Ze klopt op zijn hals en scant ondertussen de omgeving. Ze ziet geen beweging tussen de bomen. Dan hoort ze onmiskenbaar het geluid van hoeven in galop van het ruiterpad achter zich komen. Ze draait zich om, maar door de dichte begroeiing ziet ze niets.

'Jasmijn? Ik ben hier.' Ze wil niet te hard roepen. Ze luistert aandachtig. Geen motorgeluid. Het gedreun van de galop komt steeds dichterbij. Dan ziet ze beweging in de bosjes. Even later komt de oude merrie op haar afgerend. Het zadel is leeg. 'Ho maar meisje. Hooooo. Goed zo, braaf.'

Rixt grijpt de teugels van de merrie, die nu naast Joost staat. Ze laat haar tranen de vrije loop. O, Jasmijn. Wat doet ze iedereen in haar omgeving aan? Haar hele lijf trilt onbedaarlijk als ze haar telefoon uit haar zak haalt, haar locatie aan Frank appt en 112 belt.

59
Rashid

Tegelijk met het tweede schot zakt het voorwiel van zijn motorscooter weg in het mulle zand en verliest hij zijn balans.

'Wat doe je!?' Zijn neef klinkt ver weg, zijn oren suizen nog van de knal.

Hij mompelt een sorry en doet zijn best, maar hij kan de motor met geen mogelijkheid rechtop houden in het zware zand. Zijn neef grijpt zich aan hem vast en klemt zijn armen om zijn middel. Dit móét goed gaan. Hij mag deze opdracht niet verpesten. De motor slingert met hoge snelheid heen en weer. Dan verliest hij volledig de controle over zijn stuur en voor hij doorheeft wat er gebeurt, vallen ze met een doffe dreun op het bospad. De klap op zijn hoofd is hard en even weet hij niet waar hij is en schudt zijn hoofd.

Naast hem gilt zijn neef het uit. 'Mijn been! Godver!'

Hij werpt versuft een korte blik op het onderlijf van zijn neef en wendt snel zijn hoofd af. Het been van zijn neef ligt in een gekke positie onder de motor. Rashid huivert.

'Doe iets, godverdomme!'

Met twee handen duwt hij de motor iets omhoog, maar bij iedere beweging die de motor maakt, gilt zijn neef harder. Dit gaat zo niet. Hij moet kotsen, slikt het weg en zucht een paar keer diep om zichzelf te kalmeren. Ze moeten hier zo snel mogelijk weg zien te komen. Zo voorzichtig mogelijk schuift hij zijn been richting het stuur van de motor en weet zichzelf te bevrijden. De voorvork van de motor is krom en de gashendel ligt eraf. *Fuck*! Ze moeten hier weg!

Zal hij de motor in één keer van zijn neef aftillen? Dan kan hij hem misschien verslepen naar de zijkant van het pad. Met alle kracht die hij in zich heeft, duwt hij de motor van zijn neef af. Die gilt het uit en grijpt naar zijn been.

'Kom, opstaan man,' zegt hij tegen zijn neef.

'Wát zeg jij? Ik ga stuk hier!' Zijn neef ziet lijkbleek en ademt luid.

'Niet aanstellen nu!' Hij kijkt om zich heen. Er is niemand te zien en hij hoort nog geen sirenes. 'Steun op mij, dan verstoppen we ons hier in de bosjes.'

Zijn neef probeert uit alle macht iets te verschuiven met zijn bovenlijf, maar schreeuwt het uit.

'Fuck...' Uitgeput laat zijn neef zich in het zand zakken. Hij huilt.

Shit. Weer kijkt Rashid om zich heen. Als zijn neef hier midden op het pad blijft liggen is het een kansloos verhaal.

Het vuurwapen ligt een paar meter verderop in het zand. Hij pakt het, veegt het af aan zijn spijkerbroek en stopt het in zijn schoudertasje. 'Ik moet rennen man, ze zijn er zo, dan pakken ze ons allebei.'

'Ga je míj achterlaten? Ik ben je nééf, gek!'

Rashid is duizelig, zet zijn handen op zijn knieën en leunt voorover om niet om te vallen. Hij moet nu beslissen, anders is het te laat. Adrenaline raast door zijn lijf. Zonder om te kijken zet hij het op een lopen. Zo hard als hij kan.

'Rashid! Vuile kankerhond!'

Te laat, hij kan niet meer terug. Hij heeft een beslissing genomen en gaat zichzelf redden. Zo hard als hij kan sprint hij door de bosjes, takken zwiepen in zijn gezicht en krassen over zijn huid. De steken in zijn hoofd zijn niet te doen en hij heeft geen idee waar hij is in dit klotebos. Dan komt hij bij een grote kuil. Naast de kuil is een stevige hut gebouwd met takken en dichte bladeren. In de verte hoort hij sirenes. *Fuck fuck fuck*! Hij kijkt om zich heen. Niemand te zien. Hij gooit zich op zijn buik en kruipt in de hut. Eenmaal binnen gaat hij op het vochtige bladerdek zitten en slaat zijn armen om zijn knieën. Met zijn hoofd op zijn knieën laat hij zijn tranen gaan. Waarom moet hij alles wat hij doet verkloten?

Hij wil niet denken aan wat Mo hiervan vindt en aan de vernederingen die hem te wachten staan als zijn familie erachter komt wat er is gebeurd. Hij had juist het gevoel dat alles eindelijk eens goed ging. Ze hebben het geld binnen van die ouwe, baas tevreden, iedereen tevreden. En nu dit. Hij laat zijn bonkende hoofd rusten tegen een dikke tak en zakt weg.

Als hij bijkomt, ligt hij met zijn hoofd in de bladeren en is het helemaal donker. Hoelang is hij buiten bewustzijn geweest? Het stinkt naar kots en aan zijn wang kleeft braaksel. Langzaam komt hij overeind. Als hij zijn telefoon uit zijn schoudertas wil pakken hoort hij boven zich het geluid van een helikopter. Godver! Hij kruipt in elkaar en probeert zo veel mogelijk koude bladeren over zich heen te schuiven. Alles om zijn warmte-uitstraling zo veel mogelijk te beperken. De helikopter blijft even hangen en vliegt dan een stukje verder om meteen weer terug te komen.

In de verte blaft een hond onophoudelijk. Hij moet plassen, maar durft niet op te staan. Hij bidt dat de hut hem voldoende bescherming biedt. Het geblaf van de hond komt steeds dichterbij. Fel licht schijnt van verschillende kanten door het bladerdek van zijn hut heen. De hond blaft uitzinnig en lijkt vlak bij de hut te staan. Hij pakt het wapen uit zijn schoudertas en probeert de rits dicht te doen. Het lukt niet. Met twee handen klampt hij zich vast aan de Glock. Wat moet hij doen? Rennen en schieten. Het is zijn enige mogelijkheid om nog weg te komen.

Dan klinkt er een harde stem door een megafoon. 'Kom tevoorschijn, anders laten we de hond los.'

Hij klemt het vuurwapen tussen zijn vingers. Als hij schiet, schieten ze terug. Die kuthond gaat enorm tekeer en hij pist bijna in zijn broek.

'Kom naar buiten met je handen omhoog, zodat wij ze kunnen zien. Je bent van alle kanten omsingeld, het heeft geen enkele zin om iets te proberen.'

Hij wordt licht in zijn hoofd en heeft het gevoel dat hij flauwvalt. Hij gaat op zijn buik liggen en met het wapen voor zich uit tijgert hij door de opening van de hut. Als hij laag wegrent, haalt hij misschien de rand van het bos?

'Laatste waarschuwing.'

Nu! Hij glipt door de opening van de hut en schiet om zich heen terwijl hij wegrent. Er wordt teruggeschoten. Felle lampen verblinden hem direct en hij heeft geen idee waar hij naartoe moet rennen. Instinctief slaat hij zijn armen voor zijn ogen. Dan voelt hij een harde duw in zijn rug en voor hij het weet, ligt hij op de grond en bijt de hond hem in zijn schouder. Hij krijst het uit.

'Laat je wapen los!'

Hij weet niet eens meer dat hij het nog vasthad. De pijn in zijn schouder is enorm. De hond kwijlt en gromt naast zijn hoofd en hij plast in zijn broek. Hij gooit het wapen zo ver weg als hij kan.

'Stil blijven liggen! Op je buik!'

Meerdere politiemannen met zwarte vesten aan springen op hem af en gaan op hem zitten. Zijn handen worden achter zijn rug geboeid en de hond laat los.

'Ben je gewond? Kan je lopen?'

Hij kan niets zeggen. Tranen stromen over zijn wangen. Door meerdere mannen tegelijk wordt hij omhooggetild, op zijn benen gezet en meegenomen naar het bospad. Hij struikelt over zijn eigen voeten, maar ze laten hem niet vallen. Nu pas ziet hij hoeveel politiemensen er op de been zijn. Zijn hoofd wordt omlaag geduwd en hij klimt achter in de auto. Het portier slaat dicht en hij sluit zijn ogen.

60
Rixt

Op de parkeerplaats van restaurant de Eendracht staan meerdere dienstauto's met zwaailichten die het omliggende bos in een blauwe gloed zetten. Politieagenten van de DSI lopen rond in donkere pakken en bewaken de ambulance waarin de motorrijder met een gebroken been ligt. Een donkere Audi Q8 en een BMW X5, beide met een blauwe lamp op het dak, blokkeren de ingang van de parkeerplaats.

Rixt aait haar paard over zijn hals, terwijl een stalgenoot voorzichtig een wondzalf op zijn bil smeert, op de plek waar een kogel hem heeft geschampt.

'Door het bloeden zag het er erger uit dan het is.' Haar stalgenoot draait de dop op de tube. 'Het is echt oppervlakkig.'

'Gelukkig maar.' Rixt drukt haar gezicht tegen zijn hals. 'Hij heeft mijn leven gered.' Ze slikt en veegt haar neus af aan haar mouw.

Haar stalgenootje zet Joost naast de merrie van Jasmijn in de paardenvrachtwagen.

'Dank je wel dat je meteen bent gekomen om ze op te halen.'

'Maak je maar geen zorgen over de paarden.' Met een harde klap sluit haar stalgenoot de laadklep van de paardenvrachtwagen en draait de hendels naar beneden. 'Ik zet ze op stal. Wens Jasmijn beterschap.'

Rixt glimlacht en beantwoordt haar knuffel met een stevige omhelzing. Zodra de paardenvrachtwagen van de parkeerplaats af is, draait ze zich om en loopt naar het terras, dat is ingericht als mobiel politiebureau. Overal zitten groepen agenten te praten. Het forensische team wordt gebriefd. De hei is afgezet met linten en niemand mag erin of eruit.

Wat bewijs betreft zou dit een makkelijke zaak moeten worden. In haar hoofd gaat ze nogmaals alles langs van die middag. Ze zit zo in haar gedachten dat ze niet merkt dat Frank naast haar is komen staan.

'Gaat het een beetje?'

Ze knikt. Het dringt nog niet echt tot haar door wat er allemaal is gebeurd.

'We hebben Victor en de kinderen op de hoogte gebracht. Victor komt deze kant op.'

'Fijn.'

'Ben je klaar voor je verklaring? Het kan hier binnen in het restaurant of we kunnen naar het bureau.'

'Doe hier maar meteen.' Ze loopt achter Frank aan naar het ontruimde restaurant, maar bedenkt zich. 'Wacht, ik kom er zo aan.'

Ze loopt snel naar de tweede ambulance die langs het fietspad geparkeerd staat. Jasmijn zit inmiddels rechtop op de brancard en kan weer lachen als ze Rixt ziet. 'Hé, cowboy.'

Rixt glimlacht. Ze is zo blij haar vriendin weer te zien lachen. 'Je ziet er iets beter uit,' zegt Rixt opgelucht. 'Je hebt weer wat kleur op je wangen.'

'Ik heb niets gebroken, alleen gekneusd.' Jasmijn tilt demonstratief beide armen op.

'Mooi.' Rixt wil zoveel zeggen tegen Jasmijn, maar ze heeft geen woorden voor wat ze allemaal voelt. Ze is zo blij dat haar vriendin ongedeerd is en opgelucht dat ze niet boos is, dat het haar ontroert. Jasmijn steekt haar linkerarm uit. Ze stapt de ambulance in en drukt haar voorzichtig tegen zich aan.

'Het had heel anders kunnen aflopen,' zegt Rixt zacht. Ze onderdrukt een snik.

'Zeker,' zegt Jasmijn, 'maar het is allemaal goed gekomen.' Ze haalt haar neus op en veegt over haar wang. 'En jij bent er nog. Godzijdank.' Dan lacht ze door haar tranen heen.

Rixt knikt en drukt een kus op haar wang. 'Ik moet naar binnen.'

Jasmijn knikt. 'Ga maar gauw.'

Rixt klimt uit de ambulance en loopt in de richting van het restaurant. De hondengeleider passeert haar op weg naar zijn auto. De politiehond is rustig maar alert.

'Kijk, de held van de avond,' zegt Rixt. 'Samen met mijn paard.'

De hondengeleider kijkt trots naar zijn hond. 'Hij heeft geweldig werk verricht.'

'Mag ik hem aaien?'

'Doe maar niet. Hij heeft wel genoeg prikkels gehad voor vandaag.' Hij laat de hond in de bench achter in zijn auto springen en doet de klep dicht.

'Bedankt, voor alles.' Ze kijkt rond en realiseert zich dat al deze mensen hier zijn om haar te beschermen en om, met gevaar voor eigen leven, haar belagers op te pakken. De man steekt zijn hand op en stapt in zijn dienstauto. Rixt loopt door naar het restaurant.

Frank ziet haar binnenkomen en komt direct op haar af. Hij schuift een stoel voor haar naar achteren en wenkt iemand van de bediening.

'Heb jij een glas water en...' Hij kijkt Rixt vragend aan.

'Thee alsjeblieft,' zegt ze zacht. Ze laat zich zakken op de stoel en de vermoeidheid slaat zich als een deken om haar heen. Ze ademt langzaam uit en sluit haar ogen. Herinneringen aan de middag flitsen als een oude diavoorstelling voorbij. Net een moment later haar paard aangespoord, net een verkeerde bocht, net een moment anders gehandeld en alles was anders geweest.

Om haar heen vangt ze verschillende gesprekken op. De ene verdachte is kennelijk naar het cellencomplex in Houten gebracht, de andere naar het ziekenhuis in Scheveningen. Ze hoort het wel, maar ze kan alleen maar denken aan haar kinderen. Aan haar verdriet, haar angst, haar woede om wat die gasten haar aan wilden doen. Ze denkt aan wat er met Jasmijn had kunnen gebeuren. Door haar. Allemaal door haar. Ze balt haar vuisten samen en perst haar lippen op elkaar.

De stoel naast haar wordt naar achteren geschoven en iemand gaat zitten. Ze weet dat ze haar ogen open moet doen, maar ze kan het nog even niet opbrengen. Een warme hand omklemt die van haar. Ze opent haar ogen en kijkt in het serieuze gezicht van Victor. Hij zegt niets, maar in zijn blik leest ze alles wat ze zelf voelt. Hij slaat zijn armen om haar heen en ze laat haar voorhoofd tegen zijn schouder zakken. Dan huilt ze tot ze niet meer kan.

61
Magali

Magali's hoofd bonkt van alle emoties als ze de oprijlaan op loopt van de prachtige villa van haar halfzus. Nu de begrafenis van haar broer eindelijk achter de rug is, hebben ze afgesproken in het huisje van haar biologische moeder. Ze volgt een pad met leistenen over het gazon en komt uit bij een kleine rietgedekte cottage die verscholen ligt tussen grote struiken en bomen, achter in de tuin.

Liselotte staat met uitgestrekte armen in de deuropening en daarachter staat een oudere dame, met keurig gekapt haar en een subtiele make-up. Ze slikt een brok in haar keel weg. Ze heeft uitgekeken naar dit moment, maar nu het zover is, is ze vooral zenuwachtig.

Wat zal haar biologische moeder van haar vinden? Ze is heel anders dan Liselotte. Ze haalt een hand door haar wilde krullen en strijkt haar kleurige tuniek glad. Misschien had ze toch iets anders aan moeten trekken. De grote shopper hangt onhandig aan haar arm.

'Wat fijn dat je er bent!' Liselotte sluit haar in haar armen. Onwennig omhelst ze Liselotte terug, zonder haar ogen van de oudere dame af te houden. Ze scant haar gezicht op gelijkenissen in gelaatstrekken. Liselotte laat haar los en dan staat ze voor het eerst voor haar biologische moeder.

Magali steekt haar hand uit om zich voor te stellen. De oude vrouw kijkt haar met waterige ogen afwachtend aan. In plaats van een hand te geven besluit ze haar moeder te omhelzen. Haar moeder komt tot haar schouder en haar snikken worden gesmoord in haar jurk. Magali weet niet goed wat ze met het verdriet van haar moeder aan moet en neemt voorzichtig afstand door een stapje naar achteren te doen.

'Sorry,' snikt de oude vrouw. 'Sorry voor alles.'

Magali glimlacht naar haar. 'Het is helemaal goed. Ik heb een prachtige jeugd gehad en hele lieve en zorgzame ouders. Ik ben niets tekortgekomen.'

'Ik ben zo blij om dat te horen. Mijn hele leven heb ik mezelf afgevraagd hoe het met je zou gaan, en al die tijd was je zo dichtbij. Het spijt me zo. Ik had je nooit af moeten staan. Ik had wel een oplossing gevonden.'

Magali lacht naar haar. 'U moet uzelf niets verwijten. Ik neem u niets kwalijk, echt niet.'

De dame snuit haar neus en stapt opzij om haar binnen te laten. Liselotte staat in de gang al net zo te huilen als haar moeder. Is ze zelf nou zo'n koele kikker? Onbewust heeft ze zich voorbereid op dit moment, en nu het zover is, is ze vooral opgelucht. Ze hangt haar jas aan de kapstok en loopt de woonkamer in. Als ze de gezellige ruimte in komt, blijft ze staan. Op de bank zit een meisje van een jaar of zestien, dat snel opstaat als ze Magali ziet en zich voorstelt. Ze kijken elkaar secondenlang verbaasd aan.

'*What the fuck*,' zegt Laura dan.

'Ja! Bizar hè,' zegt Liselotte met een hogere stem dan normaal. 'Het is of je in de spiegel kijkt, of niet?'

Laura kijkt haar moeder fronsend aan. 'Eh… nee. Zo bejaard ben ik niet.'

Liselotte rolt met haar ogen en kijkt verontschuldigend naar Magali. Magali lacht begrijpend terug en gaat zitten op de losse fauteuil.

'Jullie lijken allebei sprekend op mijn moeder,' zegt haar biologische moeder, die zich enigszins heeft herpakt. 'Ik zal zo wat foto's laten zien. Liselotte daarentegen is precies haar vader.' Onwennig frunnikt ze aan een zakdoekje. 'Ik zal thee inschenken.'

Magali haalt een blauwe doos uit haar shopper en geeft die aan Liselotte.

'O, is ze terug? Wat fijn!' Liselotte haalt de pop uit de doos en laat hem aan haar moeder zien. 'Kijk, mam! Zo goed als nieuw.'

Laura pakt de pop van haar moeder aan. Magali haalt nog een doos uit de tas en haalt haar eigen geboortepop eruit. De poppen zijn identiek, dragen hetzelfde jurkje en hebben allebei een lange vlecht op de rug.

'Mijn vader heeft voor ons precies dezelfde pop gemaakt. Allebei met hetzelfde haar, van je moeder.'

Laura strijkt met haar wijsvinger over de pruik van de pop. '*Creepy.*'

'Vroeger werd voor poppen altijd echt haar gebruikt. Als je het leuk vindt, kan ik je een keer mijn atelier laten zien. Ik heb ook hele bijzondere exemplaren.'

Laura knikt gefascineerd en bekijkt de pop van alle kanten. 'Vet.'

Haar biologische moeder kijkt naar de twee poppen. 'Ik weet nog goed dat hij mijn haar knipte. Ik vond het vreselijk.'

Magali schuift de pruik van haar eigen pop iets omhoog. 'Kijk, in het hoofdje van mijn pop heeft hij een opening gemaakt met een briefje erin.'

Magali laat het briefje zien waarop de naam van haar biologische moeder duidelijk zichtbaar in sierlijke letters geschreven staat. *Geboren op de Beethovenlaan 13 in Hilversum.*

'Nu kan iedereen zo'n DNA-test doen, ben je meteen klaar,' zegt Laura.

Magali glimlacht. 'Dan moet je wel weten dat je bent geadopteerd. Ik weet het zelf ook nog niet zo lang.'

Vijf jaar geleden ving ze bij toeval een gesprek op tussen haar broer en haar vader. Maurice was woedend.

'Dus jij beweert dat ik voor iedere beslissing die ik neem háár toestemming nodig heb?'

'Ja, Maurice. Alles is vastgelegd bij de notaris. Jullie zijn samen beslissingsbevoegd over de dagelijkse gang van zaken, over investeringen, over alles wat onder de holding valt.'

'Godverdomme, pap. Zo maak je het mij toch onmogelijk iets op te bouwen hier.'

'Doe even rustig.'

'En dit?'

Magali hoort papieren schuiven. Wat gebeurt er?

'Ja, nu heb je niets te zeggen. Ik heb het gevonden in jouw papierenkistje toen ik zocht naar die stukken voor de aandelenoverdracht. Het staat er heel duidelijk, hè. Geen twijfel mogelijk.'

Haar vader is stil. Waarom zegt hij niets? Waar hebben ze het over?

'Dit verandert helemaal niets aan de juridische structuur, en dit is precies waarom ik alles op deze manier heb laten vastleggen.'

'Dus ze gaat ook gewoon alles erven?'

'Ja, Maurice. Ze is net zo goed mijn dochter als jij mijn zoon bent.' Haar vaders stem klinkt beheerst.

'Wat een gelul. Verklaart ook waarom ik niet met haar kan opschieten. Weet ze het zelf eigenlijk wel?'

'Nee.'

'Godallemachtig, pap. Dat wordt dan de hoogste tijd.'

'Jij gaat haar niets vertellen. Begrijp je me goed?' Haar vaders stem klinkt dreigend. 'Nooit.'

'Of wat?'

'Of ik schrap jou uit mijn testament en dan ben je álles kwijt. Ik meen het, Maurice.'

'Oké, rustig maar. Duidelijk.'

Die avond vroeg ze meteen een DNA-test aan. Ze heeft het er nooit met haar vader over gehad, tot deze week.

'Heftig om dat te ontdekken,' zegt Laura. 'Mama was al helemaal over de zeik omdat ze dacht dat ze niet van mijn opa was.'

‘Begrijpelijk.’ Magali wisselt een blik van verstandhouding met Liselotte.

‘Het lijkt ons in ieder geval heel erg leuk om jou beter te leren kennen,’ zegt Liselotte. ‘En als je advies wil over high-end vastgoed kan ik je ook goed helpen. Je weet nooit wanneer dat nog van pas komt, met je landgoed.’

Laura rolt met haar ogen. Magali lacht.

Haar biologische moeder lacht verlegen en geëmotioneerd. ‘Ik zou het zeer op prijs stellen als we elkaar vaker zouden zien.’

Magali zucht. Haar nieuwe familie voelt goed. Ze wil het allemaal niet overhaasten, maar ze zal er zeker meer aan hebben dan aan Maurice. Ze is opgelucht dat ze zich voor hem in elk geval niet meer hoeft te schamen.

62
Max

De advocaat raapt alle papieren bijeen die op zijn kleine eettafel liggen en steekt ze in een plastic mapje.

Magali draait de dop op haar vulpen en schudt Onno de hand. 'Zeer veel dank voor de hulp.' Ze kijkt haar vader aan en knikt veelbetekenend. 'Als jullie mij voorafgaand aan die pokeravond niet hadden benaderd, was alles heel anders gelopen. Dan waren er hoogstwaarschijnlijk nog meer mensen de dupe geworden van het bedrog van mijn broer.'

Onno glimlacht. 'Met plezier.' Hij gebaart naar Tim. 'Bedank hem maar. Tim was zo alert ons in te schakelen toen hij hoorde van de plannen van Maurice.' De advocaat trekt zijn jas aan en vertrekt na een korte groet. Magali verdwijnt een kort moment in de keuken.

Max bestudeert vanuit zijn fauteuil Charles de Saussure, die tegenover hem zit. Zijn ogen hebben een vrolijke twinkeling. Zo'n man met wie iedereen graag bevriend is.

Magali zet een glas cola voor Tim neer en gaat naast hem op de bank zitten. Haar blik gaat het gezelschap rond en dan schenkt ze hem voor het eerst in lange tijd haar onbezorgde glimlach. Hij is trots op haar. Ze heeft de zaken goed geregeld, meer dan goed. Haar adopteren is zonder enige twijfel de beste beslissing van zijn leven geweest. Al was hij geschokt geweest toen hij hoorde dat ze al jaren van haar adoptie wist zonder het daar met hem over te hebben.

Charles kijkt hem vriendelijk aan en haalt met twee handen een doos uit een tas die naast zijn stoel staat. Chic zwart cadeaupapier, een brede gouden strik. Charles schraapt zijn keel en kijkt zelfgenoegzaam naar het pakket. 'Ik was vorige week met een stel vrienden bij een exclusieve whiskyproeverij in Laren en daar heb ik een... bijzonder flesje op de kop getikt.' Charles overhandigt hem met veel egards de zware doos.

Max zet het cadeau op zijn schoot, trekt voorzichtig de strik los en scheurt het papier eraf. Hij tilt de deksel op en een prachtige houten kist, staand op drie pootjes, komt tevoorschijn. De kist kan in delen opengeschoven worden. Wanneer hij de voorste delen openschuift, wordt een prachtige fles zichtbaar, die wordt gedragen door drie, in brons gegoten, handen. Vol ontzag leest Max het etiket.

The Macallan, Highland Single Malt Scotch Whisky, 1940. Hij heeft nog nooit eerder een fles als deze gezien. Charles heeft hun beloofd dat hij het beste met het landgoed voorheeft, en dat hij als investeerder alles zal doen om het landgoed te behouden. Dit cadeau laat wel zien hoe serieus hij hun samenwerking neemt.

Charles kijkt naar de houten kist. 'Je kan hem natuurlijk meteen drinken, maar je kan hem ook bewaren als... investering. Ik laat het aan jou,' zegt Charles plechtig. 'Deze fles heet *The Reach* en ik doe graag een handreiking om jullie te helpen.' Charles kijkt veelbetekenend van Max naar Magali, die hem een knikje geeft als dank voor het cadeau.

Deze kans laat hij niet lopen. Max staat moeizaam op en pakt vier whiskyglazen uit de vitrinekast. 'Ik ben tweeënnegentig, mijn leven is te kort om de mooie dingen van het leven uit te stellen.' Bevend pakt hij de fles uit de bronzen handen.

'Laat mij maar, papa.' Magali staat op en pakt de fles van haar vader over. In de fles zitten uitsparingen waar de bronzen vingers hem vasthouden. Voorzichtig schenkt ze een laagje goudkleurige vloeistof in de glazen.

'Uitstekende beslissing,' zegt Charles. Hij lacht zijn gulle lach. 'Ik heb voor mezelf ook een fles gekocht en die is *as we speak* in waarde gestegen.'

Max lacht en houdt zijn glas omhoog. 'Op het voortbestaan van het landgoed. Dat het casino onder jouw bezielende leiding maar zeer succesvol mag worden en dat Magali zorgeloos van het landgoed mag blijven genieten.'

Max nipt van de drank en sluit zijn ogen. Tim giet de whisky bij zijn cola en heft ook zijn glas. Hij neemt een slok, en schenkt dan nog wat whisky bij. Charles fronst, maar zegt niets. Tim neemt een paar grote slokken en veegt zijn mond aan zijn mouw af.

'Lekker, knul?' vraagt Charles.

'Ja, apart smaakje wel.'

Max grinnikt. 'De meeste mensen drinken dit spul puur.'

Charles lacht hartelijk naar Tim. 'Zonder jou hadden we hier nu niet gezeten. Als je straks bedrijfsleider bent van het casino zal je ruim beloond worden voor je diensten. En ondertussen maak je natuurlijk je studie af. Er ligt voor jou een prachtige toekomst bij mij in het bedrijf, knul. Dat verzeker ik je.'

Tim lacht breeduit. 'Onno's voorstel zag er inderdaad niet verkeerd uit.' Tim drinkt zijn glas leeg en schenkt dit keer een flinke laag pure whisky in zijn longdrinkglas.

Zonder Tim was inderdaad alles anders geweest. Weer ziet Max die fatale avond voor zich. Het gezicht van Maurice, zijn bloeddoorlopen ogen wijd open gesperd, zijn mond die wilde gillen maar waar geen geluid uit kwam. De doffe klap op de grond. De zachte, klaaglijke kreun, en daarna de doodse stilte. En de ruzie die hieraan voorafging.

Maurice komt het kantoor in gerend en doet alle deuren op slot.

'Jezus, daar hebben we de elitetroepen ook nog. Komen jullie checken of kleine Maurice het allemaal redt vanavond?'

Max laat een stilte vallen en kijkt zijn zoon, die zweet als een otter, strak aan. Is dit hoe zijn eigen zoon hem ziet? Zijn pupillen staan wijd.

'Wat is er aan de hand, jongen?' vraagt hij rustig.

'Niks bijzonders. Een kleine drempel in mijn plannen voor het casino.'

Hij blijft zijn zoon aankijken, maar die wendt zijn blik af. Hoe is het mogelijk dat dít zijn eigen vlees en bloed is...

Maurice gooit zijn armen ongecontroleerd omhoog. 'Het is mislukt, oké? Maar ik zet alles recht. Echt.'

Hij herkent zijn zoon in niets meer. Het pafferige gezicht, de bloeddoorlopen ogen, die schokkerige bewegingen.

'Wat staan júllie daar nou? Ik werk me hier uit de naad, ook voor jullie.'

'O, is dat wat je aan het doen bent?'

'Hou toch je bek, Magali. Jij zit lekker op je eiland met die poppen. Ik zal jou eens vertellen wat er hier echt speelt.'

Maurice kijkt Max aan met zo'n donkere blik dat hij er bang van wordt. 'Dat ga je niet.' Max' stem klinkt ijzig.

'Moet jij eens opletten. Ik ben er klaar mee om weggezet te worden als de clown van de familie, terwijl ik precies weet hoe de familieverhoudingen liggen.'

Dit kan hij niet laten gebeuren. Niemand komt aan zijn dochter.

Onno Belinfante komt rustig de trap afgelopen en loopt, zonder iets te zeggen of iemand een blik waardig te keuren, met een aktetas onder zijn arm naar de achterdeur. Maurice kijkt hem met open mond na.

'Wat doe jíj hier?' Maurice kijkt van Onno naar Max en weer terug.

Onno negeert hem, en Dennis doet de achterdeur voor hem open. De advocaat stapt naar buiten en twee jonge mannen die hij al vaker op het landgoed heeft gezien stappen naar binnen. Maurice trekt wit weg.

'Godverdomme, Dennis! Laat ze niet binnen!' De stem van zijn zoon slaat over.

De mannen staan al in de hal. Max knikt naar Dennis, die de deur achter de mannen op slot draait.

'Het komt goed, echt,' zegt Maurice. 'Ik betaal jullie alles terug. Het liep allemaal anders dan gepland, maar het komt goed.'

De grootste van de twee haalt zijn neus op en rochelt. De fluim spat voor de schoenen van Maurice op de grond. Zijn hoofd loopt rood aan, hij verliest zich totaal en vliegt op de man af. Die geeft hem een harde duw. Maurice is geen enkele partij voor de jonge gast. Hij vliegt achterover en komt tegen de opengeslagen deur van de keldertrap terecht.

'Je geeft bepaald niet de indruk dat je alles onder controle hebt, Maurice,' zegt Max met een ijzingwekkend kalme stem.

'Rot op, jullie allemaal!' Hij geeft nog een schreeuw en vliegt dan op zijn vader af. Max houdt zijn armen afwerend voor zijn gezicht. De klap die hij verwacht komt niet. Dennis grijpt Maurice in zijn kraag en trekt hem terug naar achteren. Op datzelfde moment stapt Magali naar voren en gaat voor Maurice staan. Ze kijkt in zijn ogen en schudt minachtend haar hoofd. Met alle kracht die ze in zich heeft, duwt ze haar broer tegen zijn borst. Dennis stapt opzij. Maurice wankelt op zijn benen en valt achterover van de trap.

Dan is alles stil. Een zachte kreun, dan niets meer.

'What the fuck,' zegt de grootste van de twee mannen. 'Zijn dat hersens?' Hij kijkt met een vies gezicht de keldertrap af en kijkt daarna met een vreemd soort bewondering naar Magali. Magali's gezicht staat strak en verraadt geen enkele emotie. De jongste van de twee draait zijn hoofd weg en maakt een geluid of hij moet overgeven.

Max slikt. Dit is waar hij al die tijd bang voor is geweest. Geen overdosis, geen auto-ongeluk door rijden onder invloed. Zijn enige zoon is dood.

'Weten we zeker dat hij dood is?' vraagt Tim. Niemand geeft antwoord. Hij houdt verontschuldigend zijn handen omhoog. 'Oké, sorry. Domme vraag.' Hij haalt onrustig zijn handen door zijn haar.

Magali draait zich om. Max heeft zijn dochter nog nooit zo zelfverzekerd gezien.

'Maurice is op tragische wijze van de trap gevallen. Een noodlottig ongeval.' Magali kijkt iedereen om beurten aan. 'Jullie krijgen je geld terug, dat wordt geregeld.' Ze kijkt haar vader veelbetekenend aan en Max knikt ter bevestiging.

'Oké, dan zijn wij hier klaar.' De grootste van de twee maakt aanstalten om zich uit de voeten te maken.

'Niet zo snel,' zegt Magali. Dennis gaat voor de twee gasten staan en blokkeert de uitgang. 'Er is een voorwaarde,' gaat Magali zakelijk verder. 'Eerst bespreken we precies met elkaar wat hier vanavond is gebeurd. Tot in het kleinste detail. Daarover gaan jullie verklaren tegen de politie. Ondertussen bel ik 112.'

Terwijl Max iedereen instrueert, pakt Magali haar telefoon. Ze bespreken de volgorde van gebeurtenissen een aantal keer, tot iedereen alles foutloos herhaalt. Het was een ongeluk. Niemand heeft het zien gebeuren. Iedereen kwam na elkaar en in tweetallen binnen. Maurice lag er al. Max dreunt het een laatste keer op. 'Tim was met Dennis. Jullie twee waren samen en Magali en ik ook. Duidelijk?' Iedereen knikt. Buiten heeft zich een schreeuwende groep mensen verzameld, maar de deuren zitten op slot.

'Niemand wijkt in zijn verklaring af van dit script. Begrepen?' Magali kijkt de groep rond. 'Wanneer dit achter de rug is, maken we het geld naar jullie over. Onno zal daarover nog contact met jullie opnemen.'

De twee mannen kijken elkaar verschrikt aan bij het horen van die naam en knikken.

'Als jullie je niet aan de afspraak houden,' gaat Magali verder, 'verklaar ik dat jullie tweeën hier als eersten waren.'

Tim knikt rustig. 'En dat kan ik, helaas voor jullie, dan bevestigen.' Magali glimlacht naar Tim. Als ze sirenes hoort loopt ze, samen met haar vader, de keldertrap af en gaat naast het lichaam van Maurice zitten.

Max legt een hand op de rug van zijn zoon. 'Jochie toch. Wat heb je er een puinhoop van gemaakt.'

Hij voelt de hand van Magali op zijn schouder en laat zijn tranen gaan. Het drugsgebruik kon hij nog door de vingers zien, maar het mishandelen van zijn dochter en het op het spel zetten van het landgoed ging te ver. Veel te ver. Ambulancepersoneel komt de trap af en hij staat op om ruimte te maken. Hij houdt zich vast aan de oude wieg om zijn evenwicht niet te verliezen.

'Papa? Gaat het?' Magali zit gehurkt voor hem en kijkt hem bezorgd aan. 'Misschien is het tijd dat iedereen gaat. Je moet rusten.'

Max schraapt zijn keel en dept zijn ogen met een zakdoek. 'Het was die dure whisky, denk ik.'

Charles en Tim staan tegelijk op en nemen afscheid. 'Tot ziens, Magali,' zegt Charles. 'Als je nog vragen of zorgen hebt, bel je me meteen. Afgesproken?'

Magali knikt. 'Dank. Voor alles.'

Charles kust haar op beide wangen. 'En succes met je poppenbeurs komende week. Daar zou ik graag nog een keer uitgebreid met je over spreken. Vooral over de wereldwijde verscheping.'

'Doen we.' Magali sluit de voordeur van de voormalige poortwachterswoning achter de mannen, leunt tegen de dichte deur en ademt lang en rustig uit.

63
Rixt

Ze zitten op de veranda van het chalet in Gstaad. Het vuur knispert in de buitenhaard en ze slaat de deken nog iets dichter om zich heen. Ze scrolt door de appjes van verschillende collega's en vriendinnen. Iedereen is blij dat het goed is afgelopen en ze wensen haar een fijne week toe in de bergen. Eén appje is van haar schoonmoeder om te laten weten wanneer de hulp komt, zodat ze niet schrikt als die ineens voor hun neus staat. Rixt glimlacht. Het was aardig van haar schoonouders om hun chalet beschikbaar te stellen voor haar gezin. Ze hebben de ruzie nooit uitgepraat, maar dit is Delphines manier om haar excuus aan te bieden.

Rixt legt haar telefoon naast zich en nestelt zich tegen Victor aan. Ze warmt haar handen aan de glühwein die Victor net zelf heeft getrokken van sinaasappelschillen, kaneelstokjes en steranijs. Ze kijkt hem van opzij aan. Zijn blik staat serieus, maar zacht. Ontspannen.

Ze legt haar hoofd tegen hem aan en hij slaat zijn arm om haar schouders. Ze staart in het vuur en volgt met haar ogen de vonkjes die van het hout afspatten. Hoofd leegmaken, nergens aan denken. Makkelijker gezegd dan gedaan.

Binnen joelen de kinderen. Kennelijk heeft iemand valsgespeeld met Ticket to Ride. Ze glimlacht en zakt nog iets verder weg in de dikke kussens van de bank. Met Pieter lijkt het ook weer goed te gaan. Hij kan zelfs af en toe weer lachen. Ze hebben een heerlijk weekend met elkaar op de piste gehad en vanmiddag uitgebreid gekaasfonduud in hun favoriete restaurant. Haar werk en alle problemen rondom haar bedreiging voelen ver weg, maar ze kunnen het onderwerp niet blijven mijden.

'Ik heb nagedacht,' zegt ze. 'Over mijn werk en de combinatie met ons gezin.'

'Hm.'

'Misschien is het goed als ik een tijdje geen drugszaken doe. De meeste dreiging lijkt toch uit die hoek te komen.'

Victor knikt. 'Stop je dan bij ZwaCri?'

Rixt aarzelt en denkt na over hoe ze dit zal brengen. Victor moet weten waar hij aan toe is. 'Nee, dat niet.' Ze wacht op een reactie, maar Victor zegt niets. 'Ik zou binnen team ondermijning, of hoe we nu ook heten, zaken oppakken waar niet zoveel bedreigingsrisico uit voortvloeit.'

'Zoals?'

Ze glimlacht. 'Gewoon. Grootschalige fraude, moord, mensenhandel, milieucriminaliteit.'

'Gezellig.'

Ze legt haar hoofd weer tegen hem aan. 'Leuker kan ik het niet maken, maar als het zelfs dan niet veiliger wordt voor ons gezin ga ik naar team interventies. Beloofd.'

Victor lacht en drukt een kus op haar hoofd. 'Yeah right... winkeldiefstal en fietsendieven pakken.'

'Ik meen het.'

'Goed. Afgesproken.' Hij steekt zijn hand uit en ze pakt hem aan. Dan draait hij haar hand naar boven en drukt er een kus op. Ze komt omhoog en hij omsluit haar gezicht met beide handen. Zachtjes kust hij haar lippen, eerst verkennend, dan steeds inniger. Ze kust hem vol overgave terug. Met alles wat ze in zich heeft, hoopt ze dat het weer helemaal goed komt tussen hen. Dat ze alle gedoe achter zich kunnen laten en met een schone lei kunnen beginnen. Ze zal er alles aan doen om haar huwelijk te redden.

Tussen de kussens van de bank trilt haar werktelefoon.

Nawoord

Het verhaal van de poppendokter is volledig fictie, net als de personages. Iedere gelijkenis met personen en de werkelijkheid is, op hier en daar een bewuste knipoog na, puur toeval. De locaties die worden beschreven bestaan wel echt in of rondom het Gooi. Er liggen verschillende landgoederen langs de A1 in Laren, maar Landgoed Serafijn bestaat niet echt.

Sommige aspecten van het verhaal ontlenen wél hun oorsprong aan de werkelijkheid.

Ik heb geprobeerd het juridisch onderzoek van een officier van justitie in de strafzaken zo realistisch mogelijk weer te geven, met alle afwegingen en overwegingen die daarbij horen. Ten dienste van het verhaal heb ik af en toe keuzes gemaakt in procedures en feitelijkheden die niet in overeenstemming zijn met de werkelijkheid.

Mijn personage Max Bulouw is volledig fictief, maar er heeft in Laren ooit een dokter Maximilianus Iosephus de Bulouw als huisarts gewerkt. Deze arts overleed op 29 juli 1768 te Laren en werd begraven op het Sint Janskerkhof in Laren.

De vader van mijn personage Max Bulouw krijgt in mijn verhaal van zijn patiënten bij het overdragen van zijn huisartspraktijk een auto. In 1941 werd er daadwerkelijk door patiënten aan huisarts H.Th.R.

Holtmann een auto geschonken toen hij vijfentwintig jaar werkzaam was in Laren. Dokter Holtmann is ook begraven op het Sint Janskerkhof te Laren.[1]

Mijn onderzoek naar afstand en adoptie in de jaren 1956 en 1984 is uitvoerig geweest. Ik werd zeer geraakt door alle boeken, rapporten en onderzoeken die ik heb gelezen, podcasts die heb geluisterd en documentaires die ik heb gezien. Ook heb ik verschillende gesprekken met onderzoekers gevoerd. Het is mij duidelijk geworden dat voor veel betrokkenen de gang van zaken rondom de binnenlandse afstand en adoptie in deze periode een zwarte bladzijde in hun leven en in de Nederlandse geschiedenis is, waar tot op de dag van vandaag betrokkenen onder lijden.

Huize de Hoeksteen, waar mijn fictieve personage Magali Bulouw is geboren, heeft echt bestaan aan de Beethovenlaan 13 in Hilversum:

> *Van 1946 tot 1973 werden hier ongehuwde moeders uit de regio en hun baby's opgevangen. Na de geboorte van het kind was het gebruikelijk dat de moeder op korte termijn het huis verliet. De baby's bleven daar, gingen door naar andere tehuizen of werden geadopteerd. In het jaarverslag van 1960 werd geschreven dat de Hoeksteen geen mogelijkheden had tot het aanbieden van woongelegenheid aan de werkende ongehuwde moeder om haar zodoende gelegenheid te geven haar kind zelf te verzorgen.*[2]

---

1 Historische Kring Laren, Oud-rechterlijk archief Laren/Blaricum, Laarder Courant De Bel, 1941/1998; Annemarie Armbrust – Voor ziekte en pijn is medicijn; De Gooi- en Eemlander 1998.

2 Fiom.nl.

In 1956 kreeg Nederland als een van de laatste landen in Europa een wettelijk geregelde adoptie. Adoptie werd vanaf toen als kinderbeschermingsmaatregel juridisch geformaliseerd. In de eerste helft van de twintigste eeuw werden kinderen steeds vaker in pleeggezinnen geplaatst. De biologische ouders konden het kind echter altijd weer opeisen. Ook hadden de pleegouders geen zorgplicht. Met de invoering van de adoptiewet in 1956 kregen de adoptieouders een sterke rechtspositie en kon een pleegkind als wettig kind worden opgenomen in een adoptiegezin. De vraag naar kinderen door ongewenst kinderloze echtparen was groot.

Tussen 1956 en 1984 hebben in Nederland vijfentwintigduizend moeders, onder druk van hun familie of sociale omgeving, afstand gedaan van hun baby. Ongehuwd zwanger raken was voor deze meisjes en hun families een enorme schande. In 1964 schrijft psychiater Heijmans:

> *Het buiten huwelijk zwanger worden en bevallen van een kind was en is in onze samenleving een hoogst ernstige aangelegenheid. De (aanstaande) niet gehuwde moeder handelt niet volgens de normen die de maatschappij stelt, zij wordt zwanger buiten de huwelijksverhouding om en ondermijnt zo de algemeen geaccepteerde gezinsstructuur.* De heersende opvatting was dat *ongehuwde moeders vaak geestelijk en materiaal niet in staat waren om hun kind de juiste voorwaarden te bieden om goed op te groeien. Het kind was beter af in een stabiele thuissituatie*, met andere woorden, een vader en een moeder. Psychiaters Trimbos en Heijmans voerden hier, samen met overige instanties als Fiom en de Hendrik Piersonvereniging actief propaganda voor.[3]

3 anderetijden.nl, onderzoek Karin van den Born.

Voor de tweede wereldoorlog was je als je zwanger raakte voor het huwelijk op jezelf aangewezen, los het maar op. Meisjes van dat soort, dat niet kon wachten tot aan het huwelijk. Moeder en kind hoorden bij elkaar. Het zelf opvoeden zou helpen om weer in het gareel te komen en zou tegelijk dienen als boete voor haar schande. Het was haar straf.

Later heerste de opvatting dat de baby beter afgestaan kon worden aan een fatsoenlijk gezin met een moeder en een vader, zodat het kindje en de moeder met een schone lei konden beginnen. Ze kon dan een huwelijkspartner vinden en haar schande achter zich laten. Zo kwam de adoptiewet tot stand in 1956. In theorie mochten de jonge moeders zelf beslissen of ze hun kind afstonden of niet, maar in de praktijk was de druk, ook van de hulpverlening, om afstand te doen groot.[4]

In 1911 werd met de invoering van de zedelijkheidswetten abortus officieel verboden:

Voorbehoedsmiddelen waren er vroeger nauwelijks. De abortusbehandelingen, die er ondanks de wet waren, speelden zich af in het diepste geheim. Het aantal uitgevoerde abortussen werd in 1960 door de gynaecoloog Kloosterman geschat op vijf- tot twintigduizend per jaar. Vrouwen deden van alles om van een ongewenste zwangerschap af te komen. Als ze geluk en geld hadden, konden ze terecht bij een goedwillende dokter. Maar meestal namen ze hun toevlucht tot een illegale aborteur, de zogenaamde 'engeltjesmaker'. De illegale abortussen hadden vaak afschuwelijke gevolgen. Onhygiënische instrumenten en ondeskundig handelen hadden hevige complicaties en soms de dood tot gevolg. [5]

---

4 anderetijden.nl, onderzoek Karin van den Born.

5 Fiom.nl.

Vanaf 1 november 1984 is de huidige Wet afbreking zwangerschap (Wafz) van kracht. Deze wet is lange tijd onveranderd gebleven, tot in januari 2023 de verplichte beraadtermijn van vijf dagen werd geschrapt. Daardoor is een vrouw niet langer verplicht vijf dagen te wachten nadat zij zich bij een arts heeft gemeld voor een abortus. De vrouw bepaalt sindsdien in samenspraak met de arts hoeveel tijd zij nodig heeft om tot een weloverwogen eigen besluit te komen. Per 1 januari 2025 is opnieuw een wetswijziging van kracht. Deze wijziging maakt het voor huisartsen mogelijk de medicamenteuze abortus tot negen weken zwangerschap uit te voeren.

Op dit moment doet de Commissie onderzoek naar Binnenlandse Afstand en Adoptie, onder leiding van prof. dr. Micha de Winter, onderzoek naar de geschiedenis van binnenlandse afstand en adoptie tussen 1956 en 1984 en naar de rol van de overheid. De commissie hoopt in het voorjaar 2025 haar eindrapport naar de Tweede Kamer te sturen.[6]

Als je meer wil lezen over afstand en adoptie in deze periode in Nederland verwijs ik je naar de websites van het Fiom, Stichting De Nederlandse Afstandsmoeder (DNA) en Verleden In Zicht (VIZ).

Bij mijn onderzoek heb ik ook veel gehad aan de boeken *Afstandsmoeders*, van journaliste Christel Don en *Tijd van onschuld* van Agnes Klitsie. Deze boeken belichten het onderwerp van alle kanten en geven een duidelijk beeld van de tijdsgeest waarin de jonge vrouwen afstand van hun kind deden.

---

6 cbaa.nl.

Dankwoord

Veel dank aan het geweldige team van Xander Uitgevers, in het bijzonder Lotte Dijkstra en mijn redacteur Stijn de Vries. Samenwerken met jullie is een feestje, dank voor het vertrouwen. Astrid Bottenberg bedank ik voor haar inzet voor de boektour. Ook dank ik mijn literair agent Maarten Boers voor zijn vertegenwoordiging en de fijne samenwerking. Dank aan Rob Steijger voor zijn scherpe blik bij het persklaarmaken.

Speciale dank ben ik verschuldigd aan Adeline van Overbeeke voor alle strafrechtelijk juridische adviezen, proeflezen, nog meer proeflezen, en vele uren brainstormen over procedures, arresten en juridische vraagstukken, liters theedrinken en stoom afblazen, morele support, aanmoediging en haarscherpe analyse. Lieve Adeline, mijn dank voor jouw inzet is oneindig groot. Dat ik jou als klankbord heb voor al mijn verzinsels en dat je het ook nog heel leuk vindt om die allemaal aan te horen, is voor mij ontzettend waardevol. Dank, dank, dank!

Veel dank ben ik verschuldigd aan al mijn hulplijnen en proeflezers bij de Koninklijke Marechaussee, Politie Midden-Nederland en Recherche District Gooi en Vechtstreek, en het Openbaar Ministerie. In het bijzonder mijn broertje Jelmer Plant, en iedereen die niet bij naam genoemd wil worden. Heel veel dank, zonder jullie zou dit boek niet zijn wat het nu is. Als er procedures of feitelijkheden, ten dienste van het verhaal, niet helemaal in overeenstemming zijn met de werkelijkheid komen die geheel voor mijn rekening.

Het idee voor dit boek ontstond toen ik een pop van mijn oma ter reparatie wegbracht naar Anne van Asch, poppendokter in Soest en eigenaar van poppenwinkel Popeyes. De pop van mijn oma had een barst in haar hoofd, die gelijmd moest worden. Ik stapte de werkplaats van Anne binnen, zag de blote poppenlijven aan haken aan het plafond hangen en wist meteen: dit wordt het onderwerp van mijn volgende boek. Ik stapte een voor mij nieuwe wereld binnen en was meteen geïntrigeerd.

Die wereld kwam vervolgens echt tot leven toen ik tijdens mijn onderzoek op de website antiekepop.nl van Marleen van Leeuwen stuitte. Haar kennis en kunde over alles wat met antieke poppen en beren te maken heeft is oneindig. In een minicollege bij Marleen aan de keukentafel heeft ze mij de belangrijkste details en wetenswaardigheden over antieke poppen bijgebracht. Toen ik door haar werkplaats liep, had ik het gevoel dat ik in mijn eigen boek was beland. Dat er twee poppendokters in het Gooi bleken te wonen was voor mij en dit verhaal een cadeautje. Dank voor de hulp bij mijn onderzoek!

Ik dank Harm Rebergen voor zijn geduldige uitleg en hulp bij het vormgeven en verzinnen van de financiële constructies en geldstromen in dit verhaal. Ook veel dank voor het geven van inzicht in de werkwijze van casino's. Ook dank ik Harm en Jelmer voor de spoedcursus poker.

Heel veel dank aan mijn lieve vriendinnen, schoonzussen en geweldige proeflezers Liesbeth Muilwijk, Karlijn Jansen, Brenda Plant, Paula Rebergen en Renate van Gaal, voor de feedback, de goede ideeën, en vooral voor het rotsvaste vertrouwen in mij. *It means the world!*

Manon Das dank ik voor de geweldige samenwerking en hulp bij het beheren van mijn socials en voor marketing en PR. Ook veel dank aan Inge Robbe van Gooische Hotspots en Lisette Kabbes van Just Ask Lis voor alle socialmedia-inspanningen en support.

Dank aan Frans Ruijter voor ons mooie gesprek over Blaricum in de jaren '60. Jouw kennis van de geschiedenis van ons mooie dorp is een prachtige bron om uit te putten.

Ik wil Inge Spaan bedanken voor haar altijd luisterende oor en haar kritische blik bij het proeflezen. Zo fijn jou als schrijfmaatje te hebben. Ook dank ik de overige leden van Het Thriller Complot voor de morele support en voor alle leuke, inspirerende en gezellige schrijversmomenten.

Dank aan mijn lieve ouders en schoonouders. In het bijzonder dank aan mijn schoonmoeder die mij haar verdrietige bevallingsverhaal toevertrouwde van haar in 1968 doodgeboren kindje dat ze, zoals dat toen ging, van de arts en verpleegkundigen in het ziekenhuis nooit heeft mogen zien.

Lieve Mark, Benthe, Djoeke, Rosan en Sybren. Dank voor jullie geweldige steun en voor het geven van de ruimte die ik nodig heb om mezelf terug te kunnen trekken in mijn schrijfhuisje en mijn fictieve wereld.

Ik hoop dat je hebt genoten van het tweede deel in de officier-serie. Wil je meer weten over mij, de achtergronden bij het verhaal, of over de locaties die in het boek voorkomen? Volg me dan op Instagram, Facebook, of neem een kijkje op mijn website: www.bregjerebergen.nl. Je doet me een groot plezier door een review achter te laten op bijvoorbeeld het lezersplatform Hebban of Goodreads.